SCHRIFTENREIHE ZUR GENOSSENSCHAFTSGESCHICHTE **BAND 10**

Genossenschaftsrecht
in Bayern –
Historische Entwicklung

Historischer
Verein
bayerischer Genossenschaften

SCHRIFTENREIHE ZUR GENOSSENSCHAFTSGESCHICHTE **BAND 10**

Genossenschaftsrecht in Bayern –
Historische Entwicklung

Herausgegeben von Hans-Joachim Hecker,
Hans-Georg Hermann und Silvia Lolli-Gallowsky

München 2016

Vorworte

Mit dem vorliegenden Band präsentiert sich der Historische Verein bayerischer Genossenschaften e.V. erneut als Herausgeber der Schriftenreihe zur Genossenschaftsgeschichte und damit wird bewusst an die Tradition früherer Publikationen angeknüpft. Gleichzeitig soll die grafische Umgestaltung ein modernes und leserfreundliches Erscheinungsbild bieten. Ein langfristiger Bestand der Schriftenreihe wird durch die wissenschaftliche Prägung der Inhalte gesichert.

Nicht nur gehaltene Tagungen sollten die Grundlage für diese und folgende Publikationen sein. Ziel des Historischen Vereins ist auch die Veröffentlichung von praxisnahen Berichten aus der genossenschaftlichen Archivlandschaft sowie von Monografien über genossenschaftsgeschichtliche Themen.

Anlass für diesen zehnten Band, der erste im neuen Layout, war ein Kooperationsprojekt zwischen der Gesellschaft für bayerische Rechtsgeschichte und dem Historischen Verein bayerischer Genossenschaften e.V. im Internationalen Jahr der Genossenschaften. Die Vereinten Nationen hatten 2012 das Internationale Jahr der Genossenschaften ausgerufen, um auf die weltweite Bedeutung der genossenschaftlichen Idee hinzuweisen. Die Aktualität der Botschaft hat an Relevanz nicht verloren: Genossenschaften sind in vielen Ländern der Motor für die wirtschaftliche und soziale Entwicklung. Wie der UNO-Generalsekretär Ban-Ki Moon sagte:

»Genossenschaften zeigen der Weltgemeinschaft, dass ökonomische Zielsetzungen und soziale Verantwortung gleichsam erreicht werden können. Kreditgenossenschaften, ländliche und gewerbliche Genossenschaften sowie Wohnungsgenossenschaften stabilisieren regionale Wirtschaftskreisläufe und sorgen für lokale Beschäftigung.«

Was die Genossenschaften weltweit ausmacht: Sie sind ein Gewinn für alle, gerade in wirtschaftlich schwierigen Zeiten stehen Sie für ein verantwortungsvolles und nachhaltiges Wirtschaften.

In Deutschland wurde eine grundlegende Säule der genossenschaftlichen Bewegung gesetzt, so sind nach über 160 Jahren die Genossenschaften in ihrer Vielfalt und ihrer starken regionalen Verwurzelung nicht mehr weg zu denken: Mehr als 20 Millionen Personen sind Mitglied in 7.500 genossenschaftlichen Unternehmen, mehr als 800.000 Menschen arbeiten in den genossenschaftlichen Bereichen.

Jeder vierte Deutsche ist Mitglied in einer Kreditgenossenschaft, einer ländlichen, gewerblichen, Wohnungs- oder Konsumgenossenschaft. Es gibt in Deutschland fast fünf Mal so viele Genossenschaftsmitglieder wie Aktionäre. Zu dieser starken und großen Gemeinschaft gehören auch die bayerischen Genossenschaften: 1.300 Genossenschaften mit 2,9 Millionen Mitgliedern und rund 53.000 Mitarbeitern (2015/GVB).

Der Historische Verein der bayerischen Genossenschaften widmet sich seit dem Jahr 1996 der Förderung des Genossenschaftsgedanken und unterstützt seine Mitglieder mit einem vielfältigen Angebot an wissenschaftlichen Projekten. Die Erforschung und Pflege der genossenschaftlichen Tradition und Kultur in Bayern steht im Mittelpunkt aller Aktivitäten. Der Beweggrund unseres Engagements ist ein bewusster Umgang mit der regionalen Verwurzelung und die Erhaltung der demokratischen Prinzipien, die unseren Genossenschaften zu Grunde liegen.

In der gemeinsamen Arbeit mit der Gesellschaft für bayerische Rechtsgeschichte ist es uns gelungen, eine Tagung zu gestalten, die einen tiefgreifenden Blick in relevante juristische und historische Themen ermöglicht hat.

Vertreter der akademischen Institutionen, Mitglieder der Gesellschaft, Mitglieder und treue Freunde des Vereins sowie alle diejenigen, die Interesse für die Geschichte der Genossenschaften besitzen, insbesondere die jüngeren Studierenden und Forschenden, hatten mit ihrer Anwesenheit die Möglichkeit an einem spannenden und vielstimmigen Dialog teilzunehmen.

Die Beiträge die hier veröffentlicht werden, zeigen mit der Auswahl der Themen und der hochkarätigen Autoren, wie spannend und vielfältig der Austausch zwischen wissenschaftlichen Institutionen und Genossenschaften sein kann. Kritische Wendepunkte der bayerischen Genossenschaftshistorie wurden nicht ignoriert. Vielmehr wurde die Relevanz von einzelnen Persönlichkeiten und Wegbereitern ebenso wie die Tradition der Genossenschaften in der Landwirtschaft, in der Bauwirtschaft und im Kreditwesen in Bayern und Deutschland berücksichtigt.

Die 125. Jubiläumsfeier der Münchener Bank eG gab während der Tagung zusätzlich Anlass für eine sehr gelungene Abendveranstaltung. Der Festvortrag wird hier mitpubliziert.

Der Historische Verein bayerischer Genossenschaften e.V. wird von dem Anspruch geleitet, wissenschaftliche Erkenntnisse über das Genossenschaftswesen in Bayern nicht bloß zu verwalten, sondern es vielmehr zu erweitern und für eine breitere Leserschaft zugänglich zu machen.

Für die vielfältige Unterstützung wird hier ausdrücklich dem Genossenschaftsverband Bayern e.V., der Münchener Bank eG und nicht zu Letzt der Gesellschaft für bayerische Rechtsgeschichte gedankt.

Historischer Verein
bayerischer Genossenschaften e.V.,
im Jahr 2016

DIE VOR MEHR ALS 15 JAHREN gegründete Gesellschaft für bayerische Rechtsgeschichte hat in jährlichen Tagungen und Vorträgen Themen behandelt, die auch für die deutsche und bayerische Geschichte von Bedeutung sind, etwa Stadtrechtsgeschichte, bäuerliche Rechtsverhältnisse sowie Wirtschaftsgeschichte. Bei all diesen Themen spielte auch die Genossenschaft, eine grundlegende Erscheinung der deutschen und bayerischen Rechtsgeschichte, eine wichtige Rolle. Es bot sich also an, die Rechtsgeschichte der alten und der neuen Genossenschaften in einer eigenen Tagung zu behandeln. Die Gesellschaft für bayerische Rechtsgeschichte hat daher sehr gerne das Angebot des Historischen Vereins bayerischer Genossenschaften e.V. und der 1862 gegründeten Münchner Bank eG, und damit der ältesten noch bestehenden Kreditgenossenschaft Bayerns, angenommen, in einer gemeinsamen Tagung einem gemeinsamen Forschungsinteresse nachzugehen. Das Ergebnis der Tagung liegt jetzt in diesem Band, der nahezu alle gehaltenen Vorträge enthält, vor. Für die Ermöglichung der Drucklegung des Bandes schulden die Herausgeber der schon genannten Institutionen, dem Historischen Vereins bayerischer Genossenschaften e.V. und der Münchner Bank eG, großen Dank.

Gesellschaft für bayerische Rechtsgeschichte

Inhaltsübersicht

›Unzulässige *collegia*‹ und die bayerische Rechtsprechung

Andreas Bergmann

I. Die Körperschaft

Menschen bilden seit jeher überindividuelle Gemeinschaften.[1] Die ältesten Verbände sind die Gemeinden, Städte und Dörfer.[2] Diese sind mehr oder weniger natürlich gewachsen und haben sich im Laufe ihrer Entwicklung unterschiedlich straff *verfasst*. Daneben bestehen aber auch die ›künstlich‹ durch willkürlichen Beschluss ihrer Gründer geschaffenen Gemeinschaften. Verfügen diese Verbände über eine hinlängliche Organisation insbesondere ihrer Willensbildung, so spricht man von *Körperschaften*. Der letzte Schritt zur *juristischen Person* ist getan, wenn das endgültige Zuordnungsobjekt von Rechten und Pflichten nicht mehr in den einzelnen Mitgliedern, auch nicht in der Gesamtheit aller Mitglieder, sondern in einem selbständigen, neben die Personen seiner Mitglieder tretenden Gemeinwesen liegt. Dieses Gemeinwesen ist mehr als die Summe seiner Mitglieder. Durch den Wechsel einzelner oder aller seiner Mitglieder wird diese Gemeinwesen – oder Korporation – in seiner Existenz und Individualität nicht tangiert.[3] Eine juristische Person kann Vermögen – auch Grundeigentum – halten und erwerben. Das Vermögen der juristischen Person ist ausschließlich das Vermögen dieses idealen Gemeinwesens; es gehört keinesfalls anteilig den Mitgliedern des Verbandes. Das gilt auch für die Verbindlichkeiten: sie betreffen zunächst alleine die juristische Person. Die einzelnen Mitglieder werden davon grundsätzlich nicht tangiert.[4] Das (gleichzeitige) Tun aller Mitglieder der juristischen Person ist nicht gleichbedeutend mit dem Handeln der juristischen Person. Die Handlungsfähigkeit juristischer Personen wird hergestellt durch ihre Verbandsverfassung

(Handlungsverfassung). Erst das Handeln der verfassungsmäßigen Vertreter oder Organe gilt als das Handeln der juristischen Person.[5] *Ulpian* hat es auf den Punkt gebracht: den Korporationen ist eine gewisse Staatsähnlichkeit eigen.[6] Sie haben ein gemeinschaftliches Vermögen, eine gemeinschaftliche Kasse, eine Verbandserfassung mit (verschiedenen) Organen und grundsätzlich gilt das Mehrheitsprinzip.[7]

> *Gaius*, Dig. 3, 4, 1, 1 (quod cui. un.): »Quibus autem permissum est corpus habere collegii societatis sive cuiusque alterius eorum nomine, proprium est ad exemplum rei publicae habere res communes, arcam communem et actorem sive syndicum, per quem tamquam in re publica, quod communiter agi fierique oporteat, agatur fiat«.

Diese überindividuellen, willkürlich erschaffenen Korporationen kommen in den unterschiedlichsten Erscheinungsformen vor. Etwa als Vereine mit gewerblicher Zwecksetzung. Als historische Urbilder lassen sich die Zünfte nennen. Die römischen Quellen sprechen aber auch schon von gemeinschaftlichen wirtschaftlichen Unternehmungen (Gesellschaften), denen die Korporationsrechte verliehen wurden.[8] Neben den *wirtschaftlichen* Korporationen gibt es auch die sog. *Ideal*verbände mit einer geselligen, wohltätigen, teilweise aber auch politischen Zielsetzung. Gerade die politischen Verbände können eine erhebliche Bedrohung für den Staat darstellen. Denn Verbände sind – wenn sie viele Personen und ein großes Vermögen versammeln – ein Machtfaktor. Wohl diesem Gefahrenpotential verdankt die korporationsrechtliche Grundregel des römischen Rechts ihre Existenz: ein Verein – gleichgültig ob mit wirtschaftlicher oder idealer Zwecksetzung – wird nur mit hoheitlicher Genehmigung zur juristischen Person (*collegia licita*). Für politische (gefährliche) Verbände gilt dies verschärft. Ihre Gründung ohne Genehmigung ist verboten. Die Beteiligung an ungenehmigten Verbänden wird als Kriminalverbrechen verfolgt.[9]

Im *ius commune* kam es zur weiteren Ausdifferenzierung der Lehre der juristischen Person. *Collegia licita* können auf zwei Wegen entstehen können: entweder durch konkrete landesfürstliche Genehmigung im Einzelfall oder durch einen abstrakten Rechtssatz, der für eine bestimmte Art von Verbänden eine generelle Erlaubnis ausspricht.[10] Die Möglichkeit einer freien Körperschaftsbildung aber blieb der romanistischen Theorie im Kern immer unbekannt. Und doch gibt es eine Bindeglied zwischen beiden Ansätzen:[11] eine Körperschaft kann auch stillschweigend approbiert werden (*tacitus consensus principis*). Das liegt nahe, wenn sie unangefochten eine lange Zeit besteht.[12]

Mittendrin liegt eine *twilight zone*. Hier bewegen sich jene körperschaftlich verfassten Verbände, die zwar über kein (stillschweigendes) landesherrliches *privilegium* verfügen, deren Gegenstand aber auch nicht als solcher verboten ist.[13] *Voet* hat für diese Korporationen den Terminus der ›tolerierten Körperschaft‹ eingeführt.[14] Die Situation der tolerierten Körperschaften ist im Grundsatz wenig komfortabel: sie sind in ihrem Grundzustand weder (aktiv) prozessfähig, noch können sie Grundstücke erwerben. Sie sind auch nicht passiv erbfähig: was ihnen vermacht wurde, kann nicht gefordert werden.[15]

II. Die Rechtslage in Bayern

1. Das bayerische Landrecht

Das preußische Landrecht adaptierte die gemeinrechtlichen Grundsätze zur Entstehung der Körperschaften.[16]

> *Pr. ALR II 6 § 25.* Die Rechte der Korporationen und Gemeinen kommen nur solchen vom Staate genehmigten Gesellschaften zu, die sich zu einem, fortdauernden gemeinnützigen Zwecke verbunden haben.

Das bayerische Landrecht (CMBC) setzte das Institut der juristischen Person mitsamt der willkürlich geschaffenen (rechtsfähigen) Korporation zwar voraus, aber allgemeine Bestimmungen fehlten.[17] Insbesondere die Entstehungsvoraussetzungen wurden nicht ausdrücklich geregelt.[18] Und doch gab es einen ganzen Reigen von Einzelbestimmungen, die das Recht der juristischen Personen streiften und bestimmte Einzelfragen regelten.[19] Die älteren bayerischen Zivilisten gingen mit dem gemeinen Recht davon aus, dass eine *universitas* die hoheitliche Genehmigung voraussetzt: »Ihre Errichtung, wenn sie für rechtlich gehalten werden will, ist durch landesherrliche Genehmigung bedingt. Durch diese werden sie fähig, ein eigentliches Subject von Rechtsverhältnissen zu werden«.[20] Auch die bayerische Rechtsprechung forderte die landesherrliche Genehmigung.[21] Zur Begründung verwies man auf die Anmerkungen *v. Kreittmayrs:*[22] »Zur Errichtung einer Communität ist nicht nur allseitiger Interessenten Consens, sondern auch die landesherrliche Bewilligung vonnöthen«.[23] Oder eben umgekehrt: »Unzulässige, das ist solche *Collegia, Corpora* oder Confraternitäten, welche von der Landesherrschaft nicht *specialiter* approbirt und privilegirt, sondern nur *privata authoritate* errichtet sind, können ebenfalls keine *bona vel jura,* solche auch keine Erbschaft erlangen«.[24] Die Anmerkungen *v. Kreittmayrs* hatten zwar keine Gesetzeskraft, sie bildeten aber doch das wichtigste Auslegungsmittel für das bayerische Landrecht. Auch die bayerische Verwaltung folgte dem gemeinen Recht.[25] Das frühe bayerische Recht kannte überhaupt nur die Möglichkeit der speziellen landesherrlichen Privilegierung. Die Verleihung erfolgte entweder ausdrücklich oder mittelbar durch Bestätigung der Statuten, sofern aus landesherrlichen Bestätigung die Absicht herausschien, dem Verband die Eigenschaft einer juristischen Person verleihen zu wollen (*siehe II.2.a, IV.1.c*).[26]

2. Die weitere gesetzliche Entwicklung im 19. Jahrhundert

Unsere Überlegungen gelten dem zivilrechtlichen Phänomen der nicht anerkannten, aber tolerierten Körperschaft. Den polizei- und strafrechtlichen Aspekten der (politischen) Tätigkeit dieser Vereinigungen können und wollen wir hier nicht nachgehen. Uns reicht das Bewusstsein, dass der Staat den nicht privilegierten Verein seit jeher mit Argusaugen beobachtet.[27] Das bayerische Versammlungs- und Vereinsgesetz wollen wir daher nur kurz streifen. Eigentliche privatrechtliche Gesetzgebung erfolgte erst ab Ende der 1860er Jahre.

a. Gesetz v. 26. Februar 1850, die Versammlungen und Vereine betreffend

Streng von der landesherrlichen Verleihung der – privatrechtswirksamen – juristischen Persönlichkeit ist die polizeiliche Überprüfung der Unbedenklichkeit des inneren und äußeren Vereinslebens zu trennen. Auf dem Papier recht liberal kam das bayerischen Gesetz v. 26. Februar 1850, »die Versammlungen und Vereine betreffend« daher. Vereine konnten im Grundsatz frei gegründet werden. Die Gründung war allerdings umgehend der Staatspolizei anzuzeigen.[28] Die Richtung der Überprüfung interessiert hier nicht. Rechtsdogmatisch bedeutsam ist alleine die Trennung von Polizei- und Privatrecht. Die polizeirechtlich festgestellte Unbedenklichkeit erhob einen Verein nicht zur juristischen Person. Erforderlich blieb die landesherrliche Genehmigung. Sicher: polizeiliche und korporationsrechtliche Genehmigung können zusammenfallen, »wenn in den von dem Landesherrn genehmigten Statuten eines Vereins die Absicht, eine moralische Person zu begründen, hervorleuchtet«.[29] Aber eine Vermischung der polizeirechtlichen und privatrechtlichen Ebene ist weder erforderlich noch der Regelfall. Die bayerische Rechtsprechung trennte beides säuberlich und verhielt sich gegenüber der Annahme einer Doppelwirkung recht zurückhaltend (*siehe IV.1.c*).[30]

b. Die drei Gesetze vom 29. April 1869

Das Inkrafttreten des ADHGB änderte die Grundlagen des Rechts der juristischen Person in Bayern zunächst nicht. Zwar regelte das Gesetz auch die Aktiengesellschaft, die nach überwiegender Auffassung der Zeit als juristische Person anzusehen war, aber Art. 208 ADHGB hielt am bekannten Grundsatz der staatlichen Genehmigungsbedürftigkeit fest:[31]

Art. 208 ADHGB. (1) Aktiengesellschaften können nur mit staatlicher Genehmigung errichtet werden.

(2)-(3) [...]

Und doch: Die *collegia illicita* wurden vom ADHGB gestreift: denn Art. 211 Abs. 1 ADHGB stellte klar, dass vor der Genehmigung die Aktiengesellschaft als solche nicht besteht. Aber eine Regelung ihrer Rechtsverhältnisse hielt das neue Aktienrecht nicht vor. Das Gegenteil war der

Fall: der Gesetzgeber wollte die nicht genehmigte Aktiengesellschaften nicht regeln, sondern mittels einer recht rigiden Handelndenhaftung (Art. 211 Abs. 2 ADHGB) verhindern (*siehe II.2.b.cc.β*).

Eigene gesetzgeberische Aktivitäten im privaten Körperschaftsrecht entfalteten sich in Bayern ab 1863.[32] Auslöser waren die zunehmend auch in Süddeutschland populärer werden Erwerbs- und Wirtschaftsgenossenschaften. Aber man blieb hier nicht stehen und dehnte die Vorarbeiten auf Vereine mit idealer, nichtwirtschaftlicher Zwecksetzung aus. Am Ende standen die ›Drei Gesetz vom 29. April 1869 über (Erwerbs- und Wirtschafts)Genossenschaften, (Ideal)Vereine und Actiengesellschaften, die keine Handelsgesellschaften sind‹. Die Genossenschaftsgesetzgebung orientierte sich am zwischenzeitlich erlassenen Gesetz des Norddeutschen Bundes vom 4. Juli 1868.[33] Damit kam erstmals in Bayern neben dem althergebrachten Grundsatz der Spezialprivilegierung die gemeinrechtlich vorbereitete Lehre der generell-abstrakten Verleihung von Körperschaftsrechten zur Anwendung: ein Verband erlangt seine juristische Persönlichkeit (alleine) dadurch, dass er bestimmten gesetzlichen Anforderungen genügt. Die Korporationsrechte folgen unmittelbar aus dem Gesetz. Das besondere landesherrliche Spezialprivileg ist nicht mehr notwendig.[34] Heute spricht man vom sog. *System der Normativbedingungen.* Die Möglichkeit der besonderen Erteilung der Korporationsrechte an Personenverbände wurde durch diese Gesetze nicht ausgeschlossen.[35]

aa. Das Gesetz, die privatrechtliche Stellung von Vereinen betr.
α. collegia licita
Das ›Gesetz, die privatrechtliche Stellung von Vereinen betr.‹[36] wandte sich an Vereinigungen, die nicht auf ›Erwerb, Gewinn oder eigentlichen Geschäftsbetrieb‹ abzielten (Art. 1). Heute spricht man von Idealvereinen oder nicht wirtschaftlichen Vereinen (§ 21 BGB). Entsprechende Vereinigungen konnten, sofern sie über ein hinreichende organisatorische Verfestigung verfügten (Artt. 2, 3),[37] ohne besondere staatliche Genehmigung ›Rechtsfähigkeit‹ erlangen (Art. 2 Nr. 2). Der Vorstand hatte die Vereinsstatuten zu Überprüfung der gesetzlichen (organisa-

torischen) Erfordernisse dem Bezirksgericht vorzulegen. Wurde der Verein für ordnungsgemäß befunden, erhielt er seine Statuten mit dem Vermerk »Anerkannt nach dem Gesetze vom 29. April 1869« zurück (Art. 4). Der anerkannte Verein kam in seiner privatrechtlichen Stellung dem heutigen eingetragen Verein sehr nahe. Nach Art. 10 war er rechtsfähig und entsprechend den allgemeinen Grundsätzen hafteten die Vereinsmitglieder für die Verbindlichkeiten des Vereins grundsätzlich nicht (Art. 11).

> *Art. 10 bayVereinsG.* Der anerkannte Verein kann auf seinen Gesammtnamen Rechte erwerben und Verbindlichkeiten eingehen, Eigenthum und andere dingliche Rechte an Grundstücken erwerben, vor Gericht klagen und vor Gericht verklagt werden.

> *Art. 11 bayVereinsG.* (1) Für die Verbindlichkeiten des Vereins haftet den Vereinsgläubigern nur das Vereinsvermögen.
> (2) Die Mitglieder sind lediglich zur Entrichtung der in den Statuten festgesetzten Beiträge dem Vereine gegenüber verpflichtet.

Der bayerische Gesetzgeber hat – wie auch im bayerischen Genossenschaftsrecht (*siehe II.2.b.bb.β*) – bewusst darauf verzichtet, dem anerkannten Verein die Rechte einer juristischen Person zuzuweisen.[38] Der Grund war die allgemeine Unsicherheit in der zeitgenössischen Rechtswissenschaft darüber, was eine juristische Person denn überhaupt sei.[39] Kaum etwas war im 19. Jahrhundert so umstritten wie das Wesen der Körperschaften. Der Gesetzgeber beschränkte sich darauf, dem anerkannten Verein die konkreten Rechte zuzuschreiben, die er im Rechts- und Verkehrsleben zur Erreichung seiner Zwecke tatsächlich benötigte.[40] Im Ergebnis räumen die Artt. 10, 11 diesen Verbänden alle Rechte ein, die man heute mit den Begriff der juristischen Person gewöhnlich verbindet.[41]

β. *collegia illicita*

Das Phänomen des körperschaftlichen Verbandes ohne konkrete landesherrliche Genehmigung, der zugleich auch nicht die gesetzlichen

Normativbedingungen erfüllt, wurde durch diese Gesetze natürlich nicht erledigt. Denn die in Frage kommenden Gesellschaften waren durch das Gesetz nicht gezwungen, sich ›anerkennen‹ zu lassen. Die Vereine hatten die Möglichkeit, wie bisher ihre Angelegenheiten nach gemeinem Recht zu ordnen.[42] Nur konnten sie dann nicht die Rechte eines anerkannten Vereins für sich reklamieren.[43] Dementsprechend ordnete Art. 6 S. 1 an: »Vor der Rückgabe der mit der gerichtlichen Vormerkung versehenen Statuten (Art. 4) hat der Verein die Eigenschaft eines anerkannten Vereins nicht«.[44]

Im Vorgriff: die negative Fernwirkung des Art. 6 war begrenzt. Die zwischenzeitlich in der Rechtsprechung erreichte Stabilisierung der körperschaftlich organisierten, aber eben nicht anerkannten oder spezialprivilegierten Verbänden (*siehe IV.2*) wurde nicht zurückgenommen. Rechtsdogmatisch wäre ein solcher Umkehrschluss zu Art. 6 durchaus möglich gewesen.[45] Diese Verbände behielten aber – ohne echte juristische Person zu sein – die ihnen zwischenzeitlich beigelegte Fähigkeit, durch ihren Vorstand im eigenen Namen zu klagen und verklagt zu werden.[46]

bb. Gesetz, die privatrechtliche Stellung der Erwerbs- und Wirthschaftsgesellschaften betreffend

α. collegia licita

Das ›Gesetz, die privatrechtliche Stellung der Erwerbs- und Wirthschaftsgesellschaften betreffend‹[47] gab Gesellschaften (Genossenschaften) von nicht geschlossener Mitgliederzahl, welche die Förderung des Kredits, des Erwerbs oder der Wirtschaft ihrer Mitglieder mittels gemeinsamen Geschäftsbetriebs bezwecken, die Möglichkeit, die Rechte einer ›eingetragenen Genossenschaft‹ oder einer ›registrierten Gesellschaft‹ zu erwerben (Artt. 1, 70). Dies bedeutete nach unserem heutigen Verständnis primär Rechtsfähigkeit (Artt. 11, 72).[48] Auch hier schreckte man davor zurück, der eingetragenen Genossenschaft oder der registrierten Gesellschaft die Rechte einer juristischen Person zuzuweisen.[49] Hinter den begrifflichen Unsicherheiten stand aber diesmal ein handfestes Problem.[50] Die (subsidiäre) Solidarhaftung der Genossen erschien mit dem Gedanken der juristischen Person nur schwer vereinbar.[51] Man bevorzugte daher im Gesetzgebungsverfahren den Gedanken, dass letztlich doch weiterhin die Genossen Träger des Vermögens sind und nicht eine von ihnen getrennt zu denkende juristische Person.[52] Die fingierte ›Rechtsfähigkeit‹ wurde damit zur Abbreviatur der tatsächlichen Verhältnisse zur Verbesserung der Verkehrsfähigkeit. In den späteren Jahren setzte sich dann aber doch allgemein die Überzeugung durch, dass auch die registrierten und eingetragenen Genossenschaften bzw. Gesellschaften echte juristische Personen sind. Dahinter steht die Erkenntnis, dass das Wesen der juristischen Person als Regelfall den Ausschluss der persönlichen Haftung der Gesellschafter zwar nahelegt, aber keinesfalls erfordert. Der Gesetzgeber kann sich über entsprechende Anschauungen hinwegsetzen. Und wenn man diesen Weg begrifflich nicht mitverantworten kann, greift man zu Ersatzkonstruktionen, die mit dem traditionellen Begriff der juristischen Person vereinbar sind: die Verbindlichkeiten der Genossenschaft sind natürlich nicht die Schulden der Genossen; diese haben nur noch subsidiär wie ein Bürge für fremde Verbindlichkeiten einzustehen.[53] Ein langes Leben war dem bayerischen Genossenschaftsgesetz nicht vergönnt. An seine Stelle trat mit Wirkung zum 1. August 1873 das Gesetz, betreffend die privatrechtliche Stellung der Erwerbs- und Wirtschaftsgenossenschaften des Norddeutschen Bundes vom 4. Juli 1868.[54]

β. collegia illicita

Das Prinzip der Normativbestimmungen kann die Problematik der *collegia illicita* nicht lösen: vor Eintragung in das entsprechende Register hat die Gesellschaft die Rechte einer eingetragenen Genossenschaft oder einer registrierten Gesellschaft eben nicht (Artt. 5, 72). Nichts anderes bestimmt noch heute § 14 GenG.

> *Art. 5 bayGenG.* Vor erfolgter Eintragung in das Genossenschaftsregister hat die Genossenschaft die Rechte einer eingetragenen Genossenschaft nicht.

Für die Erwerbs- und Wirtschaftsgenossenschaften, die nicht unter die Vorschriften des Gesetzes fallen, enthält das Genossenschaftsrecht bis heute keine ausdrückliche gesetzliche Vorschrift. Eine Art. 211 Abs. 2 ADHGB bzw. § 41 Abs. 1 S. 2 AktG vergleichbare Regel fehlt (*siehe II.2.b, II.2.b.cc.β*). Damals wie heute bleibt es bei den allgemeinen Regeln: die nicht eingetragene Genossenschaft kann nach den allgemeinen Rechtsgrundsätzen als sog. einfache Genossenschaft bestehen.[55] Ihre Rechtsstellung bestimmte sich entweder nach der gemeinrechtlichen Theorie der tolerierten Korporation oder den verschiedenen Spielarten der germanistischen Genossenschaftslehre (*siehe I., III.; für Bayern: IV.3.*).

cc. Gesetz, die Actiengesellschaften, bei welchen der Gegenstand des Unternehmens nicht in Handelsgeschäften besteht, betreffend

α. collegia licita

Konservativ blieb das ›Gesetz, die Actiengesellschaften, bei welchen der Gegenstand des Unternehmens nicht in Handelsgeschäften besteht, betreffend‹.[56] Gem. Artt. 1, 14 fanden auch auf solche »Aktiengesellschaften, die nicht Handelsgesellschaften sind«, die Vorschriften des Art. 208 Abs. 1 ADHGB Anwendung. Damit blieb zunächst alles beim Alten. Die Aktiengesellschaft konnte nur mit königlicher Genehmigung errichtet werden.[57] Das bayerische Aktiengesetz trat alsbald außer Kraft; die Sondermaterie wurde vom – entsprechend erweiterten – ADHGB mitgeregelt.[58] Das spätere Reichsrecht verzichtete dann auf das Erfordernis der Genehmigung.[59] Seitdem gilt auch im Aktienrecht das Prinzip der Normativbestimmungen.

β. collegia illicita

Und doch kommt dem Aktienrecht des ADHGB gerade im Vergleich zum bayerischen Vereinsprivatrecht und dem bayerischen wie dem nachfolgenden gesamtdeutschen Genossenschaftsrecht eine Sonderrolle zu: denn das Aktienrecht normiert nicht nur die Voraussetzung zur Erlangung der Rechtsfähigkeit, es will umgekehrt auch die nicht privilegierte bzw. nicht eingetragene Aktiengesellschaft geradezu verhindern: »Eine nicht eingetragene Aktiengesellschaft gilt rechtlich nicht nur nicht als Aktiengesellschaft, sondern auch nicht als Gesellschaft oder Verein«.[60] Art. 211 Abs. 1 ADHGB stellte – nicht anders als die vorgestellten Genossenschafts- und Vereinsgesetze – klar, dass vor der Genehmigung bzw. der Eintragung die Aktiengesellschaft als solche nicht besteht. Aber dabei blieb es nicht. Art. 211 Abs. 2 ADHGB positivierte den Grundsatz einer strengen Handelndenhaftung, die jeden trifft, der mit dem Auftreten der Gesellschaft vor Konzession bzw. Eintragung einverstanden ist. Dies entspricht im Duktus der heutigen Gesetzeslage (§ 41 Abs. 1 AktG). Art. 211 Abs. 2 ADHGB (§ 41 Abs. 1 S. 2 AktG) bereitete der Lehre und Praxis bis in unsere Tage erhebliche Schwierigkeiten. Es hat bis in die 1990er Jahre gedauert, bis man die Problematik der Vor-Aktiengesellschaft halbwegs befriedigend in den Griff bekommen hat.[61]

III. Der germanistische Genossenschaftstheorie und die Lehre von der modifizierten *societas*

1. Freie Körperschaftsbildung

Von einer einheitlichen deutschrechtlichen Gegenbewegung zu den überkommenen Grundsätzen der juristischen Person kann nicht gesprochen werden. Es gab bedeutende Germanisten, die an der romanistischen Körperschaftslehre festhielten. So wandte sich etwa *Stobbe* gegen die Lehre der freien Körperschaftsbildung und hielt an der tradierten Überzeugung fest, dass die Verleihung juristischer Persönlichkeit entweder auf allgemeinen Rechtssätzen oder besonderem landesherrlichen Privileg beruhe.[62] Und dann gab es aber doch die auf *Beseler* zurückgehende Genossenschaftstheorie, die unter Heranziehung eines besonderen, metaphysisch angehauchten germanischen Assoziationsgeistes eine abweichende ›deutschrechtliche‹ Entwicklung behauptete.[63] Juristische Personen könnten auch im Wege einer *natürlichen Rechtsbildung* – ohne jede staatliche Anerkennung – aus sich heraus entstehen.[64] Die Rolle des Staates wurde damit neu definiert. Sie reduziert sich auf die polizeiliche Aufsicht. Das *ius constituendi* sinkt zu einem *ius confirmandi* herab.[65] Eine korrespondierende Rechtsunsicherheit wurde in Kauf genommen. Denn eine natürliche Rechtsbildung von Korporationen ist nicht mit der augenfälligen natürlichen Rechtsfähigkeit des Menschen vergleichbar. Auch die Lehre der freien Körperschaftsbildung behauptet nicht, dass jede Vereinigung von mehreren Personen den Kern einer Korporation in sich trägt. Der körperschaftliche Verband bleibt von den einfachen Rechtsgemeinschaften, insbesondere der *societas vel communio*, selbst in ihren deutschrechtlichen Überhöhungen der Gesamthandsgemeinschaften, abzugrenzen. Diese Rechtsgemeinschaften bilden auch nach germanistischer Rechtsanschauung kein eigenständiges Rechtssubjekt, das neben die Persönlichkeit der Gesellschafter tritt.[66] Für die romanistische Lehre ist die Sache einfach: die Publizität einer landesherrlichen Entscheidung schafft klare Verhältnisse.[67] Die Lehre von der freien Körperschaftsbildung muss dagegen für jeden Fall untersuchen, ob ein Verband mit hinreichender körperschaftlicher Verfassung vorliegt, die dann – allerding *ipso iure* – in die Rechtspersönlichkeit mündet. Die korporativen Typenmerkmale entscheiden: der Wechsel der Mitglieder, die Vertretung des Verbandes durch einen Vorstand und Vorhandensein eines besonderen und gesonderten Vermögens, das dem Vereinszweck dient.[68]

2. Deutschrechtliche Genossenschaften

Doch dies ist nicht die einzige Richtung der Genossenschaftstheorie. Die (frühe) Genossenschaftstheorie des jungen *Beseler* und *Wolffs* hat die Vorstellungen von besonders gearteten *deutschrechtlichen Genossenschaften* entwickelt,[69] die irgendwo zwischen den römischrechtlichen Extrempositionen von *societas* (*communio*) und *universitas* liegen und Elemente beider vermischen:[70] »Demnach stehen die [Anm.: deutschrechtlichen] Genossenschaften in der Mitte zwischen juristischen Personen des römischen Rechts und den Societäten; jedoch haben sie mehr mit jenen, als mit diesen gemein«. Wie eine juristische Person erscheinen sie als Rechtssubjekte: sie sind weitgehend von der Individualität ihrer Mitglieder abstrahiert, sie werden von ihren Organen berechtigt und verpflichtet und im Prozess aktiv wie passiv vertreten.[71] Erst die (spätere) Genossenschaftstheorie *Beselers* und *v. Gierkes* differenziert deutlich zwischen – freilich frei zu bildenden – (deutschrechtlichen)

Korporationen mit eigener Rechtspersönlichkeit als ›Verbandsperson‹ bzw. juristischer Personen einerseits und Rechtsgemeinschaften sowie (gesamthänderischen) Modifikationen des Gesellschaftsbegriffs andererseits. Die Idee eines Zwischengebildes zwischen *societas* und *universitas* wird sie als »undenkbares Etwas, das zwischen Sein und Nichtsein einer Verbandsperson in der Mitte schwebe«, von sich weisen:[72]

> »Demgemäß haben wir statt des römischen Gegensatzes [Anm.: von *universitas* und *societas*] den deutschen Gegensatz zwischen körperschaftlicher und gesellschaftlicher Vereinigung zu Grunde zu legen. Beiderlei Gebilde haben wir durch einen scharfen begrifflichen Einschnitt zu sondern. Denn wir müssen das Dasein einer vom Rechte anerkannten selbständigen Verbandsperson hier bejahen und dort verneinen«.

3. Die Lehre von der modifizierten *societas*

Die deutschrechtliche Genossenschaftstheorie hat einen erheblichen theoretischen Aufwand betrieben. Sicherlich verdanken wir ihr viele wichtige Einsichten in die Rechtssoziologie der Verbände. Rechtsdogmatisch waren ihre neuen Figuren und Institutionen sicherlich hilfreich; aber zwingend notwendig waren sie nicht. Um den Besonderheiten der körperschaftlichen Verbandsverfassung der *collegia illicita* gerecht zu werden, muss man sie nicht zwangsläufig in juristische Personen überformen. Denn aufgrund der – gerade auch das Gesellschaftsrecht beherrschenden – Privatautonomie sind die dispositiven Grundsätze von *societas* und *communio* auch in korporativer Richtung weitgehend beliebig verformbar. So können die Parteien im Gesellschaftsvertrag ohne weiteres einen überindividuellen Zweck festsetzen und die Möglichkeit stetigen Mitgliederwechsels vereinbaren. Das Miteigentum (*communio*) lässt sich durch Ausschluss der Teilungsklage modifizieren. Auch eine körperschaftliche Handlungsverfassung mit Vorstand, Hauptversammlung und der Geltung des Mehrheitsprinzips lässt sich institutionalisieren. Im Grundsatz lässt sich durch eine Beschränkung der Vollmacht der Vertreter auch eine Beschränkung der Außenhaftung erreichen. Alle diese Modifikationen sind mit dem Begriff der *societas* nicht unverträglich.[73] Man sprach von der *Lehre von der modifizierten societas*.[74] Diese Lehre war in der bayerischen Zivilrechtswissenschaft mit *Roth* prominent vertreten.[75] Das Reichsgericht wird die Lehre von der modifizierten *societas* später adaptieren.[76] Das BGB hat die Grundidee der Lehre von der modifizierten *societas* in § 54 S. 1 BGB übernommen.[77] Das im heutigen Recht so ungeliebte Institut des nicht rechtsfähigen Vereins ist entsprechend den Vorstellung des historischen Gesetzgebers nichts anderes als eine körperschaftlich verfasste (BGB)Gesellschaft iSd §§ 705 ff..[78] Zur *universitas* im Sinne einer juristischen Person wird der nicht privilegierte Verband durch solche *rein* gesellschaftsvertragliche Modifikationen aber nicht. Zwei Punkte bleiben schwierig und können ohne besondere Hilfe der Rechtsordnung nicht überwunden werden. An erster Stelle steht das dringende Bedürfnis für diese Verbände, durch ihren Vorstand vor Gericht zu klagen und verklagt zu werden (Parteifähigkeit). Denn es kommt bei mitgliederstarken Verbänden – aktiv wie passiv – einer faktischen Rechtsschutzversagung gleich,[79] wenn man – wie manches bayerische Bezirksgericht – die Gesellschafter darauf beschränkt, gemeinschaftlich als Streitgenossen aufzutreten.[80] Das Reichsgericht nahm insoweit eine entsprechende ›deutschrechtliche‹ Modifikation der Sozietätsgrundsätze an: reine Privatvereine (ohne besondere landesherrliche Privilegierung) sind als Prozessparteien zuzulassen.[81] Bis heute keine befriedigende Lösung gefunden hat die Teilnahme dieser Verbände am entwickelten, sich in Grundbüchern vollziehenden Grundstücksverkehr. Denn das Vereinsvermögen gehört bei Versagung der Rechtsfähigkeit nicht dem Verein als solchen, sondern es steht im Mit- oder vielleicht Gesamthandseigentum der Mitglieder. Der Verein als solcher kann also nicht als Eigentümer in das Grundbuch eingetragen werden. Dies kann nur mittelbar durch Eintragung aller Gesellschafter geschehen. Da dies faktisch ausgeschlossen ist, sind Vereine vom Grundstücksverkehr ausgeschlossen. Man bedient sich Treuhandlösungen.[82] Den grundbuchrechtlichen Fragestellungen will ich hier nicht weiter nachgehen.[83]

IV. Die Positionierung der höchstrichterlichen bayerischen Rechtsprechung

Von einer einheitlichen Linie in der Behandlung der *collegia illicita* durch die bayerische Rechtsprechung kann nicht gesprochen werden. Man mag es sympathisch, man mag es bedenklich finden: nicht eine aus dem römischen oder deutschen Recht adaptierte Genossenschaftslehre diktierte dem Gericht das Ergebnis, vielmehr suchte sich das Gericht für das gewünschte Ergebnis die passende Theorie. So lassen sich annähernd alle Spielarten der Theorie der juristischen Person wiederfinden: vom Gedanken der freien Körperschaftsbildung bis hin zur Lehre von der modifizierten *societas*.

1. Keine Erbfähigkeit der *collegia illicita*

a. Römisches Recht

Im klassischen römischen Recht konnten (erlaubte) Korporationen mit Legaten bedacht werde.[84] Unbekannt blieb dem römischen Recht aber (wohl) die allgemeine Erbfähigkeit der (rechtsfähigen) Korporationen.[85] Insoweit heißt es recht eindeutig in *Diocletian/Maximian*, C. 6, 24, 8 (de her. inst):

> *Diocletian/Maximian*, C. 6, 24, 8 (de her. inst.): »Collegium, si nullo *speciali* privilegio subnixum sit, hereditatem capere non posse dubium non est«.

Im *ius commune* las man die Konstitution *Diocletian/Maximian*, C. 6, 24, 8 (de her. inst) korporationsfreundlicher. Nicht erst die dort genannte besonderen Privilegierung, sondern auch die (allgemeine) Verleihung des Korporationsstatus begründet die Erbfähigkeit der juristischen Person. Aber ein Ergebnis ist auf dem Boden des gemeinen Recht unumgänglich: *collegia illicita* bleiben Fall ausgeschlossen.[86] Immerhin sahen einige Partikularrechtsordnungen vor, dass für diesen Fall deren Mitglieder erben sollten: unter der Auflage, dass das Ererbte nur für Zwecken des Vereins verwandt werden darf.[87]

b. Das bayerische Landrecht

Das Bayerische Landrecht adaptierte die korporationsfreundliche Auffassung des *ius commune*. Grundsätzlich waren alle approbierten juristischen Personen erbfähig (CMBC III 3 § 12, III 1 § 3 Nr. 4, I 3 § 3 in fine).[88] Ausgenommen waren nach CMBC III 1 § 3 Nr. 4 aber ›unzulässige Collegia‹. Unzulässig waren nach *v. Kreittmayr* »solche *Collegia, Corpora* oder Confraternitäten, welche von der Landesherrschaft nicht *specialiter* approbirt und priviligirt, sondern nur *privata authoritate* errichtet sind«.[89] Damit war die Position der bayerischen Rechtsprechung noch nicht zwingend vorherbestimmt: denn Gesetzeskraft kam den Anmerkungen *v. Kreittmayrs* nicht zu.

c. Die bayerische Rechtsprechung

Die bayerische Rechtsprechung hatte sich wiederholt mit der Erbeinsetzung von Vereinen zu befassen, denen sowohl eine ausdrückliche landesfürstliche Genehmigung als auch die Anerkennung nach dem (Vereins)Gesetz vom 29. April 1869 fehlte.[90] Die Entscheidungen gingen immer zu Lasten der *collegia illicita*. Herausgreifen möchte ich die Entscheidung BayObLG, Samml. 9, 226. Der Erblasser hatte in Umgehung seiner Verwandten den ›Privat-Wittwen- und Waisen-Unterstützungs-Verein der Schullehrer‹ in München als Erben eingesetzt. Die Wirksamkeit der letztwilligen Verfügung setzte nach bayerischem Landesrecht – wie gerade gesehen – voraus, dass der Verein auch juristische Person war. Das stand als Ausgangspunkt nicht im Streit. Im Verfahren wurde stattdessen geltend gemacht, dass nach bayerischem Landrecht zur Erlangung der juristischen Persönlichkeit eine besondere landesherrliche Genehmigung nicht erforderlich sei. Das BayObLG wies diese Ansicht zurück. Sein Hauptzeuge war die eindeutige Stellungnahme *v. Kreittmayrs*. Dem BayObLG waren die neuen deutschrechtlichen Lehren der freien Körperschaftsbildung bekannt (*siehe III.1*): aber der Gesetzgeber habe sie bisher nicht adaptiert.

> »Diese Stellen der Anmerkungen lassen keinen Zweifel übrig, daß überall die landesherrliche Genehmigung zur Entstehung der juristischen Persönlichkeit vorausgesetzt wird, und wenn auch den

Anmerkungen keine Gesetzeskraft zukommt, so bilden dieselben doch das wichtigste Auslegungsmittel für das Gesetz selbst und erläutern gerade hier den im Gesetzestext selbst Thl. III Cap. 1 § 3 Nr. 4 vorkommenden Ausdruck ›unzulässige Corporationen‹. In diesen Anmerkungen ist offenbar die damalige Anschauung und Doktrin über die Corporation niedergelegt, und seitdem ist hierin auch keine Aenderung, weder durch die Verfassung noch durch anderweitige allerhöchste Verordnungen eingetreten«.

Da dem Witwen-und-Waisen-Verein eine ausdrückliche Genehmigung fehlte, kam allenfalls eine stillschweigende Genehmigung in Betracht: denn der Verein hatte wiederholt Zuschüsse und Schenkungen seitens der Kreisregierung erhalten. Aber das konnte dem BayObLG nicht genügen: zum einen oblag die Genehmigung dem König, zum anderen musste mit königlichen Zuwendungen keine Verleihung der juristischen Persönlichkeit einhergehen. Auch in der Genehmigung der Statuten von höchster Stelle sah das Gericht keine Privilegierung (*siehe II.1, II.1.a*): denn darin müsse »die Absicht, eine moralische Person zu begründen, hervorleuchte(n)«.[91] Damit war das Testament hinfällig. Es gab noch einen Weg, den Erblasserwillen zu retten: wenn schon nicht der Verein als solcher, so konnten wenigstens alle am Todestag vorhandenen Witwen und Waisen der Schullehrer wirksam als Erben eingesetzt worden sein. Das BayObLG ging ihn nicht: der Erblasser habe ausschließlich den Verein als solche bedenken wollen.[92]

d. Geistliche *collegia*

Auch geistliche *collegia* bekamen die Härte der romanistischen Lehre zu spüren.[93] Ich verweise auf die Entscheidung des BayObGH, Samml. 6, 590. Einer Bruderschaft (Isidori- und Nothburga-Bruderschaft) war ein einseitiges Zahlungsversprechen gegeben worden. Da die Annahme des Versprechens nicht festgestellt werden konnte, kam ein vertraglicher Anspruch nicht in Betracht (CMBC IV 1 § 5 Nr. 1). Das einseitige Leistungsversprechen begründet im Regelfall keine Verpflichtung. Eine Ausnahme bildet die *pollicitatio.* CMBC IV 1 § 2 adaptierte dieses gemeinrechtliche Rechtsinstitut. Danach war ausnahmsweise auch das einseitige Versprechen bindend, sofern es dem Staat oder einer *Gemeinde* zum Besten gegeben wurde und für das Versprechen eine rechtfertigende Veranlassung bestand. Da das bayerische Landrecht den Terminus *Gemeinde* als korporationsrechtlicher Übergriff verwandte, wurden unter diese Vorschrift alle *collegia licita* gefasst.[94] Eine solche stellte die Bruderschaft nur dann dar, wenn sie entweder über eine landesherrliche Bestätigung verfügte oder zumindest nach dem Gesetz vom 29. April 1869 anerkannt war. Für geistliche, selbst *authoritate episcopalo* errichtete Vereinigungen machte das BayObLG entsprechend den von *v. Kreittmayr* adaptierten gemeinrechtlichen Grundsätzen keine Ausnahme.[95] Der BayObGH konnte nicht abschließend entscheiden. Die Vorinstanz hatte eine entsprechende landesherrliche Genehmigung oder vereinsrechtliche Anerkennung nicht festgestellt.[96]

2. Zwischen deutschrechtlicher Genossenschaft und juristischer Person

In zahlreichen Entscheidungen argumentierte die höchstrichterliche bayerische Rechtsprechung auch mit deutschrechtlichen Vorstellungen. Dabei beschränkte man sich nicht auf eine bestimmte Spielart. Der gesamte Facettenreichtum der Lehre lässt sich wieder finden.

a. *Parteifähigkeit: die deutschrechtliche Genossenschaft zwischen* societas *und* universitas

Gemeinrechtlich kam den lediglich tolerierten Verbänden weder aktive noch passive Parteifähigkeit zu.[97] Dies bedeutete bei mitgliederstarken Verbänden mit starker Fluktuation eine faktische Rechtsschutzversagung. Nichtsdestotrotz fasste die untere bayerische Gerichtsbarkeit diese Verbände mangels landesherrlicher Privilegierung als (einfache) *societas* auf und nahm damit Dritten die Möglichkeit, gegen diese Vereine vorzugehen. Das BayObGH kassierte diese Entscheidungen. Wegen ihrer körperschaftlichen Struktur könne man diese modernen Vereine nicht in die engen Gewänder der römischrechtlichen *societas* (oder *universitas*) stecken. Auch wenn diesen Verbänden nicht die Eigenschaft einer juristischen Person erteilt sei, so könnten sie als sog. *deutschrecht-liche Genossenschaft* durch den Vorstand klagen und verklagt werden.[98] Interessant ist die Argumentation des Gerichts: Wenn der Staat diese Verbände wissentlich toleriere, anerkenne er auch ihre Existenz. Den Staat treffe dann auch die Pflicht, diese Verbände zu schützen und zu fördern.[99]

b. Die deutschrechtliche Genossenschaft als Unterart der Korporationen

Das eben verwandte Bild der deutschrechtlichen Genossenschaft als ›Mittelding‹ zwischen *societas* und *universitas* geht auf die germanisti-sche Lehre *Wolffs* zurück. Hiervon hatte sich die Lehre des späten *Bese-ler* deutlich entfernt. Er trennte scharf zwischen Genossenschaften als Unterart der Körperschaften mit eigener Rechtspersönlichkeit einer-seits und den schlichten Rechtsgemeinschaften andererseits (*siehe III.1, III.2*). Diese Lehre wurde in einer frühen Entscheidung des BayObGH, Bl. 21, 254 adaptiert. Mehrere Gemeindemitglieder waren mit ihren Gü-tern in eine Staatswaldung eingeforstet. Sie behaupteten die Ersitzung von Holzbezugsrechten. Die Ersitzung eines derartigen Rechts setzte nach dem einschlägigen Sachrecht (Pr. ALR I 9 § 649) voraus, dass das Recht innerhalb von 40 Jahren mindestens dreimal in Anspruch ge-nommen worden war. Der Fiskus machte nun geltend, dass allenfalls diejenigen Eingeforsteten das Recht erworben hätten, die es während der Ersitzungsperiode selbst wenigstens dreimal ausgeübt hätten. Der BayObGH entschied gegen den Fiskus:

> »Die Kläger, als gleichberechtigte Eingeforstete, bilden in dieser Beziehung eine zwar keine Korporation oder juristische Personen-gemeinheit im eigentlichen und engeren Sinne, wohl aber eine Ge-nossenschaft. Solche Genossenschaften sind, soweit es die Nothwen-digkeit und Natur der Sache mit sich bringt, als Gesammtheit, als Einheit des Rechtssubjekts aufzufassen, und als eine, unter den Gattungsbegriff von juristischen Personen zu stellende Unterart der Korporationen im weiteren Sinne zu betrachten«.

Damit verschob sich der Fokus. Nicht mehr jeder einzelne Gutsbesitzer musste sein Holzbezugsrechts beweisen. Die Genossenschaft als Gemeinheit konnte das Holzbezugsrecht erworben haben. Einzige Voraussetzung: sie musste es als solche – durch ihre Mitglieder – innerhalb der Ersitzungszeit insgesamt dreimal in Anspruch genommen haben.[100]

c. Die Haftung: der nicht privilegierte Verein als juristische Person
Nach dem gemeinen Recht haften die Mitglieder für die Verbindlichkeiten der *universitas* grundsätzlich nicht.[101]

> *Ulpian*, Dig. 3, 4, 7, 1 (quod cui. un.): »Si quid universitati debetur, singulis non debetur: nec quod debet universitas singuli debent«.

Dadurch unterscheidet sich die *universitas* von der *societas:* denn hier müssen grundsätzlich alle Gesellschafter für die Gesellschaftsschulden einstehen. Es war nur eine Frage des Einzelfalles, ob diese Haftung *pro rata* oder *in solidum* war. In der Entscheidung BayObLG, Samml 9, 443 macht der Kläger einen Anspruch gegen den Vorstand eines *geselligen* Bürgervereins aus einer ›Gesellschaftsverbindlichkeit‹ geltend. Der Verband war körperschaftlich organisiert, aber weder landesfürstlich privilegiert noch nach dem Gesetz vom 29. April 1860 anerkannt. Das BayObLG entschied, dass der Verein mit der römisch-rechtlichen *societas* nichts gemein habe. Gesellschaftsrechtliche Vorschriften seien daher nicht anwendbar. Zwar könne der Verein mangels landesfürstlicher Privilegierung die Rechte einer Korporation nicht beanspruchen: da er in seiner Struktur aber alle wesentlichen Merkmale einer juristischen Person aufweise, müssten die Bestimmungen über die juristische Person zur Anwendung kommen:

> »Dagegen läßt sich nicht verkennen, daß dieser Verein, wenn er auch der gesetzlichen Anerkennung als Korporation entbehrt, sonach nicht die Rechte einer solchen beanspruchen kann, nach seinem Bestande die wesentlichen Merkmale einer juristischen Person in sich vereinigt, weshalb auch die Bestimmungen über juristische Personen auf denselben zur Anwendung zu kommen haben«.

Für die Verbindlichkeiten des geselligen Vereins haftete nur der Verein »als selbständiges Subjekt von Rechten und Verbindlichkeiten«; aber nicht die einzelnen Mitglieder. Die Zahlungsklage gegen die Vorstandsmitglieder (als Vereinsmitglieder) wurde daher abzuweisen.[102] Dogmatisch hatte das BayObLG damit die genossenschaftsrechtliche Lehre der freien Körperschaftsbildung adaptiert. In einer späteren Entscheidung formulierte das BayObLG noch deutlicher: körperschaftlich verfassten Vereinen kommt – auch wenn ihnen vom Staat Korporationsrechte nicht gesondert beigelegt wurden – »die rechtliche Stellung einer juristischen Person« zu.[103] Von den Germanisten wurden diese Entscheidungen gefeiert; *v. Gierke* geriet ins Schwärmen: »Hat nun demgegenüber das Reichsgericht auf die Theorie der modificirten societas zurückgegriffen, so steht doch in einem Theile Deutschlands die höchste richterliche Autorität auch heute auf Seiten der germanistischen Lehre«.[104]

3. Die Lehre von der modifizierten *societas*

Doch von der von *v. Gierke* postulierten klaren deutschrechtlichen Linie in der bayerischen Rechtsprechung kann nicht gesprochen werden.[105] Denn nicht nur in der bayerischen Zivilrechtswissenschaft,[106] auch in der höchstrichterlichen bayerischen Rechtsprechung war die von Germanisten so angefeindete Lehre von der modifizierten *societas* stark vertreten:[107]

> »Nun ist zwar dem Nichtigkeitskläger darin beizustimmen, daß auf derartige Vereine der Neuzeit, wie der betreffende Naturheilverein ist, die Grundsätze der römisch-rechtlichen Societät nicht unbedingt anwendbar sind, indem vielmehr bei der eigenthümlichen Natur solcher Vereine und den besonderen Zwecken, welche sie verfolgen, vor Allem die Vereinsstatuten als *lex contractus* für die Beurtheilung streitig gewordener Rechtsverhältnisse Ziel und Maß zu geben haben; doch muß andererseits daran festgehalten werden, daß, soweit die Statuten eines solchen Vereins Lücken enthalten, welche sich weder aus dem Wortlaute, noch aus ihrem Geiste ergänzen lassen, die römischen Grundsätze über *societas* subsidiär anzuwenden sind«.

In der Entscheidung BayObGH, Samml. 7, 483 ging es um die Konkursfähigkeit einer nicht eingetragenen Genossenschaft. Der Verein erfüllte weder die Erfordernisse des bayerischen wie des nachfolgenden gesamtdeutschen Genossenschaftsgesetzes. In handelsgerichtlichen Registern wurde er nicht geführt. Es handelte sich auch um keine oHG. Der Streit war nach Pr. ALR zu entscheiden. Die Pr. ALR II 6 §§ 13, 14 waren eine in Paragraphen gegossene Theorie der modifizierten *societas*. Nach innen konnten Verbände alle Rechte einer Korporation oder Gemeinen haben, nach außen stellten sie aber ohne Approbation – trotz ihrer körperschaftlichen Verbandsorganisation – keine juristische Person dar. Insbesondere bestimmten sich Eigentumsverhältnisse und Haftung nach den Vorschriften über die Gesellschaft. Der BayObGH wandte das Gesetz an: nicht eingetragene Genossenschaften sind keine juristische Personen. Es existiere damit kein von der Persönlichkeit der Mitglieder getrennter Vermögensträger. Es gebe eben nur Rechte und Pflichten der Gesellschafter: für die Verbindlichkeit der Gesellschafter hafteten damit – anteilig oder solidarisch – die Gesellschafter, nicht aber eine Gesellschaft als solche. Damit war die Entscheidung über die Konkursfähigkeit gefallen: in Ermangelung eines korporativen vermögensrechtlichen Subjekts konnte es keinen Gesellschafts- oder Genossenschaftskonkurs geben.[108]

Das BayObLG hat immer dann auf die Gedanken von *societas vel communio* zurückgegriffen, wenn es darum ging, unerwünschte Ergebnisse zu vermeiden. Auch als gesichert geltende Besitzstände der germanistischen Genossenschaftstheorie wurden dann schon einmal umgeworfen. In der Entscheidung BayObLG, Bl. 66, 182 hatte der Vorstand eines »deutschrechtlich organisierten Vereins« gegen ein Mitglied auf Erfüllung statutenmäßiger Verpflichtungen geklagt. Eigentlich wären prozessuale Schwierigkeiten (Parteifähigkeit) nicht zu erwarten gewesen: deutschrechtliche Genossenschaften konnten vertreten durch ihren Vorstand aktiv vor Gericht klagen (*siehe IV.2.a*). Doch auf einmal heißt es: Das entstandene Gewohnheitsrecht helfe nur in Prozessen des Vereins gegen Dritte, ermögliche aber keine Klagen des Vereins gegen seine eigenen Mitglieder auf Erfüllung der ihren obliegenden Verpflichtungen. Die Begründung betonte den Gedanken der *societas* (nach außen) und damit der Vielheit der Gesellschafter: es ginge nicht an, »daß das verklagte Mitglied materiell zugleich als Theil der klagenden Partei erscheinen würde«.[109] Dass der BayObGH in seiner Entscheidung Samml. 5, 203 bereits die (umgekehrte) Klage eines Mitglieds gegen den Verband zugelassen hat, unterschlug das BayObLG an dieser Stelle geflissentlich.

4. Das Ende – der nicht rechtsfähige Verein des BGB

Die obergerichtliche bayerische Rechtsprechung hatte solchen körperschaftlich organisierten Vereinen, die weder speziell privilegiert noch nach dem Gesetz vom 29. April 1869 anerkannt waren, ein gewisses Maß an Rechtsfähigkeit zuerkannt. Allen voran: diese Verbände verfügten – jedenfalls in Prozessen mit Dritten – über die volle Parteifähigkeit. Dies änderte sich im gesamten Reichsgebiet mit Einführung des BGB. Denn § 54 BGB bestimmt:[110]

> § 54 BGB. [nicht rechtsfähige Vereine]. Auf Vereine, die nicht rechtsfähig sind, finden die Vorschriften über das Gesellschaftsrecht Anwendung. Aus einem Rechtsgeschäft, das im Namen eines solchen Vereins einem Dritten gegenüber vorgenommen wird. haftet der Handelnde persönlich; handeln mehrere, so haften sie als Gesamtschuldner.

Die nichtrechtsfähigen Vereine wurden materiellrechtlich *vollständig* dem Gesellschaftsrecht (§§ 705 ff. BGB) unterstellt. Ohne gegenständliche Ausnahme. Das konnte nicht ohne Auswirkungen auf die Parteifähigkeit bleiben. § 50 ZPO (aF) übertrug die materiellrechtlichen Grundsätze auf das Prozessrecht.

> § 50 ZPO (aF). [Parteifähigkeit]. (1) Parteifähig ist, wer rechtsfähig ist. (2) Ein Verein, der nicht rechtsfähig ist, kann *verklagt* werden; in dem Rechtsstreit hat der Verein die Stellung eines rechtsfähigen Verein

Neu gegründete Vereine waren damit im gesamten Reichsgebiet, soweit sie nicht verboten waren, auf den Zustand der tolerierten Körperschaften des *ius commune* zurückgeworfen.[111] Aber immerhin: Der Regelung des BGB kam an und für sich keine Rückwirkung zu. Nach Art. 170 EGBGB (Art. 163 EGBGB) blieben die älteren nicht privilegierten Verbände grundsätzlich unter ihrem bisherigen Recht bestehen.[112] Hatte ein älterer Verband einst über (partielle) Rechtsfähigkeit verfügt, so konnte er als deren Ausfluss seine aktive Parteifähigkeit weiterhin behaupten.[113] Nicht so in Bayern. Mit Art. 2 des bayerischen ›Gesetzes, Übergangsvorschriften zum Bürgerlichen Gesetzbuch betreffend, vom 9. Juni 1899‹[114] stellte die bayerische Landesgesetzgebung auch diejenigen schon bestehenden (deutschrechtlichen) Vereinen den nicht rechtsfähigen Vereinen des § 54 BGB gleich, denen die Rechtsprechung in der Vergangenheit ein gewisses Maß an Rechtsfähigkeit und Parteifähigkeit zugebilligt hatte.

> *Art. 2 BayÜbergangsG.* (1) Auf die zur Zeit des Inkrafttretens des Bürgerlichen Gesetzbuchs bestehenden nicht rechtsfähigen Vereine finden von diesem Zeitpunkte an die Vorschriften des Bürgerlichen Gesetzbuchs über die Gesellschaft Anwendung.
>
> (2) Aus einem Rechtsgeschäfte, das nach dem Inkrafttreten des Bürgerlichen Gesetzbuchs im Namen des Vereins einem Dritten gegenüber vorgenommen wird, haftet der Handelnde persönlich; handeln Mehrere, so haften sie als Gesammtschuldner.
>
> (3) [...]

Der *neue* Rechtszustand wurde in interessierten Kreisen als erheblicher Rückschritt empfunden. Den nicht rechtsfähigen Vereinen ging fürderhin die Rechtsfähigkeit und die aktive Parteifähigkeit ab. Klagen konnte der Verein nur noch durch alle Mitglieder als (notwendige) Streitgenossen. Rechte erwerben konnten nur noch die (gesamthänderisch) gebundenen Mitglieder. Dies kam einer weitgehenden Rechtsschutzversagung gleich. Immerhin: sie galten weiterhin als passiv parteifähig (§ 50 Abs. 2 ZPO) und dementsprechend genügte zur Zwangsvollstreckung in das ›Vereinsvermögen‹ ein Titel gegen den

Verein (§ 735 ZPO); auch war der nicht rechtsfähige Verein konkursfähig (§ 213 KO aF).[115] Aber diese Maßnahmen – allesamt ›zu Lasten‹ des nichtrechtsfähigen Vereins – geschahen alleine aus Gründen des Schutzes der übrigen Verkehrsteilnehmer. Dahinter stand keine Sympathie für die deutschrechtliche Verselbständigung nicht anerkannter Körperschaften. *v. Gierke* äußerte den Wunsch:[116]

»Die Gerichte werden hoffentlich die trotz aller Hindernisse für das gemeine und preußische Recht errungene gesunde Praxis nicht zurückschrauben und den nicht rechtsfähigen Vereinen und der Herrschaft des neuen Rechts auch die aktive Parteifähigkeit verschaffen«.

Diese Hoffnung erfüllte sich für Bayern nicht. Das BayObLG fuhr eine strenge Linie: § 54 BGB habe der früheren Rechtsprechung den Boden entzogen.[117] BayObLG, Samml. N.F. 1, 689 sprach aus:

»Die zur Zeit des Inkrafttretens des Bürgerlichen Gesetzbuchs in Bayern bestandenen nicht rechtsfähigen Vereine habe mit diesem Zeitpunkt die ihnen bis dahin zugesprochene Fähigkeit als Kläger aufzutreten, auch für schon anhängige Rechtsstreitigkeiten verloren«.

Auch was den Verlust der Parteifähigkeit für anhängige Verfahren anging, schoss das BayObLG über das Ziel hinaus. Denn das Reichsgericht hatte schon früh ausgesprochen, dass in anhängigen ›Verfahren‹ die einstmals anerkannte aktive Parteifähigkeit nicht privilegierter Verbände fortbestand.[118]

Beim Verlust der aktiven Parteifähigkeit der nichtrechtsfähigen Vereine sollte es über 100 Jahre bleiben. Erst BGH, NJW 2008, 69 sollte wieder entscheiden, dass über den Wortlaut des § 50 Abs. 2 ZPO dem »nicht rechtsfähigen Verein« auch die aktive Prozessfähigkeit zukommt.[119] Auslöser waren die Entwicklungen im (einfachen) Gesellschaftsrecht: in der ›Jahrhundertentscheidung‹ BGHZ 146, 341 hatte der BGH der einfachen bürgerlich-rechtlichen Gesellschaft Rechtsfähigkeit und (aktive wie passive) Parteifähigkeit bescheinigt.[120] Da § 54 S. 1 BGB auf die Vorschriften über die Gesellschaft verweist, konnte rechtsdogmatisch dem nicht rechtsfähigen Verein die aktive Parteifähigkeit nicht

mehr versagt werden. 2009 adaptierte der Gesetzgeber die Rechtsprechung und fasste § 50 Abs. 2 ZPO neu.[121]

§ 50 ZPO. Parteifähigkeit. (1) Parteifähig ist, wer rechtsfähig ist.
(2) Ein Verein, der nicht rechtsfähig ist, kann *klagen und verklagt*
werden; in dem Rechtsstreit hat der Verein die Stellung eines rechtsfähigen Verein

Keine Einigkeit besteht heute über die Frage, ob der nicht rechtsfähige Verein – besser spricht man vom nicht eingetragenen und nicht
konzessionierten Verein – juristische Person ist. Der BGH für die einfache Gesellschaft den Satz aufgestellt: sie ist rechtsfähig ohne juristische
Person zu sein.[122] Manche sind da schon weiter: der nicht eingetragene
oder nicht konzessionierte Verein ist ebenso wie einfache Gesellschaft
bürgerlichen Rechts juristische Person.[123]

1   Juristische Personen ohne personelles Substrat wie etwa Stiftungen werden im
Folgenden außer Acht gelassen. Zur Theorie der Stiftungen im älteren bayerischen
Recht: Adam Joseph Uhrig, Abhandlung über die juristische Person, Dilingen 1854,
S. 184 ff. Überhaupt zu den verschiedenen Arten der juristischen Personen: Friedrich
Carl v. Savigny, System des heutigen römischen Rechts II, Berlin 1840, S. 242 ff., 248 ff.

2   Die Familie als solche gehört nicht zu den Körperschaften oder juristischen Personen. Das war seit jeher die hM: v. Savigny, System (wie Anm. 1), S. 238 f.; Otto Stobbe,
Handbuch des deutschen Privatrechts I, Berlin ²1882, § 49 = S. 386 m.w.N.; Gottlieb
Gerhard Titius, Jus Privatum Romano-Germanicum, Leipzig 1709, Lib. VIII Cap. II § 7.
Auch die bayerische Rechtsprechung hat sich diese Position zu eigen gemacht: »Subject
des Rechtes oder der Verbindlichkeit ist nicht eine eigene Familienpersönlichkeit, sondern die Gesammtheit der jeweils vorhandenen Familienmitglieder oder Familiengenos-
sen« (BayObGH, Sammlung der Entscheidungen des obersten Gerichtshofes für Bayern
in Gegenständen des Civilrechts und Civilprozesses [Samml.] 5 [1876], 4 [5 f.], Erk. v.
1.6.1874). Siehe aber auch: D. Pözl, Zur Lehre von den juristischen Personen, Zeitschrift
für deutsches Recht und deutsche Rechtswissenschaft 16 (1856), S. 353.

3   Gaius, Dig. 3, 4, 1, 1 (quod cui. un.); Ulpian, Dig. 3, 4, 7, 2 (quod cui. un.); Ulpian,
Dig. 50, 17, 160, 1 (de R.I.); v. Savigny, System (wie Anm. 1), S. 243 f. Auf die Frage, ob
dieses Gemeinwesen »Fiktion« ist oder ihm eine tatsächlich, soziologisch wahrnehmbare
Existenz zukommt, kommt es an dieser Stelle nicht an.

4   Ulpian, Dig. 3, 4, 7, 1 (quod cui. un.): »Si quid universitati debetur, singulis non
debetur: nec quod debet universitas singuli debent«. Franz Xaver Krüll, Handbuch des
königlich-baierischen gemeinen bürgerlichen Rechts I, Landshut 1807, § 95 = S. 156;
v. Savigny, System (wie Anm. 1), S. 293; Johannes Voet, Commentarius ad pandectas I,
Den Haag 1707, Lib. V Tit. IV § 4. Im Innenverhältnis kann natürlich anderes gelten.

5   v. Savigny, System (wie Anm. 1), S. 282 ff., 324 ff. Auf die umstrittene Frage, ob juristische Personen aus Delikten verpflichtet werden kann, soll hier nicht weiter eingegangen
werden (dazu: v. Savigny, System [wie Anm. 1], S. 310 ff, insb. 317 ff.).

6   Ulpian, Dig. 3, 4, 7, 1 (quod cui. un.); Ulpian, Dig. 50, 17, 160, 1 (de R.I.).

7   v. Savigny, System (wie Anm. 1), S. 259. Dieser Körperschaftsbegriff entspricht auch
dem Begriff der ›Gemeinde‹ v. Kreittmayrs: »Eine solche Vereinigung nun, welche unter
gemeinsamen Namen und gemeinen Nutzens wegen, auch in der Absicht beständig
also beisammen verbleiben zu wollen, mit Beobachtung eines gewissen Regiments und
Systematis geschieht, heißt eine Gemeinde, zu latein Universitas, Corpus, Collegium,
Communitas« (Wiguläus Xaverius Aloysius v. Kreittmayr, Anmerkungen über den
Codicem Maximilianeum Bavaricum Civilem V, München 1844, Kap. 30 § 1).

8   Gaius, Dig. 3, 4, 1 pr. (quod. cui. un.); v. Savigny, System (wie Anm. 1), S. 254 f.

9   v. Savigny, System (wie Anm. 1), S. 255 ff., insb. 258 f., 275 ff.; Samuel Stryk, Usus
modernus pandectarum IV, Halle 1746, Lib. XLVII Tit. XXII § III m.w.N.; Johannes Voet,
Commentarius ad pandectas II, Den Haag 1707, Lib. XLVII Tit. XXII § 1.
Vgl. insbesondere Ulpian, Dig. 47, 22, 2 (de coll. et corp.); Marcian, Dig. 47, 22, 3
(de coll. et corp.).

10   Baldus, Comment. §§ 1, 5 ad l. neque societas (Dig. 3, 4, 1 pr.): »[...] duo faciunt collegium licitum, iuris permissione, seu auctoritate (superioris)«; Wolfgang Adam Lauterbach, Collegium theoretico-practicum a pandectarum III, Tübingen 1715, Lib. XLVII Tit. XXII § II seqq.; Stryk, Usus modernus (wie Anm. 9), Lib. XLVII Tit. XXII § II.

11   Georg Beseler, System des gemeinen deutschen Privatrechts I, Berlin ⁴1885, § 66 = S. 259.

12   Augustin Leyser, Meditationes ad pandectas VIII, Leipzig 1746 spec. DXXXIII § XXI (Temmich).

13   Dazu: Otto v. Gierke, Die Genossenschaftstheorie und die deutsche Rechtsprechung, Berlin 1887, S. 54 ff., 86 ff.

14   Voet, Commentarius (wie Anm. 9), Lib. XLVII Tit. XXII § 1.

15   Voet, Commentarius (wie Anm. 4), Lib. V Tit. IV § 2.

16   Einen Überblick über die Rechtslage nach dem Pr. ALR gibt: Thomas Vormbaum, Die Rechtsfähigkeit der Vereine im 19. Jahrhundert, Berlin (u.a.) 1976, S. 60 ff.

17   Immerhin hält v. Kreittmayr, Anmerkungen (wie Anm. 7), Kap. 30 allgemeine Erläuterungen zum Recht der juristischen Person unter der Überschrift »Von dem Gemeinderechte« bereit. Den Anmerkungen korrespondieren aber keine Vorschriften des CMBC. Eingehend: Dirk Usadel, Die Korporation im Werk Kreittmayrs, München 1984. Vgl. auch den Überblick bei Vormbaum, Rechtsfähigkeit (wie Anm. 16), S. 82 ff.

18   Vgl. v. Gierke, Genossenschaftstheorie (wie Anm. 13), S. 55 ff.

19   So wurde entsprechend der Lehre des ius commune (Wolfgang Adam Lauterbach, Collegium theoretico-practicum a pandectarum I, Tübingen 1714, Lib. X Tit. IV § XXXVIII) in CMBC I 7 § 36 Nr. 8 die anerkannten Kooperationen (universitas) den Minderjährigen gleichgestellt (Paul v. Roth, Bayrisches Civilrecht I, Tübingen 21881, § 34 III = S. 234; Usadel, Korporation (wie Anm. 17), S. 133 ff.; aus der Rechtsprechung: BayObGH, Blätter für Rechtsanwendung (Bl.) 26 (1861), 181 [186] Erk. v. 1.5.1858; BayObGH, Bl. 35 [1870], 232 [233 f.], Erk. v. 29.3.1870; BayObGH, Samml. 3, 352 [357 ff.], Urt. v. 28.2.1873; BayObGH, Bl. 38 [1873], 122 f., Urt. v. 4.3.1873. Sehr kritisch gegenüber dieser Regelung: Uhrig, Abhandlung [wie Anm. 1], S. 81 ff.). CMBC II 1 § 6 hielt eine besondere Vorschrift für res universitatis bereit, also Sachen, die einer Körperschaft als solcher gehören (Inst. 2, 1, 6 [de rerum div.]; zum Begriff der res universitatis: Uhrig, Abhandlung [wie Anm. 1] 1854, S. 98 ff.). Zu den erbrechtlichen Vorschriften siehe unten.

20   Krüll, Handbuch (wie Anm. 4), § 95 = S. 155; v. Roth, Bayrisches Civilrecht (wie Anm. 19), § 34 = S. 231, § 43 = S. 285 ff.; Uhrig, Abhandlung [wie Anm. 1], S. 71.

21   ZB: BayObLG, Sammlung der Entscheidungen des Obersten Landesgerichtes für Bayern in Gegenständen des Civilrechts und des Civilprozesses (Samml.) 9 (1883), 226 (232), Erk. v. 21.6.1881.

22   Wiguläus Xaverius Aloysius v. Kreittmayr, Anmerkungen über den Codicem Maximilianeum Bavaricum Civilem III, München 1844, Kap. 3 § 12 lit. e., ders., Anmerkungen (wie Fn. 7), Kap. 30 § 2 lit. a, § 3 lit. b.

23   v. Kreittmayr, Anmerkungen (wie Anm. 7), Kap. 30 § 2 lit. a. Dazu: Usadel, Korporation (wie Anm. 17), S. 102 ff.

24   v. Kreittmayr, Anmerkungen (wie Anm. 22), Kap. 3 § 12 lit. e.

25   Vgl. etwa: Ministerialerlass v. 24.3.1849 (Döllinger XXIII [1853], 278); dazu: v. Roth, Bayrisches Civilrecht (wie Anm. 19), § 43 = S. 287 mit Fn. 7.

26   BayObGH, Samml. 5 (1876), 1 (2 f.), Erk. v. 16.11.1874; BayObLG, Samml. 9 (1883), 226 (233 f.), Erk. v. 21.6.1881; v. Roth, Bayrisches Civilrecht (wie Anm. 19), § 44 = S. 291.

27   Eingehend zur politischen Dimension des Vereinsrechts: Vormbaum, Rechtsfähigkeit (wie Anm. 16), S. 26 ff.

28   Nach Art. 12 waren unpolitische, nach Art. 14 politische Vereinsgründungen anzuzeigen.

29   BayObGH, Samml. 5 (1876), 1 (2), Erk. v. 16.11.1874; Stobbe, Handbuch (wie Anm. 2), § 52 = S. 408 f.; Uhrig, Abhandlung (wie Anm. 1), S. 69 ff.

30   BayObGH, Samml. 5 (1876), 1 (2), Erk. v. 16.11.1874; BayObLG, Samml. 9, 226 (233 f.), Erk. v. 21.6.1881.

31   Von der Möglichkeit des Art. 249 ADHGB machte Bayern keinen Gebrauch. Diese Vorschrift überließ es den Landesgesetzen zu bestimmen, dass es der staatlichen Genehmigung zur Errichtung von Aktiengesellschaften nicht bedurfte.

32   Daneben gab es in Bayern weitere Spezialgesetze für bestimmte Arten von Korporationen, etwa bzgl. der Bewässerungsgenossenschaften, der (bergrechtlichen) Gewerkschaften und Knappschaftsvereine und schließlich bzgl. der Innungen und Zünfte. Vgl. dazu: v. Roth, Bayrisches Civilrecht (wie Anm. 19), § 45 = S. 300 ff.

33   Mit einer wesentlichen Abweichung: man hob eine Genossenschaft mit beschränkter Haftpflicht aus der Taufe (Hauser, Die neueste Bayerische Gesetzgebung über Vereine, Erwerbs- und Wirtschaftsgenossenschaften sowie über Nicht-Handels-Actiengesellschaften, Zeitschrift für das gesamte Handelsrecht [ZHR] 14 [1870], 341 ff.).

34   v. Roth, Bayrisches Civilrecht (wie Anm. 19), § 43 = S. 286 f. mit Hinweisen zu weiteren bayerische Spezialgesetze.

35   v. Roth, Bayrisches Civilrecht (wie Anm. 19), § 43 = S. 288, § 44 = S. 292; vgl. BayObGH, Samml. 6 (1878), 590 (591), Urt. v. 20.3.1877. Natürlich blieben trotz des Gesetzes alle Korporationen bestehen, denen in der Vorzeit durch besonderes Privilegium Körperschaftsrechte verliehen wurden. Vgl. insbesondere Hans Joachim Hecker, Der Historische Verein von Oberbayern als königlich privilegierte juristische Person, Oberbayerisches Archiv 136 (2012), 65.

36   Ges.-Bl. f. d. Königreich Bayern 1869 Nr. 59 S. 1197.

37   Siehe oben unter I.

38   Joseph Völk, Verhandlungen der Kammer der Abgeordneten (Verhdl. d. K. d. Abg.) 1866/69, Beilagen-Band V, S. 351; Hauser, Die neueste Bayerische Gesetzgebung über Vereine, Erwerbs- und Wirtschaftsgenossenschaften sowie über Nicht-Handels-Actiengesellschaften, ZHR 14 (1870), 341 (346 f.)

39 Völk, Verhdl. d. K. d. Abg. 1866/69, Beil.-Bd. V, S. 335 ff. m.w.N.; vgl. Christoph Becker, Art. Juristische Person, in: Albrecht Cordes / Heiner Lück / Dieter Werkmüller (Hrsg.), Handwörterbuch zur deutschen Rechtsgeschichte II, ²2012, sp. 1456 – 1459.

40 Völk, ebd., S. 338.

41 Verhandlungen der Kammer der Reichsräthe des Königreiches Bayern 1868/69, Beilagen-Band VI, S. 560.

42 Oben unter I.

43 Dazu Völk, Verhdl. d. K. d. Abg. 1867/69, Bd. VI, S. 273.

44 Vgl. dazu: BayObGH, Samml. 5 (1876), 1 (3), Erk. v. 16.11.1874.

45 Zu den juristischen Schlussformen: Hans-Joachim Koch/Helmut Rüßmann, Juristische Begründungslehre, München 1982, S. 258 ff.

46 BayObLG, Samml. 12, 150 (152 ff.), Erk. v. 20.9.1888.

47 Ges.-Bl. f. d. Königreich Bayern 1869 Nr. 58 S. 1153.

48 Nach Art. 11 kann die eingetragene Genossenschaft unter ihrer Firma Rechte erwerben und Verbindlichkeiten eingehen.

49 Völk, Verhdl. d. K. d. Abg. 1866/69, Beil.-Bd. V, S. 323, 326, 335 ff.

50 Völk, ebd., S. 323.

51 Nach Art. 12 hafteten die Genossen beim Konkurs den Genossenschaftsgläubigern gegenüber solidarisch in solidum. Dagegen hafteten die Genossen in der registrierten Gesellschaft nur beschränkt.

52 Völk, Verhdl. d. K. d. Abg. 1866/69, Beil.-Bd. V, S. 323, 326; Hauser, Die neueste Bayerische Gesetzgebung über Vereine, Erwerbs- und Wirtschaftsgenossenschaften sowie über Nicht-Handels-Actiengesellschaften, ZHR 14 (1870), 341 (347 ff.).

53 Beseler, System (wie Anm. 11), § 70 = S. 280 ff.; v. Gierke, Genossenschaftstheorie (wie Anm. 13), S. 42 ff.; Stobbe, Handbuch (wie Anm. 2), § 51 = S. 403, § 53 = S. 434 f., § 60 = S. 494. Etwa RG, Entscheidungen des Reichsgerichts in Civilsachen (RGZ) 3, 10 (11), Urt. v. 10.1.1881 spricht ausdrücklich von der ›juristischen Persönlichkeit‹ der Genossenschaft.

54 v. Roth, Bayrisches Civilrecht (wie Anm. 19), § 43 = S. 287 Fn. 10.

55 Beseler, System (wie Anm. 11), § 70 = S. 283; v. Gierke, Genossenschaftstheorie (wie Anm. 13), S. 87 f.; Stobbe, Handbuch (wie Anm. 2), § 60 = S. 495. Aus der Rechtsprechung: BayObGH, Samml 6 (1878), 862 (864), Erk. v. 28.4.1877; ROHG, Entscheidungen des Reichs-Oberhandelsgerichts (ROHGE) 4, 199, Urt. v. 1.12.1871; ROHGE 6, 208 (212), Urt. v. 5.12.1871.

56 Ges.-Bl. f. d. Königreich Bayern 1869 Nr. 60 S. 1217.

57 Im Gesetzgebungsverfahren wurde das Erfordernis staatlicher Genehmigung recht eingehend diskutiert (Hauser, Die neueste Bayerische Gesetzgebung über Vereine, Erwerbs- und Wirtschaftsgenossenschaften sowie über Nicht-Handels-Actiengesellschaften, ZHR 14 (1870), 341 (364)).

58   v. Roth, Bayrisches Civilrecht (wie Anm. 19), § 43 = S. 287 Fn. 10.

59   Stobbe, Handbuch (wie Anm. 2), § 52 = S. 414 f.

60   v. Gierke, Genossenschaftstheorie (wie Anm. 13), S. 86 f.

61   Eingehend: Andreas Bergmann, Die Handelnden-Haftung als Ausgleich fehlender Registerpublizität, GmbH-Rundschau 2003, S. 563.

62   Stobbe, Handbuch (wie Anm. 2), § 49 = S. 388 f., § 52 = S. 406 ff. Eingehend zum Streitstand: Paul v. Roth, Zur Lehre von der Genossenschaft, München 1876, S. 58 ff.

63   Beseler, System (wie Anm. 11), § 70 = S. 275.

64   Beseler, System (wie Anm. 11), § 66 = S. 256 ff., § 68 = S. 264 ff.; Zur Entwicklung der Genossenschaftstheorie: v. Gierke, Genossenschaftstheorie (wie Anm. 13), S. 2 ff.

65   Beseler, System (wie Anm. 11), § 66 = S. 259. Es geht dieser Lehre also nicht unbedingt darum, dem Staat die Oberaufsicht über das Korporationswesen zu entziehen.

66   Beseler, System (wie Anm. 11), § 70 = S. 275 f.

67   v. Savigny, System (wie Anm. 1), S. 277 f.; Stobbe, Handbuch (wie Anm. 2), § 52 = S. 406 ff.

68 Beseler, System (wie Anm. 11), § 70 = S. 278 f., 283.

69   Der Begriff der Genossenschaft wurde äußerst verschieden verwendet. Manche benutzten den Ausdruck für alle Körperschaften, die nicht zu den Gemeinden gehören. Andere beschränkten diesen Begriff auf diejenigen Verbände, die irgendwo zwischen societas et communio und universitas stehen. Teilweise wurde der Begriff auch als Obergriff benutzt und darunter alle körperschaftlich verfassten Verbände inklusive der Gemeinden verstanden (Beseler, System [wie Anm. 11], § 70 = S. 274 f.). Vor dem Hintergrund der modernen Genossenschaftsgesetze bezeichnet man heute ganz überwiegend als Genossenschaften diejenigen ›Erwerbs- und Wirtschaftsgenossenschaften‹, die nach englischem Vorbild durch Huber und Schulze-Delitzsch zunächst in Nord-, aber dann auch in Süddeutschland populär wurden.

70   Carl Wilhelm Wolff, Lehrbuch des gemeinen deutschen Privatrechts I, Göttingen 1843, § 77 = S. 175 f. Dazu: v. Gierke, Genossenschaftstheorie (wie Anm. 13), S. 65 ff. Diese Lehre wurde in der Rechtsprechung stark vertreten. ZB: OAppG Jena, Archiv für Entscheidungen der obersten Gerichte in den deutschen Staaten (SeuffA) 1 (1847), Nr. 314, Erk. v. 13.2.1845; OAppG Wolfenbüttel, SeuffA 25 (1872) Nr. 199, Erk. v. 10.12.1869.

71   Wolff, Lehrbuch (wie Anm. 70), § 77 = S. 176 f.

72   Grundlegend: Beseler, System des gemeinen deutschen Privatrechts I, Leipzig ¹1847, § 61 = S. 357 ff.; v. Gierke, Genossenschaftstheorie (wie Anm. 13), S. 77 ff.; ders., Deutsches Privatrecht I, Leipzig 1895, § 62 = S. 479 ff.

73   Stobbe, Handbuch (wie Anm. 2), § 61 = S. 502 ff.; OAppG Rostock, SeuffA 37 (1873), Nr. 5, Erk. v. 2.3.1867; AA: Beseler, System (wie Anm. 11), § 79 = S. 278: hier seien Modifikationen notwendig, die das Wesen der societas aufhebten, ohne doch die eigentümliche Gestaltung der Körperschaften erfassen zu können; v. Gierke, Genossenschaftstheorie (wie Anm. 13), S. 57 ff., 77 ff. (aber auch 111 ff.); ROHGE 4, 199 (202), Urt. v. 1.12.1871 ; BG München, Bl. 28 (1863), 273 (275).

74 Diese Lehre ist schon in der erlaubten Privatgesellschaft der Pr. ALR II 6 §§ 11 ff.
angedeutet: im Innenverhältnis Korporation, im Außenverhältnis aber keine juristische
Person. Eingehend zur Privatgesellschaft: v. Gierke, Genossenschaftstheorie
(wie Anm. 13), S. 98 ff.

75 v. Roth, Bayrisches Civilrecht (wie Anm. 19), § 43 = S. 288 f.; vgl. BayObGH,
Samml. 5 (1876), 533, Erk. v. 5.7.1875; BayObGH, Samml. 7 (1880), 483 (484),
Erk. v. 16.4.1878; BayObLG, Samml. 8 (1881), 507 (511 ff.), Erk. v. 12.7.1880.

76 RGZ 8, 121 (123), Urt. v. 22.10.1882; RGZ 7, 164 (168 f.), Urt. v. 4.11.1881. Auch
sonst war die Lehre in der Gerichtspraxis prominent vertreten. ZB: OAppG Darmstadt,
SeuffA 23 (1870) Nr. 206, Erk. v. 21.9.1865.

77 Vgl. Protokolle, bei: Mugdan, Die gesammten Materialien zum Bürgerlichen
Gesetzbuch I, Berlin 1899, S. 640 ff.

78 Vgl. Otto v. Gierke, Vereine ohne Rechtspersönlichkeit, ²1902, S. 12 ff.

79 v. Gierke, Genossenschaftstheorie (wie Anm. 13), S. 60, 94 ff.: »Ursprünglich
bedeutete dies die totale Leugnung der Vereinsexistenz und damit die Rechtslosigkeit
sowohl der Vereine wie ihrer Vertrags- und Processgegner«.

80 So in der Tat: OAppG Dresden, SeuffA 13 (1860), Nr. 57 Fn. 3, Erk. v. 12.11.1858:
»Nun ist aber der Verein nichts landesherrlich bestätigt, sondern eine bloße Privatgesellschaft. Will eine solche klagen, so müssen sämtliche Mitglieder namhaft gemacht
werden, sie müssen insgesamt als Kläger auftreten [...], nicht aber genügt es, wenn
die Vorsteher als Repräsentanten der Gesellschaft die Klage erheben«. Vgl. auch die
Mitteilung der vorinstanzlichen Entscheidungsgründe in den kassierenden Urteilen
BayObGH, Samml. 5 (1876), 203 ff., Erk. v. 20.10.1874 und BayObGH, Samml. 6, 862
(863), Erk. v. 28.4.1877.

81 RGZ 4, 155 (156), Urt. v. 30.4.1881; RGZ 7, 164 (170), Urt. v. 4.11.1881; RGZ 8, 121
(122 f.), Urt. v. 22.10.1882; v. Roth, Bayrisches Civilrecht (wie Anm. 19), § 43 = S. 288 f.

82 Stobbe, Handbuch (wie Anm. 2), § 61 = S. 508 ff.

83 Verwiesen sei aber auf eine Entscheidung des Bezirksgericht München, Bl. 28 (1863),
273; auch: BayObLG, Samml. 12, 150, Erk. v. 20.9.1888. Dazu: v. Gierke, Vereine
(wie Anm. 78), S. 22.

84 Paulus, Dig. 34, 5, 20 (de reb. dub.). Das Vermächtnis zugunsten einer unerlaubten
Korporation war ungültig, wenn es nicht den einzelnen Mitgliedern hinterlassen wurde,
die dann aber einzeln und nicht als collegium bedacht sind.

85 v. Savigny, System (wie Anm. 1), S. 299 ff. Es etwas anderes galt für Stadtgemeinden:
Leo, C. 6, 24, 12 (de her. inst.). Unklar ist, ob sich an der allgemeinen Erbunfähigkeit von
Körperschaften etwas durch die dunkle, nur unvollständig wieder hergestellte Konstitution Iustinian, C. 6, 48 (de incert. pers.) rest. un. geändert hat (vgl. Uhrig, Abhandlung
[wie Anm. 1], S. 96 f.).

86 Johann Brunnemann, Commentarius in codicem I, Köln 1754, §§ 1 seq. ad l.
collegium (C. 6, 24, 8); Voet, Commentarius (wie Anm. 4), Lib. V Tit. IV § 2. 87
§ 2075 sächsBGB.

88   BayObGH, Samml. 3 (1874), 233 (224), Erk. v. 1.2.1873; BayObLG, Samml. 9, 226 (229), Erk. v. 21.6.1881; Paul v. Roth, Bayrisches Civilrecht III, Tübingen 1875, § 296 = S. 212, § 300 = S. 243 f.; Uhrig, Abhandlung (wie Anm. 1), S. 97 f. mit Fn. 104; Usadel, Korporation (wie Anm. 17), S. 131 f. Ausdrücklich war die Einsetzungsfähigkeit für Legate noch einmal wiederholt in CMBC III 6 § 4 Nr. 3: »Insbesonderheit kann auch einem ganzen Corpori, Collegio, oder anderer approbirter Communität legirt werden, welchenfalls das Legat nicht jedem de Corpore vel Communitate, sondern Allen insgesamt gebührt«.

89   v. Kreittmayr, Anmerkungen (wie Anm. 22), Kap. 3 § 12 Nr. 3 lit. e.

90   BayObGH, Samml. 5 (1876), 1, Erk. v. 16.11.1874; BayObGH, Samml. 6 (1878), 1, Erk. v. 29.5.1876; BayObLG, Samml. 9, 226, Erk. v. 21.6.1881.

91   BayObGH, Samml. 5 (1876), 1 (2), Erk. v. 16.11.1874.

92   BayObLG, Samml. 9, 226 (228 ff.), Erk. v. 21.6.1881.

93   Vgl. Usadel, Korporation (wie Anm. 17), S. 115 ff.

94   Wiguläus Xaverius Aloysius v. Kreittmayr, Anmerkungen über den Codicem Maximilianeum Bavaricum Civilem IV, München 1844, Kap. 1 § 2 Nr. 1 lit. c.

95   v. Kreittmayr, Anmerkungen (wie Anm. 7), Kap. 30 § 3 lit. b; vgl. Leyser, Meditationes (wie Anm. 12), spec. DLIX §§ I seqq.;

96   BayObGH, Samml. 6 (1878), 590 f., Urt. v. 20.3.1877; vgl. auch noch: BayObGH, Samml. 3 (1874), 233, Erk. v. 1.2.1873: Erbunfähigkeit erzbischöflicher Ordinate.

97   Voet, Commentarius (wie Anm. 4), Lib. V Tit. IV § 2.

98   BayObGH, Samml. 5 (1876), 203 (205 ff.), Erk. v. 20.10.1874; BayObGH, Samml 6 (1878), 862 (864), Erk. v. 28.4.1877; BayObGH, Samml. 7 (1880), 483 (484), Erk. v. 16.4.1878. Dort auch Mitteilung der tragenden Gründe der Vorinstanzen.

99   BayObGH, Samml. 5 (1876), 203 (206), Erk. v. 20.10.1874; vgl. in diese Richtung auch BayObLG, Samml. 11 (1888), 231 (232), Erk. v. 24.10.1885.

100   BayObGH, Bl. 15 (1850), 251 ff., Erk. v. 6.4.1850; vgl. auch BayObGH, Bl. 19, 240, Erk. v. 8.3.1853 (Gemeinde als Genossenschaft).

101   Krüll, Handbuch (wie Anm. 4), § 95 = S. 156.

102   BayObLG, Samml. 9 (1883), 443 (444 f.), Erk. v. 23.12.1881; auch: BayObGH, Samml. 5 (1876), 533 f., Erk. v. 5.7.1875: Maßgeblichkeit der Vereinsstatuten für die Frage der Haftung der Vereinsmitglieder für den Aufwendungsersatzanspruch eines Mitgesellschafters. Siehe aber auch BayObGH, Bl. 18 (1853), 362, Erk. v. 21.12.1852.

103   BayObLG, Samml. 11 (1888), 231 (232), Erk. v. 24.10.1885. Die Entscheidung BayObGH, Bl. 21 (1856), 254, Erk. v. 5.6.1845 betrifft eine *collegia licita*. Im mitgeteilten Sachverhalt heißt es: »Ein in Oberbayern gegründeter Hagelversicherungsverein hatte im J. 1833 die allerhöchste Genehmigung erhalten«.

104   v. Gierke, Genossenschaftstheorie (wie Anm. 13), S. 72 ff.

105   Das muss auch v. Gierke, Genossenschaftstheorie (wie Anm. 13), S. 73 f. konstatieren.

106   v. Roth, Bayrisches Civilrecht (wie Anm. 19), § 43 = S. 288 f.

107   BayObGH, Samml. 5 (1876), 533, Erk. v. 5.7.1875; BayObGH, Samml. 7 (1880), 483 (484), Erk. v. 16.4.1878; BayObLG, Samml. 8 (1881), 507 (511 ff.), Erk. v. 12.7.1880.

108   BayObGH, Samml. 7 (1880), 483, Erk. v. 16.4.1878.

109   BayObLG, Bl. 66 (1901), 182 f., Erk. v. 23.11.1900.

110   Grundlegend: v. Gierke, Vereine (wie Anm. 78); Martin Schöpflin, Der nicht-rechtsfähige Verein, Köln (u.a.) 2003. Eingehend zur Entstehung der Vorschriften über die Erlangung der Rechtsfähigkeit durch Vereine: Vormbaum, Rechtsfähigkeit (wie Anm. 16), S. 125 ff.

111   Siehe oben unter I.

112   RGZ 51, 1610 (161 f.), Urt. v. 7.4.1902 für das Innenverhältnis. Dagegen wurde die Frage der Haftung (insbesondere § 54 S. 2 BGB) nach neuen Recht beurteilt: RGZ 63, 62 (63 f.), Urt. v. 16.3.1906; RGZ 77, 429 (430 f.), Urt. v. 27.11.1911; RGZ 97, 122 (125), Urt. v. 7.11.1919. Die neue Lehre will dagegen solche Verbände, die immer noch bestehen, ausschließlich nach den Normen des BGB beurteilen (zB Staudinger/Weick [2005] § 54 Rn. 87).

113   v. Gierke, Vereine (wie Anm. 78), S. 49 mit Fn. 96a. Offen gelassen in RG, Deutsche Juristen-Zeitung (DJZ) 5 (1900), 227, Urt. v. 7.3.1900.

114   Art. 2 des bayerischen Gesetzes, Übergangsvorschriften zum Bürgerlichen Gesetz-buch betreffend, vom 9. Juni 1899 (Beilage zum Gesetz- und Verordnungsblatt 1899 Nr. 28 vom 12. Juni 1899, S. 83).

115   v. Gierke, Vereine (wie Anm. 78), S. 41 ff.; vgl. RGZ 60, 94 (100), Urt. v. 2.2.1905.

116   v. Gierke, Vereine (wie Anm. 78), S. 45.

117   BayObLG, Samml. N.F. 1 (1901), 689 (693), Erk. v. 13.12.1900.

118   RG, DJZ 5 (1900), 227, Urt. v. 7.3.1900.

119   BGH, Neue Juristische Wochenschrift 2008, 69 (Rn. 55), Urt. v. 2.7.2007; anders noch BGH, Entscheidungen des Bundesgerichtshofes in Zivilsachen (BGHZ) 109, 15 (16 ff.), Urt. v. 6.10.1989. Eine Ausnahme wurde vor dem Hintergrund des Art. 9 Abs. 3 GG nur für die in Form eines nicht rechtsfähigen Vereins organisierten Gewerkschaften gemacht.

120   BGHZ 146, 341, Urt. v. 29.1.2001.

121   Gesetz zur Erleichterung elektronischer Anmeldungen zum Vereinsregister und anderer vereinsrechtlicher Änderungen v. 24.9.2009 (BGBl. I 3145).

122   BGHZ 146, 341 (343 ff.), Urt. v. 29.1.2001.

123   Andreas Bergmann, Der nicht rechtsfähige Verein als körperschaftlich verfasste Gesellschaft, Zeitschrift für Unternehmens- und Gesellschaftsrecht 2005, 654 (655).

45

›Unzuläßige *collegia*‹ und die bayerische Rechtsprechung

Germanischer Staat und Genossenschaft: Otto von Gierke als Staatsrechtler*

Martin Otto

* Dem Andenken von Dr. Christian Keller (21. März 1964 – 23. Februar 2015)

»SO FAHRE DAHIN, Du germanischer Recke vom Pommernstrand, dessen Hünengestalt ein Hünengrab decken sollte. Fahre hinaus durch das dunkle Gewölk, das Dein geliebtes Vaterland überschattet. Fahre hinein in das Licht von Walhall, und noch nach dem Tode ziehe Du uns voran als ein Führer zur Wiedergenesung und Wiederaufrichtung des deutschen Wesens in dem Geiste, in dem Du so lange und so mächtig hast wirken dürfen auf Erden.«[1]

Gewichtige Worte fand der Berliner Romanist Emil Seckel als Rektor der Berliner Universität am Sarge seines germanistischen Fakultätskollegen Otto von Gierke am 14. Oktober 1921 in Berlin; wenig später sollte Gierke, der am 10. Oktober 1921 nach längerem Leiden im Alter von 80 Jahren verstorben war, auf dem Friedhof der Evangelischen Kaiser-Wilhelm-Gedächtnis-Gemeinde in Berlin-Charlottenburg beigesetzt werden.[2] Dieses Grab gibt es heute noch, und zwar als vom Land Berlin unterhaltenes Ehrengrab. Letzteres ist weniger selbstverständlich, als es sich auf den ersten Blick anhört. Vor nicht langer Zeit wurde in Berlin dem Grab des Rechtsphilosophen Friedrich Julius Stahl eben dieser Status entzogen, weil es nach Ansicht des Senats Stahl an Bedeutung fehle.[3] Über die Bedeutung Gierkes ist man sich in Berlin glücklicherweise noch einig. Einigermaßen zutreffend führt die Datenbank der zuständigen Senatsverwaltung für Stadtentwicklung und Umwelt ein Kurzbiogramm auf: »Rechtshistoriker, u.a. Geschichte und Recht der dt. Genossenschaften, Einfluss auf die Entwicklung d. Sozial- u. Arbeitsrechtes«[4]. Es entspricht dem, was man in den gängigen und soliden Nachschlagewerken, Wikipedia eingeschlossen, über Gierke findet, und es ist ja keineswegs falsch. Dabei bleibt es dann meist aber auch.[5] Das Pathos der Worte, das Emil Seckel, weder ein Germanist noch dem Werk Gierkes besonders verpflichtet,[6] fand, mutet uns heute eigentümlich fremd an, fast will man sagen befremdend. Nicht zuletzt aufgrund unserer Vergangenheit nach Gierkes Tod können wir sein Bekenntnis zum Germanentum, gar zum »Germanischen Staat« nicht mehr so unbefangen aussprechen, wie es unsere Nachbarn in Skandinavien mit gewissen Abstrichen vielleicht noch immer können.[7] Da überrascht es wenig, dass Gierke nach seinem Tod auch zweifelhafte Lobredner erhalten hatte. In der ersten Auflage seines 1939 erschienenen wichtigen Buches »Große Rechtsdenker der deutschen Geistesgeschichte« erwähnt der Freiburger Professor Erik Wolf selbstverständlich auch Gierke,[8] wie auch in den erweiterten Folgeauflagen nach 1945.[9] Geringfügig hat sich aber das eindrucksvolle Porträt Gierkes gegenüber der Erstauflage verändert, denn nur in dieser liest man neben einem Gierke-Zitat von 1889 (»Wir können mit dem großen germanischen Gedanken der Einheit alles Recht nicht brechen, ohne unsere Zukunft aufzugeben«[10]) die affirmative Feststellung, dies werde als eine »grundlegende Erkenntnis deutscher Rechtsauffassung« auch von Alfred Rosenberg in seinem ›Mythus des 20. Jahrhunderts‹ »anerkannt und gewürdigt«.[11] Man sollte dies allerdings in einen zeithistorischen Kontext stellen. Der Nationalsozialist Alfred Rosenberg und sein berüchtigtes Machwerk, für Hitler nur eine unverbindliche Privatarbeit,[12] stellte zu keinem Zeitpunkt eine rechtshistorische Autorität dar. Dem konservativen und mit Ernst Jünger befreundeten[13] Ernst Wolf war es um etwas ganz anderes gegangen, nämlich um eine ideologische Rückversicherung; offenes Lob für Gierke war im Nationalsozialismus keinesfalls ungefährlich, spätestens seit der SS-Jurist Reinhard Höhn, der im Gegensatz zu Rosenberg Gierke wohl tatsächlich gelesen hatte, in Gierkes Gedankenwelt keine Basis für die Rechtsordnung des Nationalsozialismus erblickte, da Gierke in seiner Genossenschaftslehre an den bürgerlichen Staat und an selbstbestimmte Individuen statt der Volksgemeinschaft anknüpfe.[14] Daneben gab es aber auch nationalsozialistische Juristen wie Karl August Eckhardt, die ausdrücklich »Vorwärts mit Gierke!« forderten.[15] Unabhängig davon passte Gierke bei allem Germanentum aber bereits persönlich schwer in die nationalsozialistischen Kategorien. Für ihn bestand ein enger und unauflösbarer Zusammenhang zwischen Germanentum und Christentum, den er immer wieder bekräftigte. Germanentum und Christentum hatten für ihn »einen unlöslichen Bund mit einander geschlossen.«[16] Und für Gierke war es selbstverständlich, dass auch ein Jude ›Germane‹ werden konnte, Hinweise auf einen biologischen Rassebegriff finden sich bei ihm nirgends. Gierke war seit 1873 mit Lilli Loening verheiratet, deren Vater, der Verleger Karl Friedrich Loening, bis 1847 Zacharias Löwenthal hieß.[17] Gierkes Kinder galten nach dem perversen Rassegesetz der Nationalsozialisten als ›Mischlinge‹, wovon insbesondere der bekannteste Sohn, der Göttinger Handelsrechtler Julius von Gierke betroffen war;[18] dass Julius von Gierke wiederum versuchte, nach 1933 seine ›arische‹ Herkunft zu belegen, muss als Beispiel echter rechtshistorischer Tragik aufgeführt werden.[19]

Für ein dubioses, antichristlich und rassisch unterfüttertes Germanenbild kann man Gierke also nur unter größten Verbiegungen gewinnen, und dies war letztlich auch den Zeitgenossen wie den später folgenden Generationen klar. Für die Annäherung an Gierkes Werk ist mit diesen letztlich ahistorischen Ausschlusskriterien aber noch nichts gewonnen, erst recht, wenn es um die Bedeutung von Gierke für das Staatsrecht gilt. Zweifellos wurde Gierke von nahezu allen Fachgenossen, also auch denjenigen des Öffentlichen Rechts, als beeindruckende und Respekt gebietende Gelehrtenpersönlichkeit wahrgenommen. Gleichzeitig aber wurde nur wenig verklausuliert in ihm auch eine zwar buchstäblich überragende Gestalt gesehen, die aus einer vergangenen Epoche in die Gegenwart hineinragte, ein wenig aber auch wie eine Antiquität oder ein Museumsstück bestaunt wurde, über deren tatsächliche Funktion man sich nicht so recht im Klaren war. Einiges davon ist bereits in dem bewegenden Nachruf Seckels bei allem Lob zu erahnen, anderes schimmert in der bis heute kolportierten Anekdote von dem stammelnden Gierke auf dem Forum Romanum durch. Der Staatsrechtler Gerhard Anschütz, 1896 an Gierkes Fakultät in Berlin habilitiert und 1908 dorthin aus Heidelberg zurückberufen, zeichnet in seinen 1936 verfassten Lebenserinnerungen ein entsprechendes Bild. Gierke war 1908 neben Heinrich Brunner des Senior der Fakultät, »von schlechthin imposanten Wissen und Können«, doch galt seine Lebensarbeit »weniger der Gegenwart als der Vergangenheit des deutschen Rechts«, »Rechtshistoriker« und Angehöriger »oder vielleicht richtiger« Nachfahre und Fortsetzer der »im Anfang des 19. Jahrhunderts entstandenen, zuerst in Berlin aufgeblühten historischen Rechtsschule.«[20] Zwar äußert sich Anschütz dann durchaus sehr anerkennend zu Gierkes Hauptwerk, dem vierbändigen deutschen Genossenschaftsrecht; es enthalte »viel mehr als der unscheinbar klingende Titel vermuten lässt; es ist eigentlich eine ganze Rechtsgeschichte, betrachtet unter dem Gesichtspunkt des Genossenschaftswesens, wobei der Begriff der Genossenschaft so weit gefasst wird, dass er alle menschlichen Verbände, Gemeinwesen, bis hinauf zum Staat und der Kirche, einschließt«.[21] Ist der letzteren Aussage sicherlich zuzustimmen, so entbehrt die Reduktion Gierkes auf den gegenwartsfernen Rechtshistoriker nicht einer gewissen Pikanterie; Gierkes BGB-Kritik etwa, die Anschütz sicherlich kannte, hatte reinen Gegenwartsbezug und war sicherlich nicht allein rechtshistorischen Erwägungen geschuldet.[22] Ähnliches ließe sich von Gierkes Eintreten für das Urheberrecht als ein Persönlichkeitsrecht,[23] für das Staatshaftungsrecht[24] oder die staatliche Haftung für »Plünderungsschäden« in Folge der Novemberrevolution 1918[25] behaupten. Tatsächlich enthalten die Erinnerungen von Anschütz nicht die ganze Wahrheit. In einem Brief an Carl Schmitt vom 16. Juli 1930, in dem sich Anschütz übrigens auch von Hans Kelsens »ganzer Wissenschaftsart« distanziert, kommt er auf sein Verhältnis zu Gierke zu sprechen. Gierke habe ihn in der Berliner Fakultät als ›links‹ oder am äußersten linksliberalen Rand gesehen und sei ihm mit einem gewissen Misstrauen gegenübergetreten.[26] Dass dieses Misstrauen nicht gänzlich ohne Grund war, soll im Laufe des Vortrages deutlich werden. Die Beschäftigung mit Gierke als Staatsrechtler ist in jedem Falle aus heutiger Perspektive noch mehr erläuterungsbedürftig, als sie es zu den Lebzeiten von Gerhard Anschütz bereits war.

Seit dem berühmten und von Walter Pauly beschriebenen Methodenwandel im Spätkonstitutionalismus des Kaiserreichs scheint sich eine positivistische Strömung durchgesetzt zu haben, deren bekannteste Vertreter Gerber und Laband waren, daneben Georg Jellinek, Gerhard Anschütz und Richard Thoma. Gierke wurde in dieser Zeit als der bedeutendste und ›fundamentale‹ Kritiker dieser positivistischen Richtung wahrgenommen.[27] In der Bundesrepublik der fünfziger Jahre wurde dagegen eine durchaus antipositivistische ›Naturrechtsrenaissance‹ beobachtet, wenn auch deren Schwerpunkt auf dem Zivilrecht und insbesondere der Judikatur des Bundesgerichtshofs lag. Für eine ›Genossenschaftsrenaissance‹ oder gar eine Renaissance germanischen Rechtsdenkens war Nachkriegsdeutschland aber wohl zu keinem Zeitpunkt der Ort. Dabei blieb auch die Person Gierkes weitgehend im Obskuren. Es gehört zu den Verdiensten des Frankfurter Rechtshistorikers Gerhard Dilcher, ab den siebziger Jahren für eine Einordnung Gierkes in den zeithistorischen Kontext gesorgt zu haben.[28] Dieser stellte dabei den Einfluss der Philosophie von Hegel und Dilthey heraus und betonte dabei auch die Möglichkeit, Gierke und Max Weber in ein fruchtbares Verhältnis zu setzen und dabei Gierkes Modell eines genossenschaftlichen Korporatismus als Typenbildung im Sinne Webers anzusehen.[29] Dieser Weg kann hier aus Zeitmangel nicht beschritten werden; evident ist aber, dass Gierke aus diesem Betrachtungswinkel erheblich moderner und zeitlich näher wirkt als der große blonde und bärtige germanische Recke vom Pommernstrand, als der »germanische Allvatertypus«[30] bei dem nur der Wikingerhelm zu fehlen scheint. Ohnehin scheint bei einer angemessenen Beschäftigung mit Gierke das blinde und undeutliche Wort von den Germanen im Wege zu stellen und den Blick auf das Wichtigere zu verstellen. Bernd-Rüdiger Kern hat in seiner wichtigen Arbeit zu Gierkes Lehrer Georg Beseler die enge Verbindung zwischen liberaler Politik und germanistischer Rechtswissenschaft betont.[31] Es ließen sich hier auch andere Beispiele anführen. Etwa Walther Schücking, der pazifistische Staatsrechtler, der bei Carl Ludwig von Bar in Göttingen mit einer deutschrechtlichen Arbeit über Herrschaftsantritt habilitiert wurde. Er zählte zu den Autoren, die die germanische Freiheit oder die Genossenschaft zwischen Fürst und Volk betonten, dies auch, um liberale rechtspolitische Forderungen zu untermauern.[32] Hier in München ist der aus der germanistischen Schule Karl von Amiras kommende Karl Rothenbücher zu nennen, der auch zu Gierkes Studenten in Berlin gehörte.[33] Insofern muss eine politische Einordnung Gierkes mit aller Vorsicht vorgenommen werden. Nach allem, was bekannt ist, lässt sich Gierke in keiner politischen Richtung festlegen. Am bekanntesten ist sein Zitat von dem »Tropfen sozialistischen Öls«, der in das BGB durchsickern müsse,[34] doch ein Sozialist war Gierke zu keinem Zeitpunkt. Abgesehen davon, dass ›sozialistisch‹ bis in das 19. Jahrhundert auch alle auf einem Gesellschaftsvertrag aufgebauten Staatsbilder bezeichnete,[35] hatte er immer wieder betont, sozial, aber nicht sozialistisch zu sein. 1889 verdammte Gierke den Sozialismus als Unfreiheit und Barbarei.[36] Immer wieder betont er, kein sozialistisches, sondern ein soziales Recht anzustreben. Tatsächlich finden wir Gierke im Kaiserreich unter den Mitgliedern des Evangelisch-sozialen Kongresses;[37] hier waren auch andere Germanisten engagiert, darunter Rudolph Sohm, der in mancher Hinsicht als sein Rivale bezeichnet werden kann. Dieser national-soziale Professorenkonservatismus im Windschatten von Friedrich Naumann und Adolf Stoecker gehört zu den wichtigsten Netzwerken der deutschen Rechtswissenschaft bis 1918;[38] seine Erforschung ist auch für das Verständnis von Gierke und dem Staatsrecht notwendig. Gierke gehörte im Kaiserreich sicher zu den Monarchisten. 1911 nahm er den erblichen preußischen Adel für sich und seine Familie an,[39] was der germanistische Rechtshistoriker Walther Schücking in der Festschrift für Ludwig Eneccerus im selben Jahr ätzend kommentierte;[40] auch dies war im Kaiserreich möglich. »Kaiser und Reich wurden unser!«[41] subsumierte aber Gierke, der die übernationale Ausrichtung des Heiligen Römischen Reichs als Gefahr gesehen hatte (»So vermochte die Verknüpfung mit dem römischen Kaisergedanken dem germanischen Staatsgedanken die Kraftsteigerung, deren er bedurfte, nicht zu verschaffen. Es war das Verhängnis des deutschen Volkes, dass die wundervolle Blüte seines nationalen Königreichs ihm den internationalen Beruf des Kaisertums aufzwang. Die Versuche, aus dem Kaisertum als solchem eine Erhöhung der Staatsgewalt abzuleiten, wie sie am bewußtesten der Hohenstaufer Friedrich II. in absolutistischem [sic!] Geiste unternahm, mussten scheitern.«[42]), in einer Ansprache 1919 die Reichsgründung durch Bismarck.[43] 1848 sei ein deutsches Kaisertum gescheitert, »weil Preußen versagte«.[44] Dann aber wurde es gewiss, »daß es keine andere Möglichkeit zur Beendigung des langen Interregnums der kaiserlosen Bundestagszeit gab, als die Vermählung des preußischen Staatsgeistes mit dem deutschen Gesamtgeist. So brachte uns die Vollendung des Wiederaufbaues deutscher Herrschaft erst die im preußischen Staate aufgespeicherte deutsche Tatkraft, als sie der staatsmännische Genius Bismarcks in den Dienst des nationalen Gedankens stellte und mit nie übertroffenem politischen Scharfblick im Verein mit seinem edlen königlichen Herrn und den preußischen Kriegshelden uns das neue Reich schuf. (...) Und deutsch, deutsch in seiner Stilform und in seinem geistigen Gefüge war der Staatsbau, in dem wir bis zu seiner Überwältigung durch das gewaltigere Schicksal nun wohnten und wirkten.«[45] Der Hinweis auf das »gewaltigere Schicksal« weist darauf hin, in welchem Zusammenhang Gierke diese Ansprache hielt, nämlich in einer Vorlesungsreihe der Berliner Universität Ostern 1919, zu der der Berliner Rektor Ulrich von Wilamowitz-Moellendorff aufgefordert hatte.[46] Gierkes Vortrag ›Der germanische Staatsgedanke‹ mutet aus heutiger Sicht leicht anachronistisch an, doch enthält er auch ein klares verfassungspolitisches Programm, das von restaurativen Tendenzen[47] durchaus frei ist. »Unser Staat soll nationaler Staat sein und bleiben!«[48] Dazu gehörte für Gierke nicht nur, in Einklang mit den Linksparteien im Reich und Österreich, die »heißersehnte Eingliederung Deutsch-Österreichs«,[49] sondern auch »der Wiederaufbau einer internationalen Gemeinschaft auf Grund eines reformierten Völkerrechts« dem unser Staat »bereitwillig seine Mitarbeit widmen« solle, »nimmermehr aber sich der Vergewaltigung seines nationalen Eigenlebens durch einen Völkerbund beugen soll, in dem er nicht als vollberechtigte Mitträger der Staatengenossenschaft anerkannt sind.«[50]

Gierke forderte den »geschichtlich fundamentierten« Staat. Das war zunächst einmal ein klares Bekenntnis zum Fortbestand Preußens, des

»einzigen deutschen Großstaats, der allein imstande ist, gen Osten wider das Slawentum und gen Westen wider das Welschtum das deutsche Wesen dauernd zu behüten!«[51] Wahrscheinlich hatte »gen Westen« auch noch eine antiamerikanische Stoßrichtung; den amerikanischen Präsidenten Woodrow Wilson hatte er 1917 als »schlauen Biedermann«, der an der »Wahnvorstellung« leide, dass seine Nation andere Völker bekehren müsse, bezeichnet.[52] Solche Bekenntnisse zu Preußen, eine deutliche Spitze gegen seinen Schüler Hugo Preuß,[53] finden sich in dieser Zeit häufiger, etwa auch bei Erich Kaufmann.[54] Gleichzeitig bedeutete der »geschichtlich fundamentierte« Staat für Gierke auch einen Bundesstaat, was einen aktuellen Anlass hatte; in Weimar wurde gerade eine Verfassung beraten.[55] »Weder zu unitarischen noch zu föderalistischen Experimenten eignet sich diese Zeit der gefährlichsten Krisis unseres gesamten Volksdaseins. Wir wollen dem Reiche geben, was es braucht, um aus sich heraus die Aufgaben der gesamtstaatlichen Zentralgewalt befriedigend zu erfüllen. Aber will wollen auch den Einzelstaaten wirkliche Staatlichkeit, kraftvolles Eigenleben und einen unabhängigen Versuch selbständiger Machtentfaltung wahren.«[56] Gierke trat wenig überraschend für ein »organisch aufgebautes Gemeinwesen germanischer Prägung« ein, lieferte aber auch ein sehr deutliches Bekenntnis zur Republik, auch wenn er, wie gleichzeitig die demokratischen Verfassungsgeber in Hessen[57] und Württemberg,[58] die Verdeutschung ›Volksstaat‹ gebrauchte: »Er soll als Volksstaat eine breitere Basis und eine tiefere Einsenkung in das Bewusstsein aller Volksschichten, als bisher, gewinnen.«[59] Auch solche Stimmen waren um diese Zeit häufiger zu hören.[60] Bereits 1914 aber hatte Gierke, expansionistischen Kriegszielen gegenüber durchaus aufgeschlossen, für die Zeit nach dem Krieg mehr demokratische Mitbestimmung gefordert.[61] Gierke plädierte aber auch für ein starkes Staatsoberhaupt, wie es mit dem Reichspräsidenten dann auch Wirklichkeit wurde: »Wir brauchen eine von den Tagesströmungen unabhängige germanische Obrigkeit, die die allgemeinen und dauernden Interessen des Volksganzen mit fester Hand wahrnimmt!«[62] Dazu forderte Gierke den sozialen Staat und distanzierte sich vom Sozialismus. »In die Sünden des Kapitalismus wollen wir nicht zurückfallen. Aber wir wollen auch dessen eingedenk bleiben, dass der vom Sozialismus erstrebte Umsturz der überkommenen Ordnung des Wirtschaftslebens zugunsten einer totalen Vergesellschaftung der Produktion und der Güterverteilung die Erstarrung des lebendigen Volksorganismus zum mechanischen Zwangsapparat herbeiführen, die Freiheit des Individuums austilgen und der aufsteigenden Kulturbewegung ein Ende bereiten müßte.«[63] Schließlich forderte Gierke den »Kulturstaat«, ein Postulat, das viele heute mit Peter Häberle verbinden.[64] Gierke lädt diesen etwas verschwommenen Begriff aber nicht unnötig auf: »Aber so viel neue Aufgaben er sich setzt, soll er stets dem germanischen Gedanken huldigen, daß sein Kulturbegriff nur subsidiären Charakter trägt.«[65] Schließlich sollte der neue Staat für Gierke Rechtsstaat sein. »Hierin vor allem soll er seine germanische Eigenart erweisen.«[66] Zieht man das Germanentum ab, tritt Gierke jedoch keinesfalls als germanistischer Rechtsantiquar ab, sondern erhebt durchaus zeitgemäße Forderungen von Aktualität. »Feststellung und Sicherung unantastbarer Grundrechte der Individuen; Schutz der Minderheiten durch Erschwerung von Verfassungsänderungen; ein Reichsverwaltungsgericht als oberster Hüter der öffentlichen Rechte und Pflichten aller Reichsangehörigen und aller engeren Verbandseinheiten, Gemeinden und Genossenschaften; darüber hinaus Entscheidung auch von Verfassungsstreitigkeiten einschließlich der zwischen Reich und Gliedstaaten auftauchenden Zuständigkeitsfragen durch einen unabhängigen, ausschließlich nach Rechtsgrundsätzen urteilenden, in geordnetem Prozeß verfahrenden Gerichtshof«.[67] Außer Zweifel stand es für Gierke, dass sein Volksbegriff weit war; selbst im nationalistischen Überschwang der Kriegsjahre hatte er die Zugehörigkeit der »Volksgenossen fremder Zunge«, darunter Polen, Dänen, Lothringer und Wallonen, zum Reich ausdrücklich betont.[68]

Näher und nichtöffentlich nahm Gierke etwa gleichzeitig im Mai 1919 zu einem Grundrechtsentwurf für die Reichsverfassung Stellung, den ihm der Zentrumspolitiker, Rechtshistoriker und Abgeordnete der Weimarer Nationalversammlung Konrad Beyerle zukommen ließ.[69] Gierke äußerte mittelbare Kritik an der »Verschwommenheit« eines Grundrechtsentwurfs von Friedrich Naumann.[70] Gleichzeitig äußerte

Gierke Bedenken an Grundrechten als »Leitfaden für den staatsbürgerlichen Unterricht«; eine Verfassungsurkunde sollte nur Rechtssätze enthalten. »Nur meine ich, daß man auf diesem Gebiet [Grundrechte und Grundpflichten auf dem Gebiet des Wirtschaftslebens, M.O.] allzu detaillierte Bestimmungen vermeiden und nur prinzipielle Sätze mit wirklichem Rechtsgehalt aufstellen sollte.«[71] Dabei äußerte sich Gierke in Einzelfragen aber auch schärfer. Er begrüßte die Aufnahme von Grundpflichten, hielt aber von einer Gegenüberstellung von Volk und Staat wenig. »Der deutsche Staat soll ja doch als Volksstaat sich mit dem zur einheitlichen Gesamtperson organisierten deutschen Volke decken.«[72] Gegen das von der Verfassung normierte Gleichheitsprinzip wollte Gierke nur deswegen keine Einwendungen erheben, weil es ihm »bei der nun einmal unüberwindlichen demokratischen Vergötterung des Gleichheitsidols« zurzeit aussichtslos erscheine. Dabei sei dieser Gleichheitssatz (»Alle Deutschen sind vor dem Gesetz gleich. Männer und Frauen haben grundsätzlich dieselben staatsbürgerlichen Rechte und Pflichten. Alle öffentlichrechtlichen Vorrechte und Nachteile der Geburt oder des Standes sind zu beseitigen.«) an sich »höchst bedenklich und wegen der Konsequenzen, die der Radikalismus aus ihnen zieht, gefährlich. Sie sichern nicht vor der Verwechslung von Gleichwertigkeit und Gleichförmigkeit, des *Suum cuique* mit dem *Cuique idem!* Die völlige staatsbürgerliche Gleichstellung von Mann und Weib als Grundsatz und somit als anzustrebendes Ziel zu verkündigen, halte ich für einen bösartigen Fehlgedanken!«[73] Dieser Satz entbehrte nicht einer besonderen Pikanterie, saß doch Gierkes Tochter, die Fürsorgerin Anna Gierke, als Abgeordnete der Deutschnationalen Volkspartei in der Nationalversammlung. In dieser Funktion arbeitete sie konstruktiv an der Entstehung der Reichsverfassung mit.[74] Auch Otto von Gierke sympathisierte zunächst mit der Deutschnationalen Volkspartei, auch ist bei ihm 1919 die Rede von »der drohenden Hochflut der kultur- und freiheitsfeindlichen sozialdemokratischen Strömung«.[75] Zu einem einfachen Parteienkritiker kann man ihn nicht ohne weiteres machen; wenn er vom »unheilvollen Zwiespalt der politischen Zielsetzungen bei den am Neubau ernstlich mitarbeitenden Parteien«[76] schreibt, ist das differenzierter zu werten als eine simple Parteienkritik. Auch Gierkes Verhältnis zur Deutschnationalen Volkspartei, die nicht mit den späteren Jahren unter Hugenberg in Verbindung gebracht werden darf, war nicht frei von Spannungen. Am 20. Oktober 1920, also kurz vor seinem Tode, formulierte er »Einige Wünsche an die Deutschnationale Volkspartei«, die auch als Manuskript gedruckt wurden. Darin formulierte er noch einmal seine Privatrechtskonzeption, nämlich »Privateigentum, Vertragsfreiheit, Familienerbrecht, Testierfreiheit, Freiheit der Gesellschaftsbildung und genossenschaftliche Selbstbestimmung«.[77] Wenig später kam es zu einem Zerwürfnis mit dieser Partei. Zieht man eine Summe dieser rechtspolitischen Forderungen kommt man zu dem Ergebnis, dass sich Gierke keineswegs auf die Rolle des wikingerhaften Gelehrten der germanischen Genossenschaft reduzieren lässt. Vielmehr entnahm er seiner Privatrechtskonzeption einen umfangreichen Katalog von rechtspolitischen Forderungen, die auch auf das Staatsrecht hinausstrahlten; da der Staat bei Gierke die höchste Genossenschaft bildete, überrascht dies nicht, obwohl in seiner Nachfolge, so durch Kurt Wolzendorff, auch die Trennung von öffentlichem und privatem Recht als Leistung der germanischen Rechtsidee gelobt wurde.[78] Grundsätzlich bietet sich eine Parallele zu Gierkes wissenschaftlichen Antipoden Gerber und Laband an. Bei beiden handelte es sich nicht um weltfremde Gelehrte im Elfenbeinturm, beide haben, wie etwa Walter Pauly[79] und Carsten Kremer[80] belegt haben, höchst aktiv an Politik und Selbstverwaltung teilgenommen. Dass einem deren konservative Ansichten nicht immer behagen mochten, steht auf einem anderen Blatt; das gilt aber auch für Gierke. Umgekehrt muss festgestellt werden, dass das von liberalen Juristen gepflegte Bild des beeindruckenden Rechtsantiquars nicht mit der Wirklichkeit korrespondiert. Nur am Rande erwähnt sei hier, dass der Parteienskeptiker Gierke mit Recht als ein Begründer des politischen Pluralismus gesehen werden kann[81] und dass die verfassungsrechtliche Sozialbindung des Eigentums ebenfalls auf Gierke zurückgeht; in die Weimarer Reichsverfassung wurde sie auf Betreiben Anna Gierkes als Artikel 153 eingefügt.[82]

Das tradierte Bild des Staatsrechtlers Gierke beginnt in der Regel mit einer umfangreichen Rezension, die im Jahre 1874 in der Zeitschrift für die gesamten Staatswissenschaften erschien.[83] Einer der beiden von Gierke rezensierten Autoren ist im bayerischen Kontext besonders erwähnenswert, nämlich Max von Seydel,[84] der andere, Albert Theodor van Krieken,[85] ist heute weitgehend vergessen. Seine Grundbegriffe des Staatsrechts richtet er an der Prämisse aus, dass das Recht die Doppeleigenschaft des Menschen als Individuum und Glied eines Gattungsverbandes nicht nur zu berücksichtigen, sondern in seinen Begriff aufzunehmen habe. Gierke postuliert die reale Existenz von Organismen, die aus Vereinigung einfacher sozialer Rechtswesen wie Menschen entstehen. Einiges an Gierkes Kritik an Seydel erinnert, wie Walter Pauly etwa überzeugend darlegte, durchaus auch an Paul Laband.[86] Hatte der Bayer Seydel eine staatliche Rechtssubjektivität geleugnet, weil ihr als Fiktion kein menschlicher Wille entspreche so dass auch das Recht als Schöpfung eines menschlichen Herrschers gesehen wurde, argumentierte Gierke gegen diese »roh naturalistische Auffassung« mit der Konstruktion einer juristisch fundierten höheren Daseinsordnung, in die der Herrscher als Glied integriert ist.[87] Immer wieder zitiert werden ferner Gierkes 1883 erschienene Schrift ›Labands Staatsrecht und die deutsche Rechtswissenschaft‹,[88] seine Rezension von Ernst Landsbergs ›Geschichte der deutschen Rechtswissenschaft‹[89] von 1910, schließlich gerne auch gegen Gerber gerichtete überspitzte Formulierungen, etwa aus seiner Berliner Rektoratsrede 1903 ›Die Historische Rechtsschule und die Germanisten‹,[90] ferner auch Zitate aus dem Deutschen Privatrecht, deren bekanntestes sicher lautet, dass Gerber mit seinem Privatrecht »die deutsche Seele im deutschen Recht« getötet habe.[91] Auch diese Formulierungen, die teilwiese allein als wissenschaftliche Polemik zu verstehen sind, worauf zutreffend hingewiesen wurde, verdunkeln aus heutiger Sicht mehr als sie klären, sie korrespondieren dabei eigenartig mit den germanischen Äußerungen. Unter den öffentlich-rechtlichen Büchern Gierkes eher unbeachtet bleibt aber eine ganz andere Arbeit, deren Einfluss auf die Dogmatik des deutschen Staatsrechts nicht ohne Bedeutung bleiben sollte. 1880 förderte Gierke mit seinem später als

Buch mehrere Auflagen erreichenden Beitrag für die Bluntschli-Fest-schrift die Wiederentdeckung des reformierten Staatsdenkers Johannes Althusius.[92] Auch hier war es Gierke jedoch nicht nur um Forschung zu Rechtsaltertümern gegangen. Althusius und seine Lehre vom Wider-standsrecht besaßen nachhaltige Folgen für die Dogmatik der Grund-rechte; in die Zeit fällt auch die Auseinandersetzung von Georg Jellinek mit dem Franzosen Émile Boutmy über die Entstehung der Grundrech-te.[93] Ein Schüler Jellineks und des Germanisten Walther Schücking, der Marburger Privatdozent Kurt Wolzendorff,[94] legte 1916 eine von Gier-ke herausgegebene Monographie zu dem Widerstandsrecht vor.[95] Das Verhältnis von Wolzendorff zu Gierke war so eng, dass er teilweise als Schüler Gierkes bezeichnet wurde,[96] auch wenn dies formal nicht zutraf. Tatsächlich hat aber Kurt Wolzendorff Gierkes Genossenschaftstheorie für das Staatsrecht weiter rezipiert. Dies erstreckte sich bis in das Völker-recht. Gierkes Vorstellungen von einer ›Staatengenossenschaft‹ kehren bei Wolzendorff, der sich umfangreich mit dem Völkerbund befasste und an der Kommentierung der Völkerbundssatzung seines Lehrers Schücking mitarbeitete, wieder.[97] Als er 1920 seinen eigenständigen, aber von Gierke beeinflussten Aufsatz über den ›reinen Staat‹ vorlegte,[98] zählte Carl Schmitt zu seinen Lesern; aus der Lektüre entstand ein enger Briefwechsel, der bis zu Wolzendorffs frühem Tod 1921, dem Todesjahr auch Gierkes, dauerte.[99] Wolzendorff gehörte zu den Lesern des Manu-skriptes von Schmitts ›Diktatur‹, in seiner ›Politischen Theologie‹ hob Schmitt Wolzendorff als bedeutenden »neueren Vertreter« der genos-senschaftlichen Staatstheorie Gierkes hervor;[100] mit beiden war er sich in Vorbehalten gegen den Positivismus einig. Die »geisteswissenschaftli-che Richtung« der deutschen Staatsrechtslehre war im größeren Umfang von Gierke beeinflusst.[101] Aber auch in der Bundesrepublik haben unter gänzlich anderen Vorzeichen Staatsrechtslehrer wie Peter Badura auf die Bedeutung des genossenschaftsrechtlichen Ansatzes bei Wolzendorff für eine soziologische Methode des Verwaltungsrechts hingewiesen.[102] Die Rezeption von Gierkes Genossenschaftstheorie über seinen staats-rechtlichen Schüler Wolzendorff ist ein Kapitel in der Geschichte des öffentlichen Rechts in Deutschland, dessen Erforschung noch aussteht.

1   Rede am Sarge, gesprochen am 14. Okt. 1916 vom Geh. JR., Professor Dr. Seckel, Otto von Gierke †, in: DJZ 1921, Sp. 709-714 (712-714, hier: 712).

2   Christian Simon, Wo sie ruhen. Führer zu den Grabstätten bedeutender Persönlichkeiten in Berlin und Umgebung, 2. Aufl. Berlin 2009, S. 57 f.

3   Martin Otto, Der Senat, das Friedhofsrecht und das Andenken des Friedrich Julius Stahl in der Öffentlichkeit Berlins, in: LKV 2009, S. 259 f.

4   ›Abfrage der Ehrengrabstätten‹, www.stadtentwicklung.berlin.de/cgi-bin/egab/eg.pl?fieldname=grab&search=G&Search=Suche+starten (abgerufen am 18. Dezember 2012).

5   Auf »Desiderate der Gierke-Forschung« weist instruktiv hin: Peter Landau, Otto von Gierke und das kanonische Recht, in: Joachim Rückert/Dietmar Willoweit (Hrsg.), Die Deutsche Rechtsgeschichte in der NS-Zeit, ihre Vorgeschichte und ihre Nachwirkungen, Tübingen 1995, S. 77-94 (insb. S. 77-80).

6   Seckel war in erster Linie Romanist und Kanonist, vgl. Gerhard Schmitz, in: NDB 24 (2010), S. 113.

7   Zu dem dänischen Erforscher germanischer Rechtsaltertümer Vilhelm Peter Grønbech (1873-1948) vgl. nur Martin Otto, in: HRG, 2. Auflage, Bd. 2, Berlin 2012, Sp. 559-561.

8   Erik Wolf, Große Rechtsdenker der deutschen Geistesgeschichte. Ein Entwicklungsbild unserer Rechtsanschauung, Tübingen 1939, S. 541-580.

9   Zuletzt: 4. Auflage, Tübingen 1963, S. 669-712.

10   Otto Gierke, Die soziale Aufgabe des Privatrechts. Vortrag, gehalten am 5. April 1889 in der Juristischen Gesellschaft zu Wien, Berlin 1889, S. 12.

11   Erik Wolf (wie Anm. 8), S. 573 (dort Anm. 8). Wolf zitiert Alfred Rosenberg, Der Mythus des 20. Jahrhunderts, 7. Aufl. München 1933, S. 575.

12   Vgl. Reinhard Bollmus, in: NDB 22 (2005), S. 59-61.

13   Frank-Rutger Hausmann, Das große Krabbeln, in: Frankfurter Allgemeine Zeitung, 16. Juni 2007, S. Z 3.

14   Reinhard Höhn, Die staatsrechtliche Lage, in: Volk im Werden 1934/35, S. 268; ders., Otto von Gierkes Staatslehre und unsere Zeit Hamburg 1936, S. 6; weitere Nachweise zu Höhns Gierke Kritik bereits bei Wolf (wie Anm. 8), S. 572 f.

15   Karl August Eckhardt, Otto Gierke. Deutsches Privatrecht, in: Deutsche Rechtswissenschaft 2 (1937), S. 270 (271).

16   Otto von Gierke, Der germanische Staatsgedanke. Vortrag, gehalten am 4. Mai 1919, Berlin 1919, S. 27.

17   Vgl. hierzu insbesondere Michael Stolleis, ›Junges Deutschland‹, jüdische Emanzipation und liberale Staatsrechtslehre in Deutschland, in: ders., Konstitution und Intervention, Frankfurt am Main 2001, S. 130-154 (142).

18   Hans-Martin Müller-Laube, Julius von Gierke (1875-1960). Fortbildung des Handelsrechts im Geist der germanischen Tradition, in: Friedrich Loos (Hrsg.), Rechtswissenschaft in Göttingen, Göttingen 1987, S. 471-485.

19   Stolleis (wie Anm. 17), aaO.

20   Gerhard Anschütz, Aus meinem Leben. Herausgegeben und eingeleitet von Walter Pauly, Frankfurt am Main 1993, S. 115. Teilweise bezog Anschütz den österreichischen Germanisten Heinrich Brunner (1840–1915), den Senior der Berliner Fakultät, in seine Ausführungen mit ein.

21   Anschütz (wie Anm. 20), S. 115 f.

22   Vgl. Otto Gierke, Der Entwurf eines bürgerlichen Gesetzbuchs und das deutsche Recht, in: Schmollers Jahrbuch 12 (1888), S. und 13 (1889), S.; ders., Die soziale Aufgabe des Privatrecht (wie Anm. 9).

23   Vgl. Volker Jänich, Geistiges Eigentum: eine Komplementärerscheinung zum Sacheigentum?, Tübingen 2002, S. 90.

24   Otto Gierke, Haftung des Staates und der Gemeinden für ihre Beamten, in: DJZ 1909, Sp. 17–22.

25   Otto von Gierke, Haftung für Plünderungsschäden, in: DJZ 1919, Sp. 8–15. Wörtlich bezeichnet Gierke »von der Spartakusgruppe und […] auch vom russischen Bolschewikigift infizierte Kreise« als mögliche Urheber der Plünderungen (Sp. 9).

26   Gerhard Anschütz an Carl Schmitt, »Heidelberg, 16. 7. 30«; HStA Düsseldorf, Nachlass Carl Schmitt, RW 265–418.

27   Eingehend dazu: Michael Stolleis, Geschichte des öffentlichen Rechts in Deutschland, Bd. 2, München 1992, S. 359–363.

28   Gerhard Dilcher, Genossenschaftstheorie und Sozialrecht. Ein »Juristensozialismus« Otto von Gierkes? , in: Quaderni Fiorentini per la storia del pensiero giuridico moderno 3/4 (1974/75), S. 669–712; zusammenfassend ders., in: Michael Stolleis (Hrsg.), Juristen. Ein biographisches Lexikon. Von der Antike bis zum 20. Jahrhundert, München 1995, S. 232–234.

29   Gerhard Dilcher, Zur Geschichte und Aufgabe des Begriffs Genossenschaft, in: ders./Bernhard Diestelkamp (Hrsg.), Recht, Gericht, Genossenschaft und Policey. Studien zu Grundbegriffen der germanischen Rechtstheorie. Symposion für Adalbert Erler, Berlin 1986, S. 114–123 (insb. S. 116 f., 119, 122 f.). Hierzu auch Walter Pauly, Der Methodenwandel im deutschen Spätkonstitutionalismus. Ein Beitrag zur Entwicklung und Gestalt der Wissenschaft vom Öffentlichen Recht im 19. Jahrhundert, Tübingen 1993, S. 228–235 (228).

30 Wolf (wie Anm. 8), S. 548. ›Allvater‹ ist ein anderer Name der germanischen Gottheit Odin/Wotan.

31   Vgl. Bernd-Rüdiger Kern, Georg Beseler. Leben und Werk, Berlin 1982.

32   Schücking etwa in einer Programmrede vom 2. April 1908; vgl. Detlev Acker, Walther Schücking (1875–1935), Münster 1970, S. 24; zu Schücking als Gelehrter uns Politiker nunmehr umfassend Ulf Morgenstern, Bürgergeist und Familientradition. Die liberale Gelehrtenfamilie Schücking im 19. und 20. Jahrhundert, Paderborn 2012, insb. S. 254–261, 290–314, 359–384.

33   Vgl. Martin Otto, in: NDB 22 (2005), S. 120-121.

34   Gierke, Die soziale Aufgabe (wie Anm. 10), S. 10.

35   Weiterführend (›sozialistisch‹ als Antithese zu ›liberal‹) auch Werner Sewing, Juristischer Sozialismus. Die Genossenschaftstheorie Otto von Gierkes, in: Richard Faber (Hrsg.), Sozialismus in Geschichte und Gegenwart, Würzburg 1994, S. 233–246.

36   Gierke, Die soziale Aufgabe (wie Anm. 10), S. 12. Weiterführend insbesondere Frank-Ludwig Schäfer, Juristische Germanistik. Eine Geschichte der Wissenschaft vom einheimischen Privatrecht, Frankfurt am Main 2008, S. 647.

37   Vgl. William Reginald Ward, Theology, Sociology and Politics. The German Protestant Social Conscience 1890–1933, Bern 1979, S. 57.

38   Näher hierzu: Martin Otto, Kyffhäuserideale deutscher Akademiker und Verwaltungsrechtswissenschaft im Werden. Ein Beitrag zu Karl Kormann (1884–1914), seinem sozialpolitischen und verwaltungsrechtlichen Wirken im Deutschen Kaiserreich, in: Zeitschrift für Sozialreform 2002, S. 354–364.

39   Karl Siegfried Bader, in: NDB 6 (1964), S. 374–375.

40   Näher hierzu Wolfgang Kohl, Walther Schücking (1875-1935). Staats- und Völkerrechtler – Demokrat und Pazifist, in: Kritische Justiz (Hrsg.), Streitbare Juristen. Eine andere Tradition, Baden-Baden 1988, S. 230–242 (235). Zu dem vergifteten Verhältnis zwischen dem linksliberalen Schücking und dem nationalliberalen Eneccerus instruktiv Morgenstern (wie Anm. 32), S. 299–301, 373.

41   Gierke, Der germanische Staatsgedanke (wie Anm. 10), S. 23.

42   Gierke, Der germanische Staatsgedanke (wie Anm. 10), S. 14.

43   Bismarck-Verehrung erlaubt im damaligen protestantischen Bürgertum nur geringe Rückschlüsse auf die genaue politische Einstellung. Vgl. Robert Gerwarth, Der Bismarck-Mythos. Die Deutschen und der Eiserne Kanzler, München 2007; Herfried Münkler, Die Deutschen und ihre Mythen, Berlin 2009, S. 30.

44   Gierke, Der germanische Staatsgedanke (wie Anm. 10), S. 23.

45   Gierke, ebd., S. 23.

46   Zu dem Altphilologen Wilamowitz-Möllendorff und seiner Rolle 1918/19 auch: Wolfram Fischer/Rainer Hohlfeld/Peter Nötzoldt, Die Preußische Akademie der Wissenschaften zu Berlin 1914–1945, Berlin 2000, S. 32.

47   Die Klassifizierung Gierkes und seines Vortrages als »nationalkonservativ« greift zu kurz. So aber: Michael Grüttner, Nachkriegszeit, in: ders./Heinz-Elmar Tenorth (Hrsg.), Geschichte der Universität Unter den Linden, Bd. 2: Die Berliner Universität zwischen den Weltkriegen, Berlin 2012, S. 7–65 (26).

48   Gierke, Der germanische Staaatsgedanke (wie Anm. 10), S. 25.

49   Gierke, ebd., S. 25.

50   Gierke, Der germanische Staaatsgedanke (wie Anm. 10), S. 25.

51   Gierke, ebd. Was aus heutiger Warte befremdlich klingt, gibt recht genau einer Stimmung im deutschen Bürgertum wieder, die noch 1922 Thomas Mann, mittlerweile bekennender Republikaner und Demokrat, in seiner Rede ›Von deutscher Republik‹ erkennen lässt; danach sei Deutschland »von der politischen Mystik des Slawentums gleich weit entfernt [...] wie vom anarchischen radikalen Individualismus eines gewissen Westens«. Vgl. Thomas Mann, Von deutscher Republik, Frankfurt am Main 1984, S. 118, 142.

52   Otto von Gierke, Unsere Friedensziele, Berlin 1917, S. 16, 25. Vgl. auch Bruendel (wie Anm. 57), S. 211.

53   Vgl. Michael Dreyer, Der Preußische Neugliederungsplan 1919 und sein Scheitern, in: Detlef Lehnert (Hrsg.), Hugo Preuß (1860–1925). Genealogie eines modernen Preußen, Köln u.a. 2011, S. 279-300.

54   Hinweise bei Michael Stolleis, Geschichte des öffentlichen Rechts in Deutschland, Bd. 3, München 1999, S. 84 f.

55   Hierzu zeitgenössisch: Erwin Jacobi, Einheitsstaat oder Bundesstaat, Leipzig 1919; zu diesem Buch Martin Otto, Von der Eigenkirche zum Volkseigenen Betrieb; Erwin Jacobi (1884–1965). Arbeits-, Staats- und Kirchenrecht zwischen Kaiserreich und DDR, Tübingen 2008, S. 47-51.

56   Gierke, Der germanische Staat (wie Anm. 10), S. 25.

57   Vgl. Verfassung des ›Volksstaates Hesse‹ vom 12. Dezember 1919; vgl. auch Ernst Rudolf Huber, Deutsche Verfassungsgeschichte seit 1789, Bd. 6. Stuttgart u.a. 1981, S. 798-802. Text mit Anmerkungen zur Entstehungsgeschichte auch bei Fabian Wittreck, Weimarer Landesverfassungen. Die Verfassungsurkunden der deutschen Freistaaten 1918-1933, Tübingen 2004, S. 252–264. Art. 17 WRV gebrauchte für republikanisch die Verdeutschung ›freistaatlich‹. Gierkes Schüler Hugo Preuß gebrauchte ›Volksstaat‹ als Gegenstück zu ›Obrigkeitsstaat‹, vgl. Steffen Bruendel, Volksgemeinschaft oder Volksstaat. Die ›Ideen von 1914‹ und die Neuordnung Deutschlands im Ersten Weltkrieg, Berlin 2003, S. 106.

58   Vgl. § 1 württembergische Verfassung vom 20. Mai 1919: »Württemberg ist ein freier Volksstaat und Glied des Deutschen Reiches«; vgl. Huber (wie Anm. 57), S. 789-794; Wittreck (wie Anm. 57), S. 698–710. Zu dem Schöpfer dieser Verfassung, dem Tübinger Romanisten Wilhelm von Blume, vgl. Martin Otto, in: Württembergische Biographien, Bd. 1, Stuttgart 2006, S. 18-20.

59   Gierke, Der germanische Staat (wie Anm. 10), S.26.

60   Vgl. Wolfram Pyta, Welche Erwartungen weckte die Weimarer Verfassung und welche Erfahrungen vermittelte sie an die Gründerväter der Bundesrepublik Deutschland?, in: Friedrich-Ebert-Stiftung (Landesbüro Thüringen) (Hrsg.), Die Weimarer Verfassung. Wert und Wirkung für die Demokratie, Berlin 2009, S. 51-72.

61   Otto von Gierke, Krieg und Kultur. Rede am 18. September 1914, in: Deutsche Reden in schwerer Zeit gehalten von den Professoren an der Universität Berlin, Bd. 1, Berlin 1914, S. 75-102 (S. 96). Vgl. auch Bruendel (wie Anm. 57), S. 125 f.

62 Gierke, Der germanische Staat (wie Anm. 10), S. 26.

63 Gierke, Der germanische Staat (wie Anm. 10), S. 26.

64 Vgl. Peter Häberle (Hrsg.), Kulturstaatlichkeit und Kulturverfassungsrecht, Darmstadt 1982, der diesen Begriff in Anlehnung an Ernst-Rudolf Huber gebraucht. Älter bereits: Eduard Bernatzik, Die Ausgestaltung des Nationalgefühls im 19. Jahrhundert. Rechtsstaat und Kulturstaat (zwei Vorträge), Hannover 1912.

65 Gierke, Der germanische Staat (wie Anm. 10), S. 27.

66 Gierke, ebd., S. 27.

67 Gierke, ebd., S. 27 f.

68 Gierke, Krieg und Kultur (wie Anm. 61), S. 198 f. Vgl. auch Bruendel (wie Anm.), S. 130.

69 Hierzu Olaf Hünemörder, Die gutachtlichen Stellungnahmen zu den Entwürfen des Unterausschusses für die Vorberatung der Grundrechte von Weimar im Nachlass von Konrad Beyerle, in: Walter Pauly, Grundrechtslaboratorium Weimar, Tübingen 2004, S. 73-78. Zu Konrad Beyerle (1872–1933), dem Bruder des juristischen Germanisten Franz Beyerle (1885–1977) nur: Thomas Hense, Konrad Beyerle. Sein Wirken für Wissenschaft und Politik in Kaiserreich und Republik, Frankfurt am Main 2002.

70 Gierke an Beyerle, »Charlottenburg, Carmerstr. 12 18. Mai 1919«, abgedruckt bei Pauly (wie Anm. 69), S. 107–113 (107). Der Grundrechtskatalog Friedrich Naumanns ist abgedruckt in: Verhandlungen der Nationalversammlung, Bd. 336, S. 171–173 (auch bei: Ernst Rudolf Huber, Dokumente zur deutschen Verfassungsgeschichte, 3. Auflage, Bd. 4: Deutsche Verfassungsdokumente 1919–1933, Stuttgart u.a. 1992, S. 91-94) und enthält auch Grundrechte wie »Einigkeit und Recht und Freiheit sind des Deutschen Vaterland«, »Wald bleibt erhalten«, »Viehzucht wird gefördert«, »Wer nicht arbeitet, der soll auch nicht essen« sowie »Deutschland, Deutschland über alles, über alles in der Welt!« Vgl. auch: Ernst Rudolf Huber, Friedrich Naumanns Weimarer Grundrechts-Entwurf. Der Versuch eines Modells der Grundwerte gegenwärtigen Daseins, in: Festschrift Franz Wieacker, Göttingen 1978, S. 384–396.

71 Gierke an Beyerle (wie Anm. 70), S. 66, S. 111.

72 Gierke, ebd., S. 108.

73 Gierke, ebd., S.108.

74 Zu Anna von Gierke (1874-1943) nur Manfred Berger, in: BBKL 23 (2004), Sp. 517–527. An sie erinnert bis heute die ›Gierkezeile‹ in Berlin-Charlottenburg.

75 Gierke an Beyerle (wie Anm. 70), S. 111.

76 Gierke, Der germanische Staat (wie Anm. 10), S. 27. An Beyerle (wie Anm. 70, S. 107) fast gleichzeitig abgeschwächter: »Und manche Anzeichen sprechen dafür, daß in dieser Richtung, trotz des Gegensatzes der politischen Zielsetzungen bei den maßgeblichen Parteien eine gewisse Einigkeit herrscht und daher Manches zu erreichen sein wird.«

77   Otto von Gierke, Einige Wünsche an die Deutschnationale Volkspartei.
20. Oktober 1920. Als Manuskript gedruckt, Berlin 1920. Vgl. auch Schäfer
(wie Anm. 36), S. 647. Inwieweit die Schwierigkeiten von Gierkes Tochter Anna innerhalb der DNVP (womöglich wegen ihrer ›nichtarischen‹ Herkunft) hierauf Einfluss
nahmen, ist unklar. Anna von Gierke verließ 1921 die DNVP und trat später den
Volkskonservativen bei.

78   Kurt Wolzendorff, Vom deutschen Staat und seinem Recht. Streiflichter zur
allgemeinen Staatslehre, Leipzig 1917, S. 22.

79   Walter Pauly, Paul Laband (1838–1918). Staatsrechtslehre als Wissenschaft, in:
Helmut Heinrichs/Harald Franzki/Klaus Schmalz/Michael Stolleis (Hrsg.), Deutsche
Juristen jüdischer Herkunft, München 1993, S. 301–319. Vgl. auch Bernhard Schlink,
Laband als Politiker, in: Der Staat 1992, S. 553–569.

80   Carsten Kremer, Die Willensmacht des Staates. Die gemeindeutsche Staatsrechtslehre des Carl Friedrich von Gerber, Frankfurt am Main 2008.

81   Insbesondere auf Gierkes in seiner Berliner Rektoratsrede 1902 erhobenes Postulat
einer »Vielheit in der Einheit, Einheit in der Vielheit« (Das Wesen der menschlichen
Verbände, Berlin 1902, S. 5, 19), das von pluralistischen Politikwissenschaftlern wie
dem englischen Marxisten Harold Laski (1893–1950) rezipiert wurde. Vgl. auch Huber
(wie Anm. 57), S. 134.

82   Vgl. auch Ernst Rudolf Huber, Deutsche Verfassungsgeschichte, Bd. 5, Stuttgart
u. a. 1978, S. 853.

83   Otto Gierke, Die Grundbegriffe des Staatsrechts und die neuesten Staatsrechts-
theorien, in: ZgStW 30 (1874), S. 175–198 sowie S. 265–335.

84   Zu diesem neuerdings Maren Becker, Max von Seydel und die Bundesstaatstheorie
des Kaiserreichs, Frankfurt am Main 2009.

85   Albert Theodor van Krieken (1850–1875) war der Sohn eines niederländischen
Offiziers und einer Holländerin aus Ingelheim (Rheinhessen), Studium der Rechte und
der Philosophie in Göttingen, in kürzester Zeit zwei Promotionen, offenbar noch in
Göttingen für das von Gierke kritisierte Buch (Ueber die sogenannte organische
Staatstheorie, Leipzig 1873) habilitiert; war mit Georg Jellinek und Ehrenberg bekannt.
Vgl. Christian Keller, Victor Ehrenberg und Georg Jellinek. Briefwechsel 1872–1911,
Frankfurt am Main 2005, insb. S. 221 m.w.N. Ferner: Ernst Emmerling, Der Zeichner
Albert Theodor van Krieken, in: Historisches Jahrbuch 1980, S. 141–144.

86   Pauly (wie Anm. 29), S. 229 (hier Anm. 3).

87   Pauly, ebd., S. 229.

88   Otto Gierke, Labands Staatsrecht und die deutsche Rechtswissenschaft,
in: Schmollers Jahrbuch 7 (1883), S. 1097–1195.

89   Otto von Gierke, Rez. Ernst Landsberg, Geschichte der deutschen Rechtswissenschaft, in: ZRG (GA) 32 (1911), S. 341–365.

90   Otto Gierke, Die Historische Rechtsschule und die Germanisten. Rede zur Gedächtnisfeier des Stifters der Berliner Universität König Friedrich Wilhelm III., Berlin 1903.

91   Etwa bei Susanne Schmidt-Radefeldt, Carl Friedrich von Gerber (1823–1891) und die Wissenschaft des deutschen Privatrechts, Berlin 2007, S. 16 f. Das Zitat ist ursprünglich aus Gierke, Die Historische Rechtsschule (wie Anm. 90), S. 27.

92   Otto von Gierke, Johannes Althusius und die Entwicklung der neuzeitlichen Staatstheorie. Zugleich ein Beitrag zur Geschichte der Rechtssystematik, Breslau 1880 (3., erweiterte Auflage Breslau 1913; weitere Nachdrucke).

93   Vgl. Michael Stolleis, Georg Jellinek und sein Beitrag zur Entwicklung der Menschen- und Bürgerrechte, in: Stanley Paulson/Martin Schulte (Hrsg.), Georg Jellinek – Beiträge zu Leben und Werk, Tübingen 2000, S. 103–116.

94   Zu diesem demnächst umfangreich: Martin Otto, Von den »Grenzen des Polizeirechts« zur »Lüge des Völkerrechts«. Kurt Wolzendorff (1882–1921) und das Naturrecht, in: Jens Eisfeld/Martin Otto/Louis Pahlow/Michael Zwanzger (Hrsg.), Naturrecht und Staat in der Neuzeit, Tübingen 2013, S. 581–602.

95   Kurt Wolzendorff, Staatsrecht und Naturrecht in der Lehre vom Widerstandsrecht des Volkes gegen rechtswidrige Ausübungen der Staatsgewalt, Breslau 1916 (Bd. 26 der von Gierke herausgegebenen ›Untersuchungen zur Staats- und Rechtsgeschichte‹).

96   Etwa im Briefwechsel zwischen Werner Krauss und Dolf Sternberger als »Breslauer Gierkeschüler«; vgl. Otto (wie Anm. 94), S. 583.

97 Zuletzt etwa: Kurt Wolzendorff, Die Lüge des Völkerrechts. Der Krieg als Rechtsinstitution und das Problem des Völkerbundes im Gedankensystem des Völkerrechts, Leipzig 1920.

98   Kurt Wolzendorff, Der reine Staat. Skizzen zum Problem einer neuen Staatsepoche, in: ZgStW 75 (1920), S.199-229. Zur »germanischen Idee der Genossenschaft« hier etwa S. 207.

99   Kurz hierzu auch Reinhard Mehring, Carl Schmitt. Aufstieg und Fall. Eine Biographie, München 2009, S. 119. Nunmehr: Martin Otto (Hrsg.) ›Mein Fachkollege Koellreutherist zwar gewiß kein Genie.‹ Briefe von Kurt Wolzendorff an Carl Schmitt, in: Schmittiana. Beiträge zu Leben und Werk. Carl Schmitt N.F.Z, 53–86

100   Carl Schmitt, Politische Theologie. Vier Kapitel zur Lehre von der Souveränität, München und Leipzig 1922, S. 35.

101   Hinweise auf Gierke bereits bei Klaus Rennert, Die geisteswissenschaftliche Richtung in der Staatsrechtslehre der Weimarer Republik. Untersuchungen zu Erich Kaufmann, Günther Holstein und Rudolf Smend, Berlin 1987, etwa S. 29–31. Wolzendorff und Erich Kaufmann kannten sich wahrscheinlich bereits aus dem Seminar Jellineks in Heidelberg und nahmen früh voneinander in ihren Veröffentlichungen Kenntnis.

102   Peter Badura, Das Verwaltungsrecht des liberalen Rechtsstaates. Methodische Überlegungen zur Entstehung des wissenschaftlichen Verwaltungsrechts, Göttingen 1967, S. 58.

1 RM
RAIFFEISEN
SPARMARKE

Die deutschen Kreditgenossenschaften im ›Dritten Reich‹

Hermann-Josef ten Haaf

Der Vortrag zu diesem Thema im Rahmen der Tagung sowie der vorliegende Beitrag referier(t)en die wesentlichen Ergebnisse einer vom Verfasser 2011 in der ersten Auflage veröffentlichten umfassenden Untersuchung der Entwicklung der deutschen Kreditgenossenschaften in der Zeit zwischen 1932/33 und 1945.[1]

Gegenstand der Untersuchung war die Gesamtheit der ca. 20.000 Kreditgenossenschaften innerhalb des Deutschen Reiches in den Grenzen vom 31.12.1937, soweit sie den beiden großen genossenschaftlichen Reichsverbänden angehörten. Dies waren für das landwirtschaftliche (bzw. »ländliche«[2]) Genossenschaftswesen der *Reichsverband der deutschen landwirtschaftlichen Genossenschaften – Raiffeisen – e.V.*, Berlin (im Folgenden kurz mit ›RVR‹ abgekürzt) und für das gewerbliche Genossenschaftswesen der *Deutsche Genossenschaftsverband e.V. (Schulze-Delitzsch)*, Berlin (im Folgenden kurz mit ›DGV‹ abgekürzt).[3]

Neben den von den Reichsverbänden RVR und DGV veröffentlichen Quellen zur (Reichs)Gesamtheit ihrer jeweiligen Teilorganisation und den historischen amtlichen Statistiken sowie den relevanten Beständen der öffentlichen Archive wurden für die empirische Fundierung 20 Archive von ›Jetzt‹-Genossenschaftsbanken ausgewertet. Da praktisch alle heutigen Kreditgenossenschaften Zusammenschlüsse von mehr oder weniger zahlreichen früheren Banken sind, konnte am Ende über Materialien von 80 historischen Genossenschaftsbanken aus verschiedenen Regionen des Reiches[4], nicht zuletzt aus Bayern (s. Anhang dieses Beitrages), verfügt werden, und zwar über 64 ländliche und 16 gewerbliche Kreditgenossenschaften.

1. Ausgangslage zu Beginn der Dreißiger Jahre

1.1. Verhältnis des offiziellen Genossenschaftswesens zum Nationalsozialismus vor der Machtübergabe

Eine auf die Zeit des ›Dritten Reiches‹ fokussierte Untersuchung hatte auch die Frage zu untersuchen, ob und wenn ja, inwieweit es Berührungspunkte des Genossenschaftswesens mit der Ideologie und Politik der nationalsozialistischen Bewegung schon vor dem 30. Januar 1933 gegeben hat. Die Beantwortung dieser Frage muss stets vor dem Hintergrund gesehen werden, dass das deutsche Genossenschaftswesen von Beginn an und auch in der sogen. Zwischenkriegszeit genossenschaftlichen Werten und Prinzipien verpflichtet blieb und damit in der Tradition ihrer Gründerväter *Raiffeisen* und *Schulze-Delitzsch* stand. Dies gilt auf jeden Fall für die Zeit bis zur *Machtübergabe (die fälschlicherweise auch heute noch oft als ›Machtergreifung‹ bezeichnet wird)*. Es ist von daher nicht verwunderlich, dass im offiziellen Genossenschaftswesen, zumindest auf Reichsebene, vor dem 30.01.1933 so gut wie keine Nähe oder Auseinandersetzung zum Nationalsozialismus zu konstatieren ist. Hierfür standen nicht zuletzt die Vorsitzenden der beiden Reichsverbände, *Andreas Hermes* (1878-1964) für den RVR und *Philipp Stein* (1870-1932) für den DGV, die beide sicher nicht im Verdacht stehen, Nationalsozialisten oder auch nur Sympathisanten der NSDAP gewesen zu sein.[5]

Freilich gab es einzelne Genossenschaftsfunktionäre, wie z.B. der pensionierte Berliner Zentralbankdirektor *Eugen Schach* oder der Stettiner Verbandsdirektor *Ernst Seer,* die sich schon vor der Machtübergabe als überzeugte Nationalsozialisten zu erkennen gegeben haben.[6] Und DGV-Anwalt *Karl Korthaus* (1859-15.12.1933) zeigte schon vor 1933 eine ausgesprochen national-konservative Grundhaltung, verbunden mit einer freilich in diesen Jahren bei vielen Konservativen anzutreffenden tiefsitzenden Skepsis, ja Ablehnung gegenüber einem parlamentarischen, pluralistischen Parteienstaat.[7] So verwundert es auch nicht, dass sich *Korthaus* als erster führender Reichsvertreter des deutschen Genossenschaftswesens schon Mitte März 1933 zum »nationalen Umschwung«, zur »nationalen Revolution« und ganz konkret zur »nationalen Regierung« bekannte und das Genossenschaftswesen aufforderte, sich in die neue politische Richtung »einzureihen«.[8]

Dennoch, weder der Einfluss von *Schach* und *Seer* noch das mindestens zwiespältige Verhalten *Korthaus'*, ändern etwas an dem oben konstatierten Gesamteindruck für die Zeit vor dem 30. Januar 1933. Einen Beleg für diese These mag man auch in der Tatsache sehen, dass es dem von dem führenden NS-Landwirtschaftsideologen *Richard Walter Darré* begründeten *agrarpolitischen Apparat* der NSDAP zwar durchaus schon vor der Machtübergabe gelungen war, das landwirtschaftliche Verbandswesen weitgehend zu unterwandern. Demgegenüber gelang dies der NSDAP im landwirtschaftlichen *Genossenschafts*wesen nur in geringem Maße.[9]

1.2. Wirtschaftliche Bedeutung der Kreditgenossenschaften um 1930

Die Kreditgenossenschaften verstanden sich stets als Banken des ländlichen und gewerblichen Mittelstandes.[10] Zu Recht, denn 1933 hatten sie einen Marktanteil bei kürzerfristigen Mittelstandskrediten in der seinerzeit wertmäßig dominanten Größenordnung bis max. 20 TRM von 54 % gegenüber einem Anteil der Sparkassen von 28 % und nur 19 % bei den Kreditbanken (hierzu gehörten vor allem die sogen. ›Berliner (Filial)Großbanken‹).[11] Die Kreditgenossenschaften waren damit in diesem Kundensegment eindeutig Marktführer – und blieben dies auch bis zum Ende des Krieges.[12]

Die starke Position der Kreditgenossenschaften beim Mittelstandskredit ist besonders vor dem Hintergrund der zunehmenden Konkurrenz der Sparkassen zu würdigen: Seit Anfang der Zwanziger Jahre des vorigen Jahrhunderts waren diese zunehmend dazu übergegangen, kurz- und mittelfristige Personalkredite herauszulegen.[13] Seit dieser Zeit – und während der gesamten Dauer der ›Dritten Reiches‹ – verschärften sich die Wettbewerbsauseinandersetzungen. Gleichviel konnten sich die Kreditgenossenschaften in den Zwanziger und Dreißiger Jahren erfolgreich gegen die Konkurrenz der Sparkassen behaupten. Ein Grund für die relativ gute Positionierung im deutschen Bankenmarkt resultierte wohl auch daraus, dass die Kreditgenossenschaften von der schweren Bankenkrise von 1931[14] weniger stark betroffen waren als die

Sparkassen und erst recht weit weniger als die Berliner Großbanken.[15]

Das relativ gute Zeugnis, das der Banken-Untersuchungsausschuss zur Bankenkrise, insbesondere in der Person des Berichterstatters für die Genossenschaftsbanken, *Robert Deumer*, den Kreditgenossenschaften ausstellte[16], war sicher einer der Gründe dafür, dass die Genossenschaftsbanken im besonderen, aber auch das Genossenschaftswesen insgesamt, ihre genossenschaftlichen Werte und Prinzipien während der Zeit des ›Dritten Reiches‹ aus einer Position relativer Stärke und Anerkennung seitens des Regimes weitgehend bewahren konnten.

2. Kreditgenossenschaftlich relevanter ökonomischer/rechtlicher Rahmen in der Zeit der NS-Wirtschaft

2.1. Arbeitsbeschaffung

Die Regierungen von *Franz von Papen* und von *Kurt von Schleicher* hatten bereits konkrete Maßnahmen zur Bekämpfung der Arbeitslosigkeit auf den Weg gebracht. Auch die NSDAP war in den Wahlkampf für die Reichstagswahl vom 31.07.1932 mit einem *Wirtschaftlichen Sofortprogramm* (vom Mai 1932) und in den Wahlkampf für die Reichstagswahl vom 06.11.1932 mit einem *Wirtschaftlichen Aufbauprogramm* (vom September 1932) gegangen. Nach der *Machtübergabe* konnten die Nationalsozialisten an die beiden eigenen Programme, aber auch an die bereits eingeleiteten Arbeitsbeschaffungsmaßnahmen der beiden Vorgängerregierungen, anknüpfen.[17]

Alle Programme, sowohl die *Papens* und *Schleichers* als auch die der Nationalsozialisten, orientierten sich an den Vorstellungen der sogen. Reformer (Ökonomen wie *Lautenbach, Dräger* u.a.) und stellten bezüglich der Finanzierung gegenüber den Arbeitsbeschaffungskonzepten *Heinrich Brünings* geradezu einen Paradigmenwechsel dar. Aus volkswirtschaftstheoretischen Überlegungen heraus schieden für die *Reformer* die Finanzierung über eine Kreditaufnahme des Staates am Anleihe(Kapital)markt und erst recht über eine eigens hierzu beschlossene Erhöhung von Steuern aus. Aber auch dem geregelten Kreditmarkt des Bankensystems wurde wenig Vertrauen in eine reibungslose Finanzierung der Arbeitsbeschaffungsmaßnahmen entgegengebracht.[18]

Es wurde vielmehr eine völlig neue Finanzierungstechnik, die man als *produktive Kreditschöpfung*[19] bezeichnete, präferiert. Hierbei handelte es sich um eine Form der Vorfinanzierung, bei der das mit der Arbeitsbeschaffungsmaßnahme beauftrage Unternehmen jeweils nach Fertigstellung der Leistung einen Wechsel über den Rechnungsbetrag der Leistung ziehen konnte. Eigens zu diesem Zweck und vor allem zum Zweck der Verschleierung wurde eine Scheinfirma (zunächst die ›Öffa‹, ab 1934 die ›Mefo‹[20]) gegründet. Die Wechsel, die ab etwa 1936 immer mehr zur Finanzierung der Aufrüstung eingesetzt wurden, sollten später vom Reich aus den (erhofften) konjunkturbedingten Steuermehreinnahmen getilgt werden. Obgleich die Finanzierung über ›Mefo‹-Wechsel am 31.03.1938 auslief, unterblieb deren ursprünglich geplante Tilgung durch das Reich dann allerdings, was (u. a.) im November 1937 zu *Schachts* Rücktritt als Wirtschaftsminister, im Januar 1939 auch als Reichsbankpräsident, führte.

Da die Wechsel von Anfang an rediskontfähig waren, konnten sie von den Ausstellern, also den Firmen, die die Arbeitsbeschaffungsmaßnahme ausgeführt hatten, sofort in Zentralbankgeld umgewandelt werden, was in einem solchen Falle zu einer entsprechenden Erhöhung der umlaufenden Geldmenge führte. Diese bereits 1932 von den *Reformern* vorgedachte und nach der *Machtübergabe* von den Nationalsozialisten übernommene Form der Finanzierung der Arbeitsbeschaffung erfolgte also letztlich durch die Notenpresse. Dennoch kam es nicht zu den befürchteten Inflationstendenzen. Erstens nicht, weil die Wechselziehung (bei infolge der Weltwirtschaftskrise unterausgelasteten Produktionskapazitäten) jeweils immer nur in unmittelbarem Zusammenhang mit der Produktion von Wirtschaftsgütern und damit einer Erhöhung des realen Sozialproduktes stand (daher die Bezeichnung ›*produktive* Kreditschöpfung‹) und zweitens nicht, weil viele Unternehmen, aber auch die Geschäftsbanken, bei denen die Unternehmen einen Teil ihrer Wechsel eingereicht hatten, die Wechsel nicht bei der Reichsbank einlösten, sondern sie als Anlagetitel in ihren Vermögensbestand nahmen. Dieses Anlageverhalten wurde im Falle der ›Mefo‹-Wechsel vor allem dadurch gefördert, dass die Papiere mit einer speziellen Verzinsung ausgestattet wurden, eine Idee, die auf *Hjalmar Schacht,* ab 17.03.1933 erneut Reichsbankpräsident und ab 30.07.1934 auch Wirtschaftsminister, zurückging.

Für das Bankensystem hatte diese völlig neue Form der Finanzierung von Staatsaufträgen freilich eine höchst unangenehme Begleiterscheinung, denn durch die Finanzierung mittels Arbeitsbeschaffungswechsel ging die Nachfrage nach Krediten trotz gleichzeitigem Wachstums des Sozialprodukts zurück, was zunehmend zu einem Bedeutungsverlust der Kreditwirtschaft, zumindest in den Dreißiger Jahren, führte. Eine positive Ausnahme von diesem allgemeinen Trend auf dem Markt für Personalkredite stellten lediglich die gewerblichen Kreditgenossenschaften dar.[21]

2.2. Bank-Enquete 1933/34 und das Kreditwesengesetz (KWG) vom 05.12.1934

Die Aufarbeitung der schweren Bankenkrise von 1931 und die Schaffung eines gesetzlichen Rahmens mit dem Ziel, die Wiederholung einer Krise diesen Ausmaßes für die Zukunft auszuschließen, bildeten in den ersten Jahren nach der *Machtübergabe* den Schwerpunkt des auf den Bankenmarkt fokussierten Teils der nationalsozialistischen Wirtschaftspolitik. Bei den Beratungen des *Untersuchungsausschusses für das Bankwesen 1933* wurde der Ansehensverlust vor allem der Großbanken *expressis verbis* thematisiert. Demgegenüber profitierten die Kreditgenossenschaften davon, dass ihnen der Ausschuss-Berichterstatter für diese Bankengruppe, *Robert Deumer,* ausdrücklich attestierte, das beste dezentral organisierte Bankensystem der mittelständischen Kreditwirtschaft zu sein. Nach *Deumer* habe sich nirgendwo feststellen lassen, dass der eigentliche genossenschaftliche Gedanke oder die genossenschaftliche Unternehmensform versagt habe[22], eine Bewertung, die sich bei den Diskussionen um eine Reform des Bankenmarktes noch auszahlen sollte.

Das wichtigste Ergebnis der Beratungen war das *Kreditwesengesetz* (KWG) vom 05.12.1934, das am 01. Januar 1935 in Kraft trat.[23] Das neue

Gesetz enthielt zum einen eine Reihe von z. T. völlig neuen materiellen kreditwirtschaftlichen Bestimmungen, zum anderen wurde die Bankenaufsicht auf eine neue Basis gestellt.

Der materielle Teil des KWG enthielt vor allem Bestimmungen zum Kreditgeschäft, zum Eigenkapital, zur Liquidität und zum Sparverkehr.[24] Dieser materielle Teil des neuen Gesetzes blieb bis zum Erlass des ›Nachkriegs‹-KWG von 1961 weitgehend unverändert in Kraft. Interessant ist, dass einige Bestimmungen, z. B. in Bezug auf die max. zulässige Höhe der Kredite an einen einzelnen Kreditnehmer, schon lange vorher fester Bestandteil des *Genossenschaftsgesetzes (§49 GenG) und der Mustersatzungen* der Kreditgenossenschaften waren. Insofern brachte das neue KWG für die Kreditgenossenschaften wesentlich weniger Neuerungen als für die übrige Kreditwirtschaft.

Über die für alle Banken geltenden kreditwirtschaftlichen Bestimmungen hinaus wurde speziell für Kreditgenossenschaften als Form einer angemessenen Berücksichtigung der Haftpflicht ihrer Mitglieder mit dem sogen. Haftsummenzuschlag ein Prinzip für die Berechnung des haftenden Eigenkapitals in das KWG aufgenommen, das erst in den letzten Jahrzehnten des 20. Jahrhunderts für alle Banken relevant wurde. Heute ist es allen Banken erlaubt, unter dem Sammelbegriff ›Ergänzungskapital‹, eine größere Zahl von nichtbilanziellen Eigenkapitalbestandteilen dem bilanziellen Eigenkapital hinzuzurechnen.[25] Die 1934 erstmalige exklusive Erlaubnis einer eigenkapitalerhöhenden Berücksichtigung zumindest eines Teils der Haftpflicht bedeutete vor allem für die chronisch eigenkapitalschwachen ländlichen Kreditgenossenschaften eine beträchtliche Ausweitung ihres Bewegungsspielraums im Kreditgeschäft.

Der zweite Teil des KWG von 1934 widmete sich der Straffung und Intensivierung der Bankenaufsicht durch ein bei der Reichsbank angesiedeltes *Bankenaufsichtsamt* mit der zentralen Funktion des *Reichskommissars für das Kreditwesen,* später des *Reichsaufsichtsamtes für das Kreditwesen.* Gerade dieser Teil des Gesetzes war in weiten Teilen bereits von den am NS-Führerprinzip orientierten Ordnungsvorstellungen einer von den Direktiven des Staates gelenkten Marktwirtschaft bestimmt.[26]

2.3 Kreditgenossenschaftlich relevante Maßnahmen des NS-Staates zur Durchsetzung des Führerprinzips in der Wirtschaft

Die Nationalsozialisten begannen unmittelbar nach der *Machtübergabe* damit, alle aus ihrer Sicht relevanten Bereiche von Staat, Gesellschaft, Wirtschaft und kulturellem Leben an ihre ideologischen Vorstellungen von Rasse, Volk und Führung anzupassen. Für diesen jetzt wirklich als Macht*ergreifung* zu bezeichnenden Prozess hat sich nicht erst im Schrifttum nach dem Zweiten Weltkrieg der Begriff ›Gleichschaltung‹ etabliert, denn bereits die Nationalsozialisten selbst verwendeten diesen Terminus für diese Phase einer umfassenden Durchsetzung ihres Führerprinzips und -Führungsanspruchs.

Zur Gleichschaltung standen den Machthabern mehrere Optionen zur Wahl, die in der Praxis durchaus in Kombination auftreten konnten:
1. Mittelbar (formell oder informell) durch Gestaltung der Rahmenbedingungen zur Kanalisierung der formal freien Entscheidungsprozesse in die politisch gewünschte Richtung
2. Unmittelbar, aber informell durch politischen, ökonomischen oder psychologischen Druck. Dieser Druck zielte i.d.R. auf die Einschleusung linientreuer Gefolgsleute in die Entscheidungsgremien.
3. Unmittelbare, formelle Gleichschaltung durch Erlass entsprechender Gesetze oder Verordnungen.

Die ersten Schritte in diesem Gleichschaltungsprozess waren formeller Art i.S.v. Nr. 3 in Form des Erlasses zweier Gesetze, die eine eigenständige, vom Reich unabhängige Landespolitik[27] praktisch unmöglich machten. Mit diesen Gesetzen wurde der Terminus ›Gleichschaltung‹ auch offiziell eingeführt.[28]

Reichsnährstand und Reichserbhofgesetz

Die Diskussionen über den Umbau des Gefüges der deutschen Wirtschaft waren in der ersten Phase nach der *Machtübergabe* noch sehr stark von ›ständischen‹ Vorstellungen bestimmt, bevor diese, insbesondere in der Ausprägung des österreichischen Ökonomen, Soziologen,

Philosophen und Wegbereiter des sogen. ›Austrofaschismus‹ *Othmar Spann*, für die Nationalsozialisten obsolet wurden, vor allem, weil *Spann* der NS-Rassenideologie kritisch gegenüber stand.[29]

Noch ganz von ständischen Vorstellungen dieser ersten Phase waren jedoch die Initiativen zur Umgestaltung des Agrarsektors bestimmt. Die Installierung eines Reichsstandes für den gesamten Ernährungssektor mit dem *Reichsnährstandsgesetz* vom September 1933[30] war der erste, allerdings auch der einzige Anlauf einer Neuordnung eines Kernbereichs der Wirtschaft nach ständischen Prinzipien.[31] Der frühe Zeitpunkt und der nirgendwo sonst in der Wirtschaft in dieser Intensität zu beobachtende Elan der Umgestaltung der deutschen Wirtschaft nach nationalsozialistischen Prinzipien hatte vor allem zwei Gründe: Erstens wurde die neue Agrarpolitik zur *Erzeugungsschlacht* zwecks Erreichung der sogen. *Nahrungsfreiheit* als Teilziel des von *Hitler* schon in seinem *Mein Kampf* angestrebten Generalziels der Autarkie hochstilisiert. Zweitens war diese neue, nationalsozialistische Agrarpolitik dem besonders ausgeprägten völkisch-nationalistischen Eifer eines der einflussreichsten und mächtigsten Führer des Nationalsozialismus, *Richard Walter Darré*[32], geschuldet.

Der *Reichsnährstand* ging aus dem schon vor der *Machtübergabe* von *Darré* gegründeten *agrarpolitischen Apparat* der NSDAP hervor und war eine streng nach dem NS-Führerprinzip organisierte Zwangsorganisation mit dem am 04.04.1933 auch zum *Reichsbauernführer* aufgestiegenen *Darré* an der Spitze. Ihm hierarchisch nachgeordnet waren Landes-, Kreis- und Ortsbauernführer sowie alle mit Landwirtschaft und Ernährung verbundenen Einrichtungen, also nicht nur die landwirtschaftlichen Betriebe i. e. S., sondern z. B. auch das gesamte landwirtschaftliche Genossenschaftswesen einschl. der ländlichen Kreditgenossenschaften. Kernstück des *Reichsnährstandes* war eine neue preis- und absatzorientierte, antimarktwirtschaftliche *Marktordnung* zur Lenkung des gesamten Agrarmarktes.[33]

Die Eingliederung des landwirtschaftlichen Genossenschaftswesens in den *Reichsnährstand* war allerdings insofern nur indirekter Natur, als die Genossenschaftsverbände als unmittelbare Steuerungs- und Prüfungsinstanz für alle Genossenschaften auch nach der Gründung des *Reichsnährstandes* bestehen geblieben waren und eine unmittelbare Eingliederung oder gar Auflösung, wie dies bei allen andern landwirtschaftlichen Organisationen der Fall war, nicht stattfand.

Die Eingliederung der ländlichen Kreditgenossenschaften war trotz formeller Zugehörigkeit zum *Reichsnährstand* noch weniger stringent als bei den rein landwirtschaftlichen (Nichtbank)Genossenschaften. Trotz bestehender Eingriffsrechte nach der *Reichsnährstands*-Gesetzgebung standen substanziellen Einwirkungsmöglichkeiten auf die Führung der ländlichen Kreditgenossenschaften nämlich konkurrierende gesetzliche Bestimmungen entgegen: Erstens blieben die ländlichen Kreditgenossenschaften nach dem GenG selbstständige (genossenschaftliche) Körperschaften des privaten Rechts, zweitens unterstanden sie der im GenG geregelten gesetzlichen Prüfungsaufsicht der Verbände sowie, drittens, der allgemeinen Bankenaufsicht nach KWG. Die Auflösung dieser juristischen Konfliktsituation hätte zumindest einer Änderung des GenG bedurft, was aber nie geschah.[34]

Die zweite Säule *Darré*'scher Agrarpolitik war das *Reichserbhofgesetz* (REG).[35] Dieses Gesetz enthielt in seiner Präambel sowie in § 13 eine Reihe völkischer und rassenideologischer Komponenten. So wurde Juden z.B. expressis verbis die sogen. *Bauernfähigkeit* abgesprochen (§ 13 Abs. 2 REG).

Das Gesetz enthielt zwei Kernelemente: Das erste, das diesem Gesetz seinen Namen gab, bezog sich auf die Erbfolge: Für Erbhöfe gab es nach dem REG nur noch die auch durch Testament nicht außer Kraft setzbare ungeteilte Erbnachfolge an einen einzelnen Erben (sogen. ›Anerbenrecht‹ – § 19 REG). Des Weiteren regelte das Gesetz eine Beschränkung der Veräußerung und der Belastung des Erbhofes, vor allem aber einen Ausschluss der Zwangsvollstreckung in den Erbhof.

Während das Problem der *Erschwerung* der Eintragung von Grundpfandrechten (u.a. Genehmigungspflicht durch die neu geschaffenen ›Anerbengerichte‹ – § 37 Abs. 2 REG) für die Kreditwirtschaft evtl. noch handelbar gewesen wäre, war der absolute Vollstreckungsschutz (§ 38 REG) die eigentliche Achillesferse des Gesetzes. Trotz einer Reihe von

Lösungsversuchen führte dieses Problem zu einer faktischen Kreditsperre zumindest für mittel- und langfristige Investitionskredite und damit zu einem massiven Investitionsstau[36] in dem vom *REG* erfassten Teil der Landwirtschaft. Denn vor allem die öffentlich-rechtlichen Kreditgeber, namentlich die Sparkassen, mussten sich mit Rücksicht auf ihre Beleihungsgrundsätze als Kreditgeber bei Erbhöfen zurückhalten.[37] Lediglich die ländlichen Kreditgenossenschaften waren bereit, wenigstens einen Teil dieses Kreditbedarfs abzudecken.

Neuordnung der Organisation der gewerblichen Wirtschaft

Das dieser Reform zugrunde liegende Gesetz[39] von Anfang 1934 vermied bereits den Begriff ›ständisch‹ und sprach nunmehr von einem ›organischen‹ Aufbau der deutschen Wirtschaft. Mit diesem Gesetz wurde das bisherige Verbandssystem der gewerblichen Wirtschaft in ein streng nach dem NS-Führerprinzip organisiertes, von der Reichsregierung abhängiges hierarchisches System mit der *Reichswirtschaftskammer* an der Spitze und nachgeordneten *Reichsgruppen, Wirtschaftsgruppen* und *Fachgruppen* umgewandelt. Die Kreditgenossenschaften gehörten zur *Reichsgruppe Banken, Wirtschaftsgruppe Kreditgenossenschaften* (mit Untergliederung in die *Fachgruppen ländliche Kreditgenossenschaften* und *gewerbliche Kreditgenossenschaften*).

Für die Kreditgenossenschaften bedeutete dies, dass zumindest formal für deren Steuerung mehrere Machtzentren zuständig waren. Neben der für Kreditgenossenschaften zuständigen *Fachgruppe* kam für die ländlichen Kreditgenossenschaften noch der *Reichsnährstand* als weiterer Machtfaktor hinzu. Entscheidend war aber für beiden Genobankengruppen die Steuerungs- und Prüfungsfunktion der Genossenschaftsverbände.

Reformüberlegungen zur Struktur des Bankenmarktes

Bei den Beratungen im Rahmen der Bank-Enquete 1933/34 wurden ordnungspolitische Vorstellungen laut, die weit über die Bestimmungen des *Gesetzes zur Vorbereitung des organischen Aufbaus der deutschen Wirtschaft* sowie über die kreditwirtschaftlich-materiellen und aufsichtsrechtlichen Bestimmungen, die später Bestandteil des neuen KWG wurden, hinausgingen. Diese mussten vor allem von den Kreditgenossenschaften als existenzielle Bedrohung im Hinblick auf ihre besondere Stellung im Bankenmarkt empfunden werden.

Insbesondere von Seiten des dem Nationalsozialismus besonders verbundenen öffentlich-rechtlichen Kreditwesens, namentlich von Seiten der Sparkassen, gab es massive Bestrebungen zu einer Verstaatlichung des Bankwesens, in welchem dem öffentlichen Bankwesen eine herausragende Stellung einzuräumen sei.[40] Mit dieser Verstaatlichungsforderung konnte man sich immerhin auf eines der Kernanliegen der NSDAP berufen.[41] Parallel dazu wurden vor allem in der ersten Phase der Beratungen vor dem Hintergrund der Überlegungen zu einer Umwandlung der deutschen Wirtschaft nach ständischen Prinzipien Forderungen nach einer Neuordnung des Bankwesens in Richtung der Gründung von sogen. ›Standesbanken‹, jeweils exklusiv nur für einen Stand, laut.

Stellvertretend für das gesamte genossenschaftliche Kreditwesen wies schon vor Beginn der Beratungen im Enquete-Untersuchungsausschuss DGV-Anwalt *Karl Korthaus* die auf die Verstaatlichungsphantasien der Sparkassenorganisation abzielende Formel des deutschen Sparkassen – und Giroverbandes (DSGV), die Sparkasse sei das Geldinstitut der völkischen Wirtschaft, entschieden zurück.[42] Es sollte sich jedoch schon bald zeigen, dass die Befürchtungen der Kreditgenossenschaften unbegründet waren: Schon in seiner Ansprache zur Eröffnung des Untersuchungsausschusses am 06.09.1933 erteilte der Vorsitzende *Hjalmar Schacht* Forderungen nach Verstaatlichung der Banken eine klare Absage. Darüber hinaus vertrat ausgerechnet der von *Hitler* ernannte *Beauftragte der NSDAP für Wirtschaftsfragen, Wilhelm Keppler,* bezüglich der Verstaatlichungsfrage eine *Schacht* zumindest ähnliche Position und lehnte zudem ausdrücklich »[…] besondere Banken für die einzelnen Stände […]« ab. Interessant ist, dass *Keppler* hierfür kein ideologisches, sondern mit seiner Warnung vor »[…] gleichgerichteten Risiken […]« ein klassisches bankwirtschaftliches Argument ins Feld führte.[43]

3. Führerprinzip und Gleichschaltung im genossenschaftlichen Ober- und Mittelbau und bei den Primär-Kreditgenossenschaften

Bei der Durchsetzung des Führerprinzips gab es deutliche Unterschiede zwischen dem landwirtschaftlichen und dem gewerblichen Genossenschaftswesen, sowohl was den zeitlichen Ablauf als auch die Stringenz betrifft. Darüber hinaus gab es bei beiden genossenschaftlichen Teilorganisationen prinzipielle Unterschiede zwischen Verbands- und Primärebene.

3.1. Gleichschaltung auf Reichs- und Regionalebene
Landwirtschaftliches Genossenschafts-Verbandswesen

Das landwirtschaftliche Genossenschaftswesen war in besonderem Maße dem Druck in Richtung ideologischer und organisatorischer Eingliederung in das NS-Regime ausgesetzt. Dies lag zum einen an dem besonderen Stellenwert, den die Landwirtschaft für die NS-Ideologie und -Wirtschaftspolitik besaß. Außerdem lag dies aber vor allem daran, dass sich unmittelbar nach der *Machtübergabe* einer der mächtigsten NS-Führungskader, *Richard Walter Darré*, der gleichzuschaltenden Einbindung der landwirtschaftlichen Organisationen in den NS-Staat annahm.

Als ersten Schritt forderte *Darré* schon einen Monat nach der *Machtübergabe* in einem vertraulichen Sonderrundschreiben seine Gaufachberater innerhalb des *agrarpolitischen Apparats* auf, mit der Eroberung der landwirtschaftlichen Genossenschaften in ihrem Gaubereich unverzüglich zu beginnen, um alle landwirtschaftlichen Genossenschaften bis spätestens Ende 1933 »in unsere Hand zu bekommen«.[44]

Der nächste Schritt war typisch für das Vorgehen der Nationalsozialisten in dieser Phase: Gegen verdienstvolle Genossenschafter wurden Vorwürfe krimineller Verfehlungen (zumeist in Richtung ›Untreue‹) in die Welt gesetzt. Ergebnis dieser Hetzkampagne war z.B., dass der langjährige Präsident des RVR, *Andreas Hermes*, Zentrumspolitiker und ehemaliges Regierungsmitglied in der Zeit der Weimarer Republik, wegen Vorwürfen dieser Art am 21.03.1933 verhaftet wurde.[45] Über die hierdurch ausgelöste Führungskrise im RVR sollte am 19.04.1933 beraten werden. Zu dieser Sitzung erschien auch *Darré*, der seine Anwesenheit mit der Ernennung zum *Agrarpolitischen Berater des Reichskanzlers* legitimierte. *Darré* setzte den RVR politisch unter Druck und erzwang schließlich den Rücktritt des bisherigen Vorstandes des RVR, seine eigene Wahl zu dessen Präsidenten, die Zuwahl zweier weiterer Nationalsozialisten sowie die Demission des bisherigen Verwaltungsrates des RVR. Damit war die *informelle* Gleichschaltung des RVR vollzogen.

Dieser *informellen* Gleichschaltung folgte knapp ein halbes Jahr später die *formelle* Gleichschaltung durch den Erlass des *Reichsnährstandsgesetzes* bzw. der nachfolgenden Verordnungen zu diesem Gesetz. An die Stelle der (bisherigen) leitenden Organe des RVR und der regionalen Prüfungsverbände des landwirtschaftlichen Genossenschaftswesens trat nun der *Reichsbauernführer*, der seine Befugnisse nachgeordneten Stellen übertragen konnte.[46] Hiermit war der RVR und die gesamte regionale Verbandsebene nicht nur hinsichtlich der bereits vollzogenen Einschleusung linientreuer Funktionäre informell gleichgeschaltet. Jetzt war die lückenlose Durchsetzung des Führerprinzips, angefangen von der Reichsregierung, der *Darré* seit dem 29.06.1933 als Nachfolger *Hugenbergs* als Landwirtschaftsminister angehörte, bis hinunter zu allen regionalen genossenschaftlichen Verbänden auch gesetzlich sanktioniert.

Gewerbliches Genossenschafts-Verbandswesen

Die Gleichschaltung des Ober- und Mittelbaus des gewerblichen Genossenschaftswesens gelang, anders als im landwirtschaftlichen Genossenschaftswesen, bis zum Oktober 1936 nur *informell*, was nicht zuletzt daran gelegen haben dürfte, dass Einfluss und Macht des ›starken Mannes‹ der NSDAP im gewerblichen Mittelstand, *Theodor Adrian von Renteln*, in keiner Weise vergleichbar waren mit der *Darrés*.[47]

Der *informellen* Gleichschaltung des DGV ebnete der Aufsatz ihres Anwaltes (Vorstandsmitgliedes) *Karl Korthaus* vom 17.03.1933, in welchem dieser sich eindeutig hinter die neue Reichsregierung stellte und die Gleichschaltung ausdrücklich begrüßte[48], den Weg für die Aufnahme NS-linientreuer Personen in die Führung des Verbandes freimachte:

Am 13.04.1933 wurde *Walter Kunze* als *NSDAP-Vertrauensmann* neben *Johann Lang* (1888-1961) (*Lang* war seit 1932 Mitglied der Anwaltschaft) in die Anwaltschaft des DGV gewählt.[49]

In der Folgezeit gab es zwischen *Kunze* und *Lang* so etwas wie eine Arbeitsteilung: *Kunze* versuchte, in seinen Reden, vor allem bei seinen Auftritten bei Verbandstagen der Regionalverbände, das gewerbliche Genossenschaftswesen auf die NS-Ideologie und die nationalsozialistische Wirtschaftspolitik einzuschwören[50], wobei er insbesondere über die Bedeutung des Führerprinzips und der Gleichschaltung im Genossenschaftswesen referierte.[51] Hingegen konzentrierte sich *Lang* auf seine Rolle als wirtschafts- und verbandspolitischer Fachmann, ohne jedoch auf ein eindeutiges Bekenntnis zur neuen (›nationalen‹) Regierung unter dem ›Volkskanzler‹ *Adolf Hitler* ganz zu verzichten. *Langs* Verhalten kann insofern als geschicktes und in Teilen durchaus erfolgreiches Lavieren zwischen Nationalsozialismus und traditionellen genossenschaftlichen Werten und Prinzipien charakterisiert werden.[52]

Sichtet man die verfügbaren Quellen und die Berichte von Verbandstagen gewerblicher genossenschaftlicher Regionalverbände, muss man konstatieren, dass diese ebenso wie der DGV keinen Zweifel an ihrem Bekenntnis zu den neuen politischen Machtverhältnissen aufkommen ließen. Davon zeugen einmal die Berichte von den Verbandstagen[53], aber auch, dass die Gleichschaltung bei vielen Regionalverbänden durch eigens hierzu von diesen bestellte ›Gleichschaltungskommissare‹ vorangetrieben wurde.[54]

Die *formelle* Gleichschaltung und konsequente Umgestaltung des gewerblichen genossenschaftlichen Ober- und Mittelbaus bei gleichzeitiger Liquidierung aller zumindest formal noch bestehender demokratischer Elemente erfolgte aufgrund einer Anordnung des Wirtschaftsministers *Hjalmar Schacht* vom 23.10.1936.[55] Diese Anordnung enthielt die neue Satzung für den DGV[56], die nach Abschnitt VI zugleich die Rahmensatzung der regionalen Prüfungsverbände war. Kurze Zeit später wurde *Theodor Adrian von Renteln* von *Hjalmar Schacht* zum Präsidenten des DGV ernannt. Die Bestellung des Präsidenten *von Renteln* und die Bestätigung der Anwaltschaft des DGV (dies waren 1936 immer noch – und blieben es bis 1945 – *Johann Lang* und *Walter Kunze*) durch den Reichswirtschaftsminister (§§ 11 u. 12 d. Satzung) sowie die Bestellung der Leiter der Prüfungsverbände durch den Präsidenten des DGV (*von Renteln* – § 33 d. Satzung) bedeutete, dass sowohl der DGV als auch die regionalen Genossenschaftsverbände als monolithischer Block streng nach dem Führerprinzip mit vertikalem Durchgriff von der Reichsregierung aus als oberster Entscheidungsinstanz organisiert waren.

Der Deutsche Genossenschaftstag als vormals höchstes Entscheidungsgremium des DGV diente nur noch der Aussprache und hatte lediglich (allerdings auch dies nur noch für drei Jahre[57]) das Recht der Entlastung des Präsidenten sowie der Entscheidung darüber, ob dieser das Vertrauen genießt. Analog dazu hatte das Gremium der Primärgenossenschaften, nämlich der Verbandstag als vormals höchstes Organ der Regionalverbände, im Wesentlichen ebenfalls nur noch Beratungsfunktion.[58]

3.2. Gleichschaltung bei Primär-Kreditgenossenschaften

Die Gleichschaltung in den Primärbanken erfolgte stets nur *informell* durch Zu- bzw. Neuwahl von als NS-linientreu erachteten Personen in den Aufsichtsrat und/oder den Vorstand der Banken.[59]

Das NS-Führerprinzip wurde formell für die Kreditgenossenschaften im Wesentlichen insoweit relevant, als die mit der Prüfungsaufsicht betrauten Regionalverbände streng nach diesem Prinzip organisiert waren. Darüber hinaus waren sie, wie alle Kreditinstitute, zum einen in das Führerprinzip-orientierte Reichsgruppensystem der gewerblichen Wirtschaft (*Reichsgruppe Banken*) integriert. Des Weiteren unterstanden alle Banken einer Bankenaufsicht, die ebenfalls in den nach dem Führerprinzip organisierten administrativen Aufbau des NS-Staates eingegliedert war. Hinzu kam speziell für die ländlichen Kreditgenossenschaften noch deren Mitgliedschaft im *Reichsnährstand*.

Dennoch, der sich aufdrängende Eindruck polykratischen Zuständigkeitswirrwarrs darf nicht überschätzt werden. Die Primär-Kreditgenossenschaften orientierten sich beinahe ausschließlich an der Steuerungsfunktion ihrer Regionalverbände, die ihrerseits den Ortsbanken bezüglich außergenossenschaftlicher Kompetenzansprüche mit Verweis auf ihre alleinige Zuständigkeit weitgehend den Rücken freihielten.[60] Im Übrigen hatte es die Genossenschaftsorganisation geschafft, in die Leitungspositionen der *Wirtschaftsgruppe Kreditgenossenschaften* bzw. den beiden Fach(unter)gruppen Verbandsvertreter in Personalunion zu platzieren.[61]

Dem während der gesamten Zeit des ›Dritten Reiches‹ fehlenden unmittelbaren, gesetzlich sanktionierten Zugriff auf die Primär-Kreditgenossenschaften ist es wohl geschuldet, dass sich Auslöser, Prozess und Ergebnis von Gleichschaltungsaktivitäten in den Quellen der Primärbanken, soweit sie dort überhaupt als stattgefunden protokolliert wurden, höchst uneinheitlich darstellen. Ohnehin fanden sich Protokolleintragungen in Richtung Gleichschaltung, welcher Art auch immer, nur bei etwas mehr als der Hälfte der untersuchten Genossenschaftsbanken [62] (wobei hier natürlich offen zu lassen ist, ob bzw. inwieweit bei der anderen Hälfte der Institute Gleichschaltung dennoch stattgefunden hat).

Die Quellen zeigen, dass die Regionalverbände die Banken zwar nicht im administrativen Sinne anwiesen, eine Gleichschaltung vorzunehmen, dies schon wegen der verbliebenen Selbstständigkeit der Primär-Kreditgenossenschaften auch gar nicht konnten. Dennoch übten die Verbände durch mehr oder weniger ›mahnende‹ Rundschreiben an die Primärgenossenschaften mindestens indirekten Druck auf die Banken aus, die Gleichschaltung zu vollziehen und damit der ›nationalen Erhebung‹, eine Formel, die auch in der Genossenschaftsorganisation überall in den Gleichschaltungsjahren 1933 und 1934 zu vernehmen war, Rechnung zu tragen.[63]

Die Verbände gaben für die *Form* der Gleichschaltung bei Primär-Kreditgenossenschaften allerdings eine unmissverständliche Marschrichtung vor:[64]

– Der Normenrahmen des GenG musste auf jeden Fall eingehalten werden.

– Die zur Gleichschaltung für erforderlich gehaltene Neu- bzw. Zuwahl von politisch zuverlässigen Personen sollte nur durch ordnungsmäßige Wahlen erfolgen.

– Die Gleichschaltung sollte nur in ›geordneten Bahnen‹ durchgeführt werden, und jede ›Beunruhigung‹ des Marktes, insbesondere der Sparer, sollte vermieden werden. Diese Verbandsvorgabe richtete sich vor allem gegen die Aktivitäten des *Kampfbundes für den gewerblichen Mittelstand.* RVR und DGV legten Wert darauf, dass nur ihnen die Durchführung der Gleichschaltung erlaubt sei und verbaten sich mit Erfolg jede Einmischung von organisationsexternen Funktionsträgern des Staates oder der Partei sowie der NS-Kampfbünde.[65]

– Soweit wegen der Gleichschaltung Gremienmitglieder neu gewählt wurden, sollten sie, auch wenn sie NSDAP-Mitglieder waren, Mitglied der Genossenschaft und darüber hinaus sachkundig sein. Letzteres galt in erster Linie für Vorstände der Banken. Hierdurch konnte, was durch das kasuistische Material der Untersuchung eindeutig bestätigt wird, weitgehend verhindert werden, dass völlig bank- bzw. fachfremde Personen in die Gremien der Banken geschleust wurden. Bei den meisten Banken, in denen sich Gleichschaltungsaktivitäten in den Protokollbüchern finden, wurden diese Vorgaben eingehalten.

Interessant ist, dass die selbst rasch zumindest *informell* gleichgeschalteten Verbände ihrerseits offensichtlich keine große Eile bei der Durchführung der Gleichschaltung auf Ortsebene zeigten. So waren sie z. B. i. d. R. damit einverstanden, dass die Gleichschaltung erst in der Generalversammlung 1934 (i. d. R. im Spätfrühling/Frühsommer) durchgeführt wurde und nicht etwa schon 1933 eine außerordentliche Generalversammlung allein zum Zwecke der Gleichschaltung anberaumt wurde.[66]

Aufgrund der Quellenlage kann auch davon ausgegangen werden, dass bei vielen Kreditgenossenschaften die jeweilige NSDAP-Ortsgruppe und/oder – bei ländlichen Kreditgenossenschaften – der *Orts-* bzw. *Kreisbauernführer* des *Reichsnährstandes* informellen Druck – obgleich ohne formelle Zuständigkeit! – in Richtung Gleichschaltung ausgeübt hat. Dies darf vor allem in den Fällen vermutet werden, bei denen *Orts- / Kreisbauernführer* oder andere Vertreter des *Reichsnährstandes* bei den Generalversammlungen in den entscheidenden Jahren 1933 und 1934 zugegen waren.[67] Allerdings sind auch einige Fälle erfolgreicher Abwehr gegenüber genossenschaftsexterner Einflussbegehren in der Gleichschaltungsphase in den Protokollbüchern dokumentiert, ein Verhalten, das, zumindest, wenn man die Protokollbucheintragungen der späteren Jahre studiert, für solche Banken ohne erkennbare negative Folgen blieb.[68]

Unabhängig von der Frage von Einfluss bzw. Druck zur Gleichschaltung von außen lässt sich bei kritischer Würdigung der Quellen jedoch sagen, dass bei den meisten Banken die Gleichschaltung aus dem Kreis der Gremien der Banken, meist auf Initiative der Vorstände, erfolgte und oft den Eindruck ›vorauseilenden Gehorsams‹ machte.[69]

In der praktischen Umsetzung traten zwecks Gleichschaltung häufig alle Vorstände und Aufsichtsräte zurück. In der Regel wurden jedoch die meisten Amtsträger, die bereits vor der *Machtübergabe* im Amt waren, wiedergewählt. Häufig begegnet man dabei Protokolleintragungen, die den Eindruck erwecken, dass man, weil Gleichschaltung eben anstand, bei einem Teil – meist knapp über 50 % – der neugewählten Vorständen und Aufsichtsräte darauf achtete, dass sie neben ihrer auf jeden Fall als notwendig erachteten langjährigen Verbindung mit der Bank bzw. ihrer Fachautorität auch Mitglied der NSDAP waren. Damit war aus der Sicht der Beteiligten der Gleichschaltung genüge getan, und man ging danach zur Tagesordnung über.[70]

Insofern stellten Neubesetzungen von Vorstand und Aufsichtsrat oft offensichtlich nur ein rein äußerliches Eingehen auf die neuen Machtverhältnisse dar. Jedenfalls ist erkennbar, soweit es die in der Untersuchung gesichteten Protokolle zum Ausdruck bringen, dass die Kreditgenossenschaften bestrebt waren, nach Abschluss der Gleichschaltung das Bankgeschäft, und zwar wie bisher und ausschließlich nach den hergebrachten Regeln der bankwirtschaftlichen Kunst, weiter zu betreiben.

In praktisch allen Protokollen, sowohl in denen, wo auf eine erfolgte Gleichschaltung verwiesen wird, als auch ohnehin bei denen, bei denen ›Gleichschaltung‹ sich mit keinem Wort in den Protokollen findet, ist eine substanzielle Änderung der Geschäfts- bzw. Kreditpolitik nicht zu erkennen. Anders verhält es sich natürlich mit den Veränderungen der wirtschaftlichen und politischen Rahmenbedingungen. Dort zeigen die Protokolle deutlich, dass und wie die Banken versuchten, so gut es ging, ihr weiterhin möglichst professionelles Bankgeschäft an die neuen Umfeldbedingungen anzupassen.[71]

Bemerkenswert ist für diese erste Phase, dass eine rein statistische Auswertung der Protokolle im Hinblick auf die Form der Durchführung der Wahlen (geheim versus offen) zeigt, dass der Anteil der Banken mit offenen Wahlen an den insgesamt untersuchten Banken selbst in den Gleichschaltungsjahren 1933 und 1934 nicht höher war als in den letzten Jahren vor der *Machtübergabe*.[72] Interessant ist auch, dass nach Abschluss des Gleichschaltungsprozesses, also spätestens ab den in 1935 durchgeführten Generalversammlungen, so gut wie keine politischen Präferenzen, etwa in Richtung Mitgliedschaft in der NSDAP oder dem *Reichsnährstand,* bei den Gremienwahlen mehr erkennbar sind.

Hält man sich vor Augen, wie in vielfacher Hinsicht unterschiedlich sich die Gleichschaltung im Bereich der Primärbanken vollzog, ist nicht verwunderlich, dass das Ergebnis der Gleichschaltung aus NS-Sicht oft wenig befriedigend war. Hierauf weist zum einen die Analyse des primärbankinternen Materials der Untersuchung hin. Zum anderen wird diese Hypothese durch mindestens zwei Quellen gestützt, und zwar eine RVR-interne und eine vollkommen organisationsexterne Quelle. Nach der externen Quelle wurde seitens des Kieler Oberpräsidenten 1935 das Fehlen einer Führerprinzip-entsprechenden Änderung des GenG als Ursache für diese Missstände *expressis verbis* angeprangert: Die Wahl eines Vorstandes einer Spar- und Darlehenskasse gegen den von der NSDAP präsentierten Bewerber hätte verhindert werden können, wenn das Führerprinzip auch im Genossenschaftswesen bereits Geltung gehabt hätte. In einer organisationsinternen Quelle stellte der RVR für die Gesamtheit der ländlichen Kreditgenossenschaften fest, dass immer noch politisch untragbare Personen Vorstandsmitglieder seien.[73]

3.3. Keine durchgreifende ideologische Gleichschaltung

Die Nationalsozialisten versuchten schon bald nach der *Machtübergabe,* die Genossenschaftsidee in ihre eigene Ideologie zu integrieren und damit das für die Durchsetzung ihrer Wirtschafts- und Sozialpolitik so wichtige Genossenschaftswesen auch ideologisch für sich zu vereinnahmen. Dies war indes ein Unterfangen, das wegen einiger eindeutiger Widersprüche zwischen Genossenschaftsidee und Nationalsozialismus entweder von vorn herein zum Scheitern verurteilt oder nur um den Preis zu bewerkstelligen war, dass eines der beiden Ideensysteme elementare Bestandteile seiner je eigenen Ideologie aufgegeben oder zumindest zur Disposition gestellt hätte.

Nationalsozialistisches Führerprinzip versus Prinzip der demokratischen Willensbildung in Primärgenossenschaften

Trotz der auf Reichs- und Regionalverbandsebene vollzogenen grundlegenden Umwandlung der Organisationsstruktur nach dem NS-Führerprinzip hatte sich an der Aufbauorganisation der Primär-Genossenschaften mit der Machtdominanz ihrer Basis, also der Mitglieder- bzw. Generalversammlung mit ihrem demokratischen ›Ein-Kopf-Eine-Stimme‹-Prinzip, nichts geändert, denn die Primär-Genossenschaften waren als eingetragene Genossenschaften selbstverwaltende, rechtsfähige Körperschaften des privaten Rechts geblieben. Da eine Änderung ihrer Aufbauorganisation nur über eine Änderung des GenG möglich war, wurden schon sehr bald nach der *Machtübergabe* Überlegungen laut, das GenG an geeigneter Stelle in Richtung NS-Führerprinzip zu ändern und/oder zu ergänzen.

Für die Überlegungen zu einer Änderung des GenG war nicht unerheblich, dass sowohl innerhalb des Genossenschaftswesens als auch in der übrigen Wirtschaft eine Diskussion darüber entbrannte, wie überhaupt ›Führerprinzip‹ als operationaler Begriff bei der praktischen Umsetzung zu definieren sei. Die Diskussionen innerhalb des Genossenschaftswesens, der übrigen gewerblichen Wirtschaft sowie der Ministerialbürokratie offenbarten dabei sehr schnell, dass das, was der Nationalsozialismus auf der Basis entsprechender Passagen in *Hitlers Mein Kampf* eigentlich unmissverständlich unter Führerprinzip verstand[74], oft nicht mit dieser Konsequenz verfochten wurde, u. U. auch gar nicht in dieser Stringenz verinnerlicht worden war.

Besonders im Genossenschaftsbereich zeigten sich ungewollt (oder möglicherweise sogar gewollt) Aufweichungstendenzen, wenn das *Führerprinzip* z. B. in einen *Führungsgrundsatz* i. S. straffer Führung umgedeutet wurde.[75] Nicht zuletzt Wirtschaftsminister *Schacht* war an der Verwässerung, wenn nicht sogar Begriffsverwirrung beteiligt, wenn er z.B. von Führerprinzip i. S. wirtschaftlicher Selbststeuerung sprach.[76] Selbst in der nationalsozialistischen *Deutschen Volkswirtschaft* erschien 1934 ein Aufsatz, der als den wesentlichen Inhalt des Führergedankens die Autorität nach unten und die Verantwortung nach oben definierte, den genuin antidemokratischen Kern des *nationalsozialistischen* Führerprinzips, nämlich die konsequente Einsetzung *jedes* Führers in allen relevanten Bereichen von Staat, Gesellschaft und Wirtschaft immer nur durch den nächsthöheren Führer, aber unterschlug.[77]

Die Diskussion um das Führerprinzip innerhalb des Genossenschaftswesens gipfelte schließlich darin, dass *Reinhold Henzler,* immerhin einer der führenden Genossenschaftswissenschaftler seiner Zeit, feststellen konnte, dass die Geschichte des gesamten deutschen Genossenschaftswesens als glänzender Beweis für die Richtigkeit des Führerprinzips anzusehen sei. Und der RVR meinte, dass in den Primärgenossenschaften das Führerprinzip bereits verwirklicht worden sei und, und dies war für die weiteren Diskussionen von besonderer Bedeutung, es deswegen keiner Änderung der Aufbauorganisation der Primärgenossenschaften bedürfe[78], d. h., deswegen bedürfe es auch keiner gesetzlichen Verankerung des Führerprinzips, weil gut geleitete Genossenschaften bereits jetzt das Führerprinzip hätten.[79] Deutet man diese Wendung nicht als völlige Unkenntnis des Wesens des NS-Führerprinzips, was eher unwahrscheinlich ist, dann muss man hierin eine außerordentlich geschickte und recht ›eigenwillige‹ Umdeutung des

Führerprinzips im Interesse der Bewahrung traditioneller Werte des Genossenschaftswesens erkennen.

Unbeschadet dieser höchst uneinheitlichen Diskussion über den Begriff des NS-Führerprinzips, insbesondere in Bezug auf dessen Übertragung auf die genossenschaftliche Primärebene, wurde von maßgeblichen Nationalsozialisten bzw. nationalsozialistischen Genossenschaftern eine Führerprinzip-orientierte Änderung des GenG für erforderlich erachtet. Die kontroversen Diskussionen führten schließlich dazu, dass im April 1936 an der *Akademie für Deutsches Recht* ein *Ausschuss für Genossenschaftsrecht* eingerichtet wurde. Im Zusammenhang mit dem Ziel der Implementierung des Führerprinzips in das GenG ging es dabei im Kern um eine mehr oder weniger ausgeprägte Entmachtung der Generalversammlung der Primärgenossenschaften in der Weise, dass künftig dessen Vorstand vom seinerseits konsequent nach dem Führerprinzip organisierten regionalen Prüfungsverband bestellt und abberufen werden sollte.[80]

Die selbst bei NS-linientreuen Genossenschaftern während der Ausschussberatung artikulierten Unterschiede in den Positionen führten jedoch dazu, dass es während der Zeit des ›Dritten Reiches‹ nie zu einer Gesetzesänderung bezüglich der Aufbauorganisation der Primärebene kam.[81] Dieses Ergebnis, das vor allem vor dem Hintergrund eindeutig Führerprinzip bejahender Bemühungen auch im Hinblick auf die Primärgenossenschaften in den ersten Jahren nach der *Machtübergabe* als keineswegs selbstverständlich angesehen werden sollte, ist im Wesentlichen dem jede Änderung des GenG abwehrenden Einsatz von Persönlichkeiten wie *Friedrich Klausing, Reinhold Henzler, Robert Deumer* und in Sonderheit DGV-Anwalt *Johann Lang* zu verdanken.[82]

»Einer für Alle, Alle für Einen« versus »Gemeinnutz (geht) vor Eigennutz«

Auf der rein ideologischen Ebene war die traditionelle genossenschaftliche Formel »Einer für Alle, Alle für Einen« schon von der Sprachlogik her mit dem nationalsozialistischen Leitspruch »Gemeinnutz geht vor

Eigennutz«[83] nicht zu versöhnen. Der Hinweis auf die Bedeutung der inhaltlichen Konkurrenz dieser beiden Formeln ist alles andere als trivial, denn immerhin kommen in beiden Leitformeln wesentliche Grundelemente des je eigenen Selbstverständnisses in komprimierter Form zum Ausdruck.

Während nämlich der genossenschaftliche Wahlspruch ein Gleichgewicht zwischen Individual- und Gemeinschaftsinteressen zum Ausdruck bringt, außerdem das ›Alle‹ sich nur, zumindest in der Deutung, wie sie seit der zweiten Hälfte des 19. Jahrhunderts für das deutsche Genossenschaftswesen gebräuchlich ist, auf die Gemeinschaft der Genossen bezieht, gab die nationalsozialistische Formel eine eindeutige Rangfolge des Gemeinschaftsinteresses gegenüber dem nachgeordneten Interesse des Einzelnen zum Ausdruck, wobei zudem dieser Gemeinschaftsbegriff völkisch-rassisch auf das ganze (deutsche) Volk bezogen war.

Da sich auch die Nationalsozialisten dieses Widerspruchs bewusst waren, gab es von deren Seite unterschiedliche Versuche, diesen aufzulösen, was dann, wie z.B. bei *Kunze*, unweigerlich zu ›Spruchblüten‹ wie »Einer für Alle, Alle für Alles« führte. Um solche verunglückten Sprachkonstrukte zu vermeiden, versuchte z. B. der Vorstand des gewerblichen Regionalverbandes Hessen-Mittelrhein und gleichzeitige Vorstand der Wiesbadener Bank, *Carl Frankenbach,* das Unverträglichkeitsproblem dadurch zu lösen, dass er für den Nationalsozialismus dessen Grundsatz ›Gemeinnutz…‹ verfocht, für das Genossenschaftswesen jedoch den alten Wahlspruch »Einer für Alle…« beibehalten wollte.[84] Wie sehr den Nationalsozialisten die inhaltliche Diskussion um den unterschiedlichen ideologisch-historischen Hintergrund der beiden Formeln am Herzen lag, belegen auch die – letztlich gescheiterten – Versuche, die Genossenschaften, in Sonderheit die Kreditgenossenschaften, als gemeinnützige Unternehmen (umzu)definieren.[85]

Immerhin gelang es jedoch, den traditionellen genossenschaftlichen Wahlspruch ab 1934 durch die NS-Formel in den Musterstatuten, allerdings nur der ländlichen Primärgenossenschaften, zu ersetzen, ohne dass dabei freilich der alte genossenschaftliche Spruch weder aus dem ländlichen noch aus dem gewerblichen Genossenschaftswesen vollständig verschwand. Bemerkenswert ist aber vor allem, dass 1938 der vier Jahre lang verwendete NS-Spruch kommentarlos aus dem Musterstatut für die ländlichen Kreditgenossenschaften zugunsten der alten Formel »Einer für Alle...« wieder entfernt wurde.[86] Überhaupt war nach dieser Zwischenperiode von ca. vier Jahren im gesamten Genossenschaftswesen die traditionelle genossenschaftliche Formel wieder so gegenwärtig wie in der Zeit vor der *Machtübergabe*.

In gewisser Weise wurde die Beibehaltung der traditionellen genossenschaftlichen Formel sogar juristisch sanktioniert. Anfang 1937 versuchte man im Rahmen der Beratungen im *Ausschuss für Genossenschaftsrecht* an der *Akademie für Deutsches Recht* analog zu § 70 Abs. 1 des *Aktiengesetzes* der Verpflichtung auf die nationalsozialistische Formel »Gemeinnutz geht vor Eigennutz« mit einer entsprechenden Formulierung im GenG Rechnung zu tragen. Zunächst schlug *Behm* vor, den § 1 GenG mit einer Verpflichtung auf die ›Sicherung der materiellen Grundlagen der Volksgemeinschaft‹ zu ergänzen. Später votierte der Ausschuss als Ersatz für die *Behm*'sche Version für eine Präambel zum GenG mit einem »Bekenntnis zu Gemeinschaft und Unterordnung« sowie dazu, »dem deutschen Volk zu dienen.« Doch auch in diesem Punkt kam es bis zum Ende des Krieges nie zu einer entsprechenden Gesetzesänderung bzw. -ergänzung.[87]

4. Die Kreditgenossenschaften in der gelenkten Wirtschaft des ›Dritten Reiches‹

4.1. Ländliche Kreditgenossenschaften

Obschon die ländlichen Kreditgenossenschaften in der Inflation fast alle Eigen- und Fremdkapitalmittel verloren hatten, waren sie Ende der Zwanziger Jahre wieder Hauptträger des landwirtschaftlichen Personalkredits und konnten diese Gelder auch weitgehend wieder aus eigenen Mitteln herauslegen, wenngleich der Zuwachs an Mittel später in der Folge der Weltwirtschaftskrise erneut abnahm und die Primärbanken teilweise wieder auf ihre genossenschaftlichen Zentralbanken angewiesen waren.[88]

In der Bankenkrise von 1931 versuchten die ländlichen Kreditgenossenschaften zunächst, die Einlagenrückflüsse durch verstärkte Kreditkündigungen auszugleichen. Die Rückforderung der fälligen Ausleihungen offenbarten allerdings bei vielen kurz- oder mittelfristigen Krediten deren faktische Uneinbringlichkeit, mindestens aber deren Langfristigkeit (sogen. ›eingefrorene‹ Kredite), was schließlich zu drastisch erhöhten Abschreibungen auf Außenstände in den Jahren 1931 und 1932 führte.[89] Trotz der Unterstützungsmaßnahmen über die sogen. Reichsgenossenschaftshilfe und trotz allgemeiner Trendwende auch bei den ländlichen Kreditgenossenschaften im Verlaufe des Jahres 1933 litten viele Raiffeisenbanken noch bis in die Mitte der Dreißiger Jahre unter einem tendenziellen Mangel an Mitteln für die Vergabe von Krediten, was sich in zahlreichen Protokolleintragungen zur Begründung von Kreditablehnungen wiederspiegelt.[90]

Die Bedeutung des ›Reichsnährstandes‹ für die ländlichen Kreditgenossenschaften

Das Jahr 1933 brachte vor allem für die ländlichen Kreditgenossenschaften durch die Gesetzgebung zur Reform des Agrarsektors Veränderungen, die es so für keine andere Bankengruppe gab. Die formelle Einbindung der ländlichen Kreditgenossenschaften in den *Reichsnährstand* war freilich insofern de facto nur indirekter Natur, als die Genossenschaftsverbände im Gegensatz zu den übrigen landwirtschaftlichen Organisationen unverändert bestehen blieben. Allerdings waren natürlich jene landwirtschaftlichen Genossenschaften, die unmittelbar mit der landwirtschaftlichen Produktion verbunden waren (z.B. die Molkereigenossenschaften), auch unmittelbar in die *Marktordnung* des *Reichsnährstandes* eingebunden.

Eine vergleichbare Einbindung bestand für das ›Geld‹-Geschäft der ländlichen Kreditgenossenschaften nur bedingt[91], denn sie waren zwar die wichtigste Bankengruppe für die Landwirtschaft, aber eben nicht exklusiv, wenngleich seitens des *Reichsnährstandes* und der Genossenschaftsverbände ein gewisser Druck ausgeübt wurde, ihre landwirtschaftlichen Mitglieder für die sogen. *Erzeugungsschlacht* mit Kapital zu versorgen.[92]

Ein unmittelbares Betätigungsfeld der ländlichen Kreditgenossenschaften in der *Erzeugungsschlacht* des *Reichsnährstandes* war, vor allem in den Kriegsjahren, das sog. *Maschinengeschäft,* bei dem die Banken als Eigentümer und Verleihzentralen landwirtschaftlicher Maschinen für ihre landwirtschaftlichen Mitglieder/Kunden fungierten.[93]

Die Auswirkungen des Reichserbhofgesetzes auf das Kreditgeschäft der ländlichen Kreditgenossenschaften

Die insgesamt verbesserten Rahmenbedingungen für die Kreditvergabe durch den verstärkten Zufluss von Einlagen, der ab etwa 1936 sogar unangenehme Ausmaße einer, wie man es damals nannte, ›Geldflüssigkeit‹ annahm, ermöglichte es den ländlichen Kreditgenossenschaften, die verstärkte Nachfrage nach langfristigen Krediten weitgehend zu befriedigen. In der Dynamik der Entwicklung des Geschäftsfeldes ›längerfristige Kredite‹ lagen die ländlichen Kreditgenossenschaften ab 1935 weit über dem Reichstrend, vor allem gegenüber ihren Hauptkonkurrenten, den Sparkassen. Aus dem Gesamtzusammenhang der Ereignisse und des überlieferten Zahlenmaterials heraus wird deutlich, dass sich dieser Zuwachs in erster Linie aus dem verstärkten Engagement der ländlichen Kreditgenossenschaften im Erbhofkreditgeschäft speiste.[94]

Die Erbhöfe waren wegen des strikten Zwangsvollstreckungsverbotes des *Reichserbhofgesetzes* während der gesamten Zeit des ›Dritten Reiches‹ weitgehend vom echten langfristigen Neu(Real)Kreditgeschäft abgeschnitten und, sieht man einmal von dem Bereich der ländlichen Kreditgenossenschaften ab, auf kurzfristige Personalkredite beschränkt. Insbesondere das öffentliche Kreditwesen stand damit vor unüberwindlichen satzungsmäßigen Kreditvergabebegrenzungen, da die nicht zwangsvollstreckbaren Grundpfandrechte nicht mehr als satzungsmäßige Sicherheiten galten und Kredite an Erbhöfe damit automatisch als Personalkredite anzusehen waren. Diese mussten nun aber mit den übrigen Personalkrediten der Sparkasse, z. B. an den gewerblichen, urbanen Mittelstand, innerhalb einer i. d. R. einengenden Personalkreditgrenze konkurrieren.

Es gab deswegen in den Dreißiger Jahren eine Reihe von Versuchen, diese zwar nicht formelle, aber doch faktische Kreditsperre zu durchbrechen, die jedoch sämtlich auf der einen Seite am Beharren der Positionen *Schachts,* der keinen Lockerungen in den Beleihungsvorschriften der öffentlichen Banken zustimmen wollte, sowie auf der anderen Seite *Darré,* für den, schon aus ideologischen Gründen, jegliche Aufweichung des Zwangsvollstreckungsverbotes für Erbhöfe ausgeschlossen war, scheiterten. *Darré* konnte sich nie gegen die Position *Schachts* durchsetzen.

Nach Inkrafttreten des *Reichserbhofgesetzes* waren die ländlichen Kreditgenossenschaften im Wesentlichen die einzige Bankengruppe, die versuchte, die Kreditbedürfnisse der Erbhöfe auch über den kurzfristigen Betriebsmittelkredit hinaus mit mittel- und längerfristigen Mitteln zu befriedigen[95], auch wenn dies keineswegs immer in dem vom *Reichsnährstand* und den Genossenschaftsverbänden gewünschten Umfang geschah.[96] Um die Kreditversorgung durch die ländlichen Kreditgenossenschaften zu forcieren und vor allem auf eine reichsweite einheitliche Basis zu stellen, den Kreditgenossenschaften aber gleichzeitig im Hinblick auf die Anforderung bei der Prüfung des Kreditgeschäftes durch die Verbände den Rücken frei zu halten, hatten die Prüfungsverbände zusammen mit der Deutschen Zentralgenossenschaftskasse 1936 Richtlinien für Kredite an Erbhöfe ohne grundbuchliche Sicherung mit Laufzeiten von zwei bis zu sechs Jahren erlassen. Der RVR als reichsweite oberste Prüfungsinstanz sah es für die Prüfung der Primär-Kreditgenossenschaften als grundpfandrechtersetzend an, wenn z. B., neben einer Reihe anderer Voraussetzungen, der Erbhofbauer der Bank eine Ausschließlichkeitserklärung im Hinblick auf Kreditaufnahmen bei anderen Instituten abgab und sich darüber hinaus verpflichtete, sein gesamtes Geldgeschäft nur noch bei der kreditgebenden Kreditgenossenschaft abzuwickeln.[97]

Strukturelle geographische Unterschiede bei der Entwicklung zentraler bankwirtschaftlicher Parameter bei den ländlichen Kreditgenossenschaften[98]

Bei der wirtschaftlichen Entwicklung der ländlichen Kreditgenossenschaften in der Zeit des ›Dritten Reiches‹ gab es beträchtliche geographische Unterschiede zwischen den Banken der einzelnen Verbandsbezirke. So gab es bezüglich des Bilanzsummen- und Einlagenwachstums zwei Schwerpunkte, nämlich Norddeutschland und Süddeutschland (Karlsruhe, Stuttgart und München), während im Kreditgeschäft Mitteldeutschland und Norddeutschland dominierten.

Der bayerische Verband lag im Wachstum der Kredite 1932–1938 bei + 1 %, der Durchschnitt aller Verbände des Reiches insgesamt hingegen bei + 9 %. Das hatte zur Folge, dass vor allem bei diesem Verband die Einlagen die Kredite überdurchschnittlich stark überwogen und dass diese Überschüsse in die geringer verzinslichen Anlagen *Wertpapiere* oder *Guthaben bei der genossenschaftlichen Zentralbank* angelegt werden mussten.

Dies hatte wiederum unerfreuliche Auswirkungen auf die Rentabilität der Banken: Während die Zinsaufwendungen der ländlichen Kreditgenossenschaften reichsweit kaum Unterschiede aufwiesen, lagen die Zinseinnahmen und damit der Zinsüberschuss bei den süddeutschen Verbandsbezirken deutlich unter dem Reichsdurchschnitt. Für den Münchener Verband kam hinzu, dass dort die Abschreibungsquote 1938 deutlich über dem Reichsdurchschnitt lag. Mildernd wirkte sich für München lediglich aus, dass sich die Erträge aus dem Warengeschäft[99] zumindest im Reichsdurchschnitt bewegten.

4.2. Gewerbliche Kreditgenossenschaften

Auch die gewerblichen Kreditgenossenschaften hatten es bis zum Ausbruch der Bankenkrise von 1931 wieder geschafft, die Rückschläge aus der Inflationszeit wettzumachen. Die Bankenkrise war zwar auch für diese Bankengruppe ein erneuter Rückschlag, die Banken konnten jedoch die Einlagenverluste aus der Rückführung ihrer eigenen, fälligen Kreditbestände finanzieren.[100] Die Rückforderung der fälligen Ausleihungen offenbarte allerdings auch im Bereich des DGV bei vielen kurz- oder mittelfristigen Krediten deren faktische Uneinbringlichkeit, mindestens aber deren Langfristigkeit (sogen. ›eingefrorene‹ Kredite), was schließlich, ebenso wie bei den ländlichen Kreditgenossenschaften, zu drastisch erhöhten Abschreibungen auf Außenstände in den Jahren 1931 und 1932 führte.[101]

Entwicklung des Kreditgeschäfts mit dem gewerblichen Mittelstand
In den ersten Jahren der dritten Dekade waren dem Kreditgeschäft der gewerblichen Kreditgenossenschaften noch enge Grenzen gesetzt. Durch zunehmende Kreditrückflüsse und durch ein Ansteigen der Einlagen konnte die steigende Kreditnachfrage des gewerblichen Mittelstandes jedoch mehr und mehr befriedigt werden.[102]

Dabei waren die gewerblichen Kreditgenossenschaften die einzige Bankengruppe, die in der Zeit des ›Dritten Reiches‹ (bis etwa 1938) bei den kürzerfristigen Personalkrediten an den gewerblichen Mittelstand Zuwächse generieren konnte und sich damit als einzige Bankengruppe im Trend der positiven Entwicklung des Bruttosozialproduktes bewegte.[103] Hierfür war zum einen der vor allem von den gewerblichen Kreditgenossenschaften bei ihren Mitgliedern angestoßene Trend zur Umschichtung von teuren Lieferantenschulden in normale, weniger hoch verzinste Bankkredite verantwortlich.[104]

Der wichtigere Grund für die im Vergleich zu allen anderen Bankengruppen günstigere Entwicklung des Personalkreditgeschäftes war jedoch die besondere Form der Finanzierung der Arbeitsbeschaffung mit sogen. Arbeitsbeschaffungswechseln (ab 1934 vor allem ›Mefo‹-Wechsel). In erster Linie wegen der Wechsel-Vorfinanzierung benötigten die Unternehmen keine normalen Bankkredite mehr. Dies traf allerdings vornehmlich auf größere Unternehmen – und kaum auf den gewerblichen Mittelstand – zu, weil die Finanzierung durch ›Mefo‹-Wechsel in erster Linie bei Großprojekten zum Einsatz kam. Diese Hypothese lässt sich relativ einfach anhand des überlieferten Zahlenmaterials verifizieren:[105] Während bei der wichtigsten Bankgruppe der sogen. Kreditbanken, nämlich bei den ›Berliner (Filial)Großbanken‹, die Personalkredite (ohne Wechsel!) gegen den Nationaleinkommenstrend abnahmen, nahm der aggregierte Wert ›Personalkredit + Wechsel‹[106] trendentsprechend zu. Bei den gewerblichen Kreditgenossenschaften waren die – trendentsprechenden – Verlaufswerte der Personalkredite ohne Wechsel und inkl. Wechsel nahezu identisch, weil der Anteil der Wechsel relativ gering war, d. h., den gewerblichen Kreditgenossenschaften kaum ›Mefo‹-Wechsel eingereicht wurden. Diese Analyse zeigt, dass die gewerblichen Kreditgenossenschaften von der Arbeitsbeschaffungspolitik des Reiches unmittelbar profitierten, während vor allem die Kreditbanken hieraus keine Zuwächse, zumindest nicht in ihrem klassischen Personalkreditgeschäft, generieren konnten.

Die positive Entwicklung des Personalkreditgeschäftes der gewerblichen Kreditgenossenschaften zeigt, dass die Arbeitsbeschaffungsmaßnahmen auch für das Handwerk, wenngleich im Vergleich zur Industrie mit einem gewissen Timelag, einen belebenden Effekt hatten. Dass der gewerbliche Mittelstand überhaupt die Möglichkeit hatte, an dem durch die Arbeitsbeschaffung bewirkten Aufschwung zu partizipieren, war vor allem das Verdienst der gewerblichen Kreditgenossenschaften.[107]

Für die Kriegsjahre zeigte sich freilich ein anderes Bild: Während die Berliner Großbanken wegen des zunehmenden Kapitalbedarfs der Industrie ihr Kreditgeschäft wieder ausdehnen konnten, reduzierten sich die Ausleihungen bei den gewerblichen Kreditgenossenschaften. Dieser negative Trend etwa ab 1938/39 war einmal die Folge der zunehmenden ›Geldflüssigkeit‹ beim Handwerk[108], hing aber auch ganz allgemein mit einem gewissen Bedeutungsschwund des Handwerks für die Kriegsproduktion zusammen. An Letzterem konnte auch die Bündelung handwerklicher Leistungen für die Kriegswirtschaft im Rahmen von sogen. ›Landeslieferungsgenossenschaften‹ nichts ändern.[109]

Strukturelle geographische Unterschiede bei der Entwicklung zentraler bankwirtschaftlicher Parameter bei den gewerblichen Kreditgenossenschaften[110]
Beim Wachstum der Bilanzsumme gab es drei geographische Schwerpunkte, und zwar Ost-, Nord- und Süddeutschland (Neustadt, Karlsru-

he, Stuttgart und München). Als besonders wachstumsstark bei Einlagen und Krediten zeigten sich die Banken der Verbandsbezirke Ost- und Norddeutschlands, aber auch die gewerblichen Kreditgenossenschaften des Bayrischen Genossenschaftsverbandes[111] lagen über dem Reichsdurchschnitt, im Gegensatz übrigens zu den bayrischen Raiffeisenbanken. Ausgesprochen wachstumsschwach waren die gewerblichen Kreditgenossenschaften in Mittel- und Westdeutschland.

Obgleich das Problem des Überschusses der Einlagen über die Kredite mit den daraus resultierenden Rentabilitätsproblemen bei den gewerblichen Kreditgenossenschaften das Reiches insgesamt wesentlich geringer ausgeprägt war als bei den ländlichen Genobanken, litten die bayrischen gewerblichen Kreditgenossenschaften, ähnlich wie die ländlichen Kreditgenossenschaften dieses Verbandsbereichs, unter unterdurchschnittlichen Zinseinnahmen bei ansonsten weitgehend reichsgleichen Zinsaufwendungen. Dies führte beim (gewerblichen) Bayrischen Genossenschaftsverband, noch verstärkt durch eine leicht überdurchschnittliche Abschreibungsquote, bei der Reingewinnspanne mit nur 0,5 % zu einer negativen Abweichung gegenüber dem Reichsdurchschnitt.

Die für die schwache Reingewinnspanne in erster Linie verantwortlichen unterdurchschnittlichen Zinserträge waren auch deswegen von Belang, weil, im Gegensatz zu den ländlichen Kreditgenossenschaften Bayerns, der Anteil der Kredite an der Bilanzsumme bei den gewerblichen bayerischen Kreditgenossenschaften nur unwesentlich unter dem Reichsdurchschnitt lag. Der sich hieraus anbietende Schluss ist recht simpel: Der durchschnittliche Sollzins für Kredite bei bayerischen gewerblichen Kreditgenossenschaften lag in der Tendenz unter der im übrigen Reich erzielten Verzinsung des Kreditgeschäfts.

4.3. Kreditgenossenschaften als Kapitalsammel- und Kapitalweiterleitungsstellen in der NS-Kriegswirtschaft

Anders als im 1. Weltkrieg präferierte die NS-Kriegswirtschaft die Finanzierung der Kriegskosten nicht über die Platzierung von Staatsanleihen unmittelbar beim Publikum, sondern durch das Einsammeln freier

Liquidität bei breiten Schichten der Bevölkerung, wobei sich der NS-Staat den Bankensektor, in Sonderheit die Kreditgenossenschaften und die Sparkassen, für seine Finanzierungsbedürfnisse dienstbar machte.[112]

Bei dieser Finanzierungstechnik befand sich die sparende Bevölkerung *un*mittelbar nur in der Rolle eines Banksparers. Erst durch die Anlage der Spargelder in Staatstitel durch die Banken – bei Kreditgenossenschaften und Sparkassen erst über den Umweg der Weiterleitung der Einlagen an deren Zentralbanken – erfolgte schließlich die Zuführung der Kundengelder an den Staat zur Finanzierung der Rüstungskosten.[113] Für diese Form der Weiterverwendung der Spargelder gab es für die Kreditwirtschaft zwar keinen juristischen, dafür einen umso wirksameren wirtschaftlichen Druck, denn die Anlagemöglichkeiten am nichtstaatlichen Kapitalmarkt waren äußerst begrenzt. So bestanden z. B. für das besonders für Kreditgenossenschaften und Sparkassen so attraktive langfristige Baufinanzierungsgeschäft seit August 1938 Kreditsperrvorschriften. Gleichzeitig ging z. B. bei den gewerblichen Kreditgenossenschaften – ganz im Gegensatz zu den Berliner Großbanken – nach 1939 die Nachfrage nach kürzerfristigen Personalkrediten permanent zurück.[114]

Die intensive Abschöpfung der freien Mittel war für den NS-Staat nicht nur unmittelbar von Bedeutung wegen der Finanzierung der Rüstungskosten. Aus volkswirtschaftlich-geldpolitischen Gründen war es darüber hinaus dringend erforderlich, die freie, nachfragewirksame Liquidität bei der Bevölkerung abzuschöpfen, die sonst angesichts stark rationierter Konsumgütermärkte bei gleichzeitig durchgängig reglementierten Preisen, vor allem im Konsumgüterbereich, zu massiven Inflationsrückstaueffekten geführt hätte, von der darüber hinaus bestehenden Gefahr einer unerwünschten Bargeldhortung ganz zu schweigen.

Der Staat versuchte daher, die Bereitschaft der Bevölkerung zur Anlage nicht benötigter (oder besser: nicht verwendbarer) Teile ihres Einkommens durch Sondersparformen zu fördern, von denen das auf die junge Generation fokussierte *HJ-Sparen,* vor allem aber das im Krieg dominierende *Eiserne Sparen* die wichtigsten waren. Insbesondere das *Eiserne Sparen,* bei dem Teile des Arbeitsentgelts automatisch an die Bank überwiesen wurden, wurde zum Anreiz mit Vorteilen bei der Einkommensbesteuerung und der Sozialversicherungspflicht sowie mit einer etwas höheren Verzinsung ausgestattet. Besonders zwischen Kreditgenossenschaften und Sparkassen als die beiden Hauptträger der NS-Sparformen flammten während des Krieges im Kampf um einen möglichst hohen Anteil am Sparaufkommen der Sondersparformen die alten Wettbewerbsstreitigkeiten wieder auf.[115]

Dass das genossenschaftliche Bankwesen im Werben um die Anlage dieser Gelder besonders erfolgreich war, wird u. a. dadurch belegt, dass der Genossenschaftssektor bei den Schatzwechseln, unverzinslichen Schatzanweisungen und öffentlichen Anleihen zwischen Ende 1940 und dem 30.09.1944 die höchsten Zuwachsraten zu verzeichnen hatte.[116]

Insgesamt zeigte sich freilich, dass die Finanzierungstechnik des ›Einsammelns‹ und ›Weiterleitens‹ durch die Banken ab 1944 infolge des zunehmenden Vertrauensschwundes der Bevölkerung in die Reichsmark und in die Versorgungswirtschaft nicht mehr so reibungslos funktionierte wie in den Jahren zuvor, wovon vor allem die Kreditgenossenschaften und Sparkassen betroffen waren.[117]

Was die besondere Form der Finanzierungstechnik im zweiten Weltkrieg betrifft, wird in der Fachliteratur immer wieder der Terminus ›geräuschlos‹ verwendet, was bei *Götz Aly* z. B. in der Feststellung gipfelt, die Verwendung der Sparguthaben sei »hinter dem Rücken der Sparer« erfolgt.[118] An dieser und ähnlichen Feststellungen sind, zumindest für den kreditgenossenschaftlichen Bereich, Zweifel angebracht, denn aus dem Bereich der gewerblichen Kreditgenossenschaften konnte bei der diesem Beitrag zugrunde liegenden Untersuchung eine Reihe von historischen Geschäftsberichten gesichtet werden, in denen die Bank (zumeist unter der Kapitelüberschrift ›Bericht des Vorstandes‹) stolz und vollkommen offen und unzweideutig über die Verwendung der Spareinlagen in Richtung Kriegsfinanzierung berichtete. Man darf in diesem Zusammenhang nicht übersehen, dass diese Geschäftsberichte den Mitgliedern für die Generalversammlungen zur Verfügung standen, und hierbei geht es – bezogen auf das Jahr 1938 – immerhin um knapp 1,3 Mio. Personen.[119]

5. Kreditgenossenschaften und ihre jüdischen Mitglieder/Kunden

Will man das Verhalten der Kreditgenossenschaften gegenüber ihren jüdischen Mitgliedern bzw. Kunden während der Zeit des ›Dritten Reiches‹ wirtschaftlich und vor allem moralisch einigermaßen zutreffend und gerecht bewerten, muss man für die Beziehung zu diesem Personenkreis mit dem 12.11.1938 bzw. dem 01.01.1939 eine klare Zäsur machen. Denn mit der *Verordnung zur Ausschaltung der Juden aus dem deutschen Wirtschaftsleben* vom 12.11.1938 (RGBl. 1938 I, S. 1580 – im Folgenden kurz ›*Ausschaltungsverordnung*‹ genannt) konnten Juden nicht mehr Mitglied einer Genossenschaft sein (§ 3 Abs. 1) und schieden zum 31.12.1938 aus der Genossenschaft aus, ohne dass es einer besonderen Kündigung bedurft hätte (§ 3 Abs. 2).

Das *automatische* Ausscheiden von jüdischen Mitgliedern dürfte einer der Gründe dafür gewesen sein, dass sich in den Protokollbüchern der untersuchten Banken über das Ausscheiden jüdischer Mitglieder Ende 1938/Anfang 1939 bis auf eine Ausnahme keine Protokollnotizen finden ließen. Die Erklärung hierfür ist denkbar einfach: Da es nach der Verordnung keines Beschlusses von Aufsichtsrat und/oder Vorstand bedurfte, gab es für den Protokollanten i. d. R auch keine Veranlassung, irgendetwas zu protokollieren.

Die Frage – und die Beurteilung – nach Handlungsspielraum bzw. die Frage, wie dieser Spielraum genutzt wurde, ist für die Kreditgenossenschaften in ihrem Verhältnis zu ihren jüdischen Mitgliedern/Kunden also im Wesentlichen nur für die Zeit zwischen dem 01.02.1933 und dem 31.12.1938 relevant.

5.1 Zur Problematik der Quellenlage

In den letzten Jahren ist eine Reihe von Studien, die die Frage der Verstrickung der Banken in den Prozess der Verdrängung der Juden aus dem Wirtschaftsleben Deutschlands untersuchen, erschienen.[120] Allen diesen Studien ist gemein, dass die Autoren, nachdem vor allem die Großbanken ihre Archive der historiographischen Forschung zugänglich gemacht haben, über mehr oder weniger umfangreiche Aktenbestände zur Historie *einzelner Geschäftsverbindungen* dieser Banken mit jüdischen Kunden verfügen konnten.

Die Quellenlage stellte sich bei der Studie zu den Kreditgenossenschaften völlig anders dar: Zu keiner der 80 untersuchten historischen Kreditgenossenschaften konnten auch nur annähernd hinreichend umfangreiche Kunden(Kredit)-Akten – weder von jüdischen noch von nichtjüdischen Mitgliedern bzw. Kunden – zutage gefördert werden. Akten solcher Art sind aber notwendig, wenn man z. B. das veränderte Verhalten der Banken im Zusammenhang mit der veränderten Situation eines jüdischen Kunden *nach* der *Machtübergabe* gegenüber der Zeit *davor* gerecht beurteilen will, auch und gerade bezüglich der Frage eines evtl. vorwerfbaren Verhaltens der Bank. Dieses Problem dürfte mehr oder weniger in gleichem Maße für den Sparkassenbereich zutreffen.[121]

Einen weiteren Grund für die beschränkte Quellenlage muss man darin sehen, dass die Zahl der jüdischen Mitglieder/Kunden bei Kreditgenossenschaften, sieht man einmal von den wenigen insgesamt sieben jüdischen (gewerblichen) IWRIA-Kreditgenossenschaften[122] ab, sehr gering war.[123] Indirekt wurde diese Vermutung durch eine Anfrage bei der *Claims Conference Nachfolgeorganisation* (innerhalb der Dachorganisation *Conference On Jewish Material Claims Against Germany*) bestätigt: Bei der *Claims Conference* fanden sich bei einer als repräsentativ anzusehenden Stichprobe von ca. 1.000 Fällen, in denen Banken bei Entschädigungsforderungen involviert waren, nur zwei Kreditgenossenschaften (aber immerhin 30 Sparkassen).[124]

5.2. Mitwirkung von Kreditgenossenschaften bei »Arisierungen«

Das Problem eines prekären Quellenbefundes lässt sich besonders exemplarisch im Zusammenhang mit dem Prozess der ›Arisierung‹ verdeutlichen: Bei keiner der untersuchten historischen Kreditgenossenschaften wurden über das Niveau von Protokollnotizen hinaus Unterlagen zu einer Beteiligung an ›Arisierungen‹ gefunden.

Fälle von *aktiver* ›Arisierung‹ (Erwerb jüdischen Vermögens für den eigenen Vermögensbestand) konnten dabei selbst in den Protokollbüchern nicht festgestellt werden. Allerdings ist diese spezielle Form der

›Arisierung‹, die bei den Großbanken in Bezug vor allem auf den Erwerb jüdischer Privatbankiers relativ häufig anzutreffen war, bei Kreditgenossenschaften allein schon aufgrund ihrer Rechtsform auch eher nicht zu erwarten.

Passive ›Arisierung‹, also die Unterstützung ›arischer‹ Mitglieder bzw. Kunden der Kreditgenossenschaft beim Erwerb jüdischen Vermögens hat es natürlich gegeben, womit wegen der großen Zahl von ›Arisierungen‹ im gewerblichen Mittelstand[125] auch zu rechnen ist. So wurden bei den Recherchen Fälle gefunden, bei denen die Kreditgenossenschaft *expressis verbis* einem Mitglied/Kunden einen Kredit zum Erwerb eines jüdischen Vermögenswertes gewährt wurde.[126] Aber auch hier ist dem Historiker aufgrund des Fehlens von Quellen, die über die bloßen, sich i. d. R. im sachlichen-bankwirtschaftlichen Rahmen bewegenden Feststellungen in einzelnen Protokollbüchern nicht hinausgehen, die Möglichkeit einer moralischen Bewertung des konkreten Handelns der Bank versperrt.

5.3. Facetten des Verhaltens des Genossenschaftswesens und der Primär-Kreditgenossenschaften gegenüber jüdischen Mitgliedern/Kunden

Landwirtschaftliches Genossenschaftswesen und
ländliche Kreditgenossenschaften

Im Gegensatz zum gewerblichen Genossenschaftswesen gab es im Schrifttum des landwirtschaftlichen Genossenschaftswesens schon unmittelbar nach der *Machtübergabe* massive antisemitische Tendenzen, wobei allerdings festzustellen ist, dass dies für die landwirtschaftliche Presse ganz allgemein galt.[127] Lässt man die Frage nach antisemitischen Strömungen in der organisierten Landwirtschaft schon *vor* der *Machtübergabe* einmal außer Betracht, so spielte für das rasche Einschwenken in den allgemeinen NS-Antisemitismus im landwirtschaftlichen Genossenschaftswesen die Dominanz des Landwirtschafts- und Rasseideologen *Darré* eine herausragende Rolle.

Schon im Sommer 1933, und noch vor Inkrafttreten des *Reichsnährstandsgesetzes* mit seiner vor allem in den nachfolgenden Verordnungen eindeutig antisemitischen Tendenz, wurde das bisherige Reichsorgan des RVR, das *Deutsche Landwirtschaftliche Genossenschaftsblatt,* das in den ersten Monaten nach der *Machtübergabe* selbst schon nicht mehr frei von antisemitischen Tendenzen war, auf Betreiben *Darrés* zum 30.07.1933 eingestellt.[128] Ab dem 01.08.1933 wurden (bis 1939) – gewissermaßen als Ersatz für die eingestellte Zeitschrift – reichsweite Beiträge zum landwirtschaftlichen Genossenschaftswesen in einem hierfür reservierten Sonderteil in der insgesamt und von Anfang an massiv antisemitisch orientierten *Nationalsozialistischen Landpost* veröffentlicht. Die systematische Durchsicht aller Jahrgänge der *Nationalsozialistischen Landpost* lässt erkennen, dass sich der Genossenschaftsteil im Allgemeinen voll in diesem antisemitischen Fahrwasser bewegte.

Es ist vor diesem Hintergrund nicht erstaunlich, dass schon ab 1934 (wie in vielen anderen Bereichen auch[129]) im landwirtschaftlichen Genossenschaftswesen, und damit auch bei den ländlichen Kreditgenossenschaften, in die Musterstatuten der Primär-Genossenschaften ein Arierparagraph eingebracht wurde, der Juden den Zugang zur Mitgliedschaft und damit zu Bankleistungen der ländlichen Kreditgenossenschaften verwehrte.[130]

Diese Bestimmung brachte jedoch eine beträchtliche Rechtsunsicherheit mit sich, denn hiervon waren Mitgliedschaften vor Einführung des neuen Musterstatuts der einzelnen Genossenschaft nicht betroffen. Dieses Problem war naturgemäß bei den engen juristischen wie wirtschaftlichen und zumeist auf lange Dauer angelegten Bindungen, die namentlich aus Kreditverhältnissen erwachsen, also bei den ländlichen *Kredit*genossenschaften, besonders relevant. Um dieses Problem zu lösen, übten die Verbände nicht nur massiven Druck auf die ländlichen Kreditgenossenschaften aus, die neue Mustersatzung bzw. den neuen Arierparagraphen möglichst rasch einzuführen, sondern parallel dazu die ›Alt‹-Geschäftsverbindungen, in Sonderheit die alten Kreditverhältnisse, zu beenden bzw. abzuwickeln.[131]

Viele Genossenschaftsbanken taten sich indes schwer mit der ›Abwicklung‹ alter Kreditverhältnisse. Damit korrespondiert, dass viele Banken offensichtlich keine Eile bei der Beschlussfassung hatten, wie z.B. die wiederholte Mahnung zur Satzungsänderung seitens des Württembergischen Raiffeisenverbandes zeigt.[132]

Gewerbliches Genossenschaftswesen und gewerbliche Kreditgenossenschaften

Die Situation im gewerblichen Genossenschaftswesen bzw. den gewerblichen Kreditgenossenschaften stellt sich gegenüber dem ländlichen Genossenschaftswesen in mancher Hinsicht anders dar. Dies lag vor allem daran, dass es eine ›Inbesitznahme‹ durch eine NS-Teilorganisation wie dem *agrarpolitischen Apparat* bzw. dem *Reichsnährstand* im gewerblichen Genossenschaftswesen nicht gegeben hat. Der von *Theodor Adrian von Renteln* geführte *NS-Kampfbund für den gewerblichen Mittelstand* hatte im gewerblichen Mittelstand und erst recht im Bereich der gewerblichen Kreditgenossenschaften bei weitem nicht die Macht- und Einflussposition erreichen können, wie *Darré* sie in der Landwirtschaft hatte.

Es gab nie eine auch nur annähernd mit dem Stil der *Nationalsozialistischen Landpost* vergleichbare antisemitische Hetze in den bis 1945 weiterbestehenden (gewerblichen) *Blättern für Genossenschaftswesen,* sieht man einmal von dem ›Dankes‹-Artikel *von Rentelns* an die Adresse *Görings* für dessen Erlass der ›Ausschaltungsverordnung‹ vom 12.11.1938[133] ab. Darüber hinaus gab es bei den gewerblichen Kreditgenossenschaften nie einen Arierparagraphen, zumindest nicht in den Musterstatuten. Bei der Untersuchung der historischen gewerblichen Kreditgenossenschaften ist auch kein Fall zutage getreten, wo dies eine Einzelgenossenschaft unabhängig vom Musterstatut in einer Generalversammlung beschlossen hätte.[134]

Für das konkrete Verhalten der gewerblichen Kreditgenossenschaften dürfte sich, wie sich aus den Quellen zumindest indirekt ableiten lässt, eine Auseinandersetzung *Schachts* mit dem Deutschen Sparkassen- und Giroverband (DSGV) nachhaltig ausgewirkt haben: *Schacht* wies den DSGV im September 1935 mit Nachdruck darauf hin, dass »eine Kündigung der an Nichtarier gegebenen Kredite aus anderen als den geschäftlichen Gründen nicht zulässig«[135] sei. Es darf vermutet werden, dass sich diese Aufforderung zur Zurückhaltung im Umgang mit jüdischen Geschäftsverbindungen im Sparkassenbereich auch der DGV, ob auf Druck *Schachts* oder durch ›vorauseilende‹ Anpassung, sei dahin gestellt, zu Eigen gemacht hat. Hierfür spricht zumindest ein vertrauliches Rundschrieben des DGV an die angeschlossenen Kreditgenossenschaften aus dem Jahre 1936, in welchem ein Abbruch der Mitgliedschaft bzw. des Geschäftsverkehrs mit jüdischen Mitgliedern/Kunden nicht stattfinden solle. Bemerkenswert ist dabei, dass der DGV bei diesem Rundschreiben ausdrücklich mit der Befürchtung ungünstiger Einflüsse auf die mittelständische Wirtschaft und dem Wunsch der Reichsregierung operierte[136], wobei mit ›Reichsregierung‹ aus dem Gesamtzusammenhang heraus eigentlich nur *Schacht* gemeint sein konnte.

Das Bild eines eher zurückhaltenden Verhaltens gegenüber jüdischen Mitgliedern/Kunden lässt sich nicht nur an den ausgehobenen Quellen der diesem Beitrag zugrunde liegenden Studie verifizieren, sondern auch aus Quellen anderer Autoren, z. B. zur *Volksbank Freiburg* (vormals *Freiburger Gewerbebank*)[137] oder aus dem Quellenbestand des Bayrischen Hauptstaatsarchivs zur *Gewerbe- und Landwirtschaftsbank Regen.*[138]

Aber es gab auch offene antisemitische Agitation bei gewerblichen Kreditgenossenschaften, wie das Beispiel der *Wiesbadener Bank* zeigt. Hier hatte man sich keineswegs der auf die Auseinandersetzung *Schacht/ DSGV* zurückgehenden Linie angeschlossen. Vielmehr findet sich dort eine Protokollnotiz aus dem Jahre 1938, wonach die Bank in den Jahren zuvor nicht nur keine jüdischen Mitglieder mehr aufgenommen, sondern nach der die Bank die Ende 1932 vorhanden Kredite inzwischen abgewickelt habe. Nun müsse, so die Protokollnotiz weiter, eine endgültige Abwicklung aller Konten durchgeführt werden.[139]

6. Resümeé

Insgesamt stellen sich Art und Intensität der Gleichschaltung als sehr uneinheitlich dar, und nur etwa die Hälfte der untersuchten Banken berichten überhaupt von einer wie auch immer gearteten Gleichschaltung. Dort, wo Gleichschaltung in den Protokollbüchern dokumentiert wurde, war die Einstellung der Kreditgenossenschaften eher passiv reagierend und vermittelt in vielen Fällen den Eindruck von Mitläufertum bzw. den Eindruck ›vorauseilenden Gehorsams‹. Man ging nach erfolgter Gleichschaltung zur bankwirtschaftlichen Tagesordnung über. Hiermit korrespondiert, dass, worauf einige Quellen eindeutig hinweisen, aus der Sicht der Nationalsozialisten in vielen Fällen das Ergebnis der Gleichschaltung in den Primärgenossenschaften nicht zufriedenstellend war.

Festzuhalten ist aber vor allem, dass wesentliche Elemente der demokratischen Aufbauorganisation der Primär-Genossenschaften, aber auch des genossenschaftlichen Selbstverständnisses bewahrt werden konnten: Die Implementierung des im Mittel- und Oberbau schon bald installierten NS-Führerprinzips in das Genossenschaftsgesetz und damit für die Genossenschaften der Primärstufe, z.B. in Form eines Durchgriffsrechts der Verbände bei der Bestellung und Abberufung von Vorständen, konnte bis zum Kriegsende verhindert werden.

Die Kreditgenossenschaften haben bezüglich ihrer Marktposition von der Wirtschaftspolitik des ›Dritten Reiches‹ profitiert. Sie blieben auch in den Jahren nach der *Machtübergabe* Marktführer bei kürzerfristigen Personalkrediten an den landwirtschaftlichen und gewerblichen Mittelstand. Die ländlichen Kreditgenossenschaften konnten darüber hinaus durch ihre relative Alleinstellung bei Krediten an Erbhöfe exklusive Zuwächse im mittel- und längerfristigen Kreditgeschäft generieren. Auf der anderen Seite waren die gewerblichen Kreditgenossenschaften die einzige Bankengruppe, die in den Jahren 1933–1938 Zuwächse im kürzerfristigen Personalkreditgeschäft erzielen konnte.

Offen antisemitisches Verhalten gegenüber jüdischen Mitgliedern/Kunden konnte bei den Kreditgenossenschaften beider Gruppierungen nur in Ausnahmefällen festgestellt werden. Bei den gewerblichen Kreditgenossenschaften, bei denen die Zahl jüdischer Mitglieder/Kunden größer war als bei den ländlichen Kreditgenossenschaften, gab es, anders als im landwirtschaftlichen Genossenschaftswesen, bis zum Ende der NS-Herrschaft keinen Arierparagraphen in den Mustersatzungen. Allerdings bestand für alle Kreditgenossenschaften mit Inkrafttreten der sogen. ›Ausschaltungsverordnung‹ ab dem 01.01.1939 kein Handlungsspielraum mehr, denn von diesem Zeitpunkt an konnten Juden keine Mitglieder von Genossenschaften und damit i. d. R. keine Kunden von Kreditgenossenschaften mehr sein.

Anhang 1:   Untersuchte historische Kreditgenossenschaften in Bayern (2011)

Archiv der ›Jetzt‹-Bank	Historische Kreditgenossenschaften
Raiffeisenbank Palling	Raiffeisenbank Palling
Raiffeisenbank Straubing	Raiffeisenkasse Ittling, Darlehnskassen-Verein Neukirchen u. Umgebung, Spar- und Darlehnskasse Niedermotzing-Obermotzing, Raiffeisenbank Schwarzach
Raiffeisenbank Trostberg-Traunreut	Spar- und Darlehnskasse Schnaitsee, Spar- und Darlehnskasse Waldhausen
Raiffeisen-Volksbank Tüßling-Unterneukirchen	Volksbank Tüßling
Rottaler Raiffeisenbank Pocking	Spar- und Darlehnskasse Hader, Spar- und Darlehnskassenverein Pocking, Spar- und Darlehnskasse Ruhstorf, Spar- und Darlehnskasse Schmidham, Spar- und Darlehnskasse Tettenweiß
VR-Bank Burghausen-Mühldorf	Volksbank Burghausen
›VR meine Raiffeisenbank‹ Altötting	Spar- und Darlehnskasse Altötting, Raiffeisenkasse Alzgen, Spar- und Darlehnskasse Engelsberg, Darlehenskassen-Verein Fraham-Fürten, Raiffeisenkasse Halsbach, Spar- und Darlehnskasse Heldenstein, Raiffeisenbank Kirchweidach, Raiffeisenkasse Margaretenberg, Volksbank Altötting

Quelle: *ten Haaf,* Kreditgenossenschaften im ›Dritten Reich‹, S. 51 u. 556-558.

Anhang 2: Vergleich wichtiger betriebswirtschaftlicher Kenngrößen der Kreditgenossenschaften der Münchener Verbände[140] (ohne Pfalz) mit den jeweiligen Reichsdurchschnitten für Ende 1938

	ländliche Kreditgenossenschaften		gewerbliche Kreditgenossenschaften	
	München	Ø Reich	München	Ø Reich
Zahl der erfassten Banken im RegVerband	4.000	982 pro V.	127	78 pro V.
Bilanzsumme-Anteil a. d. Reichs-Bilanzsumme in %	16,99	5,60	8,78	6,25
Mitgliederzahl pro Bank	95	116	433	507
Bilanzsumme-Anteil pro Bank/Mitglied in TRM	1.568	1.713	3.382	3.330
durchschnittliche Bilanzsumme in Mio. RM	0,149	0,199	1,46	1,69
BilSum-Wachstum 1932–1938 in %	50	38	69	47
Wachstum der Kredite 1932–1938 in %	1	9	32	22
Wachstum der Einlagen 1932–1938 in %	90	75	88	64
Anteil der Kredite an der Bilanzsumme in %	48	60	62	67
Anteil der Einlagen an der Bilanzsumme in %	90	86	84	81
Zinseinnahmen in % der Bilanzsumme	3,9	4,6	4,9	5,4
Zinsaufwendungen in % der Bilanzsumme	3,1	3,1	2,5	2,6
Zinsüberschuss in % der Bilanzsumme	0,8	1,5	2,4	2,8
Abschreibungen in % der Bilanzsumme	0,7	0,5	0,4	0,3
Reingewinn(spanne) in % der Bilanzsumme	0,1	0,4	0,5	0,8
Eigenkapitalquote (in % der Bilanzsumme)	4,7	6,3	10,7	13,3

Entnommen: *ten Haaf*, Kreditgenossenschaften im ›Dritten Reich‹, S. 529-538 (Tab. A5, A5.1, A5.2, A6, A6.1 und A6.2).

1 Hermann-Josef ten Haaf, Kreditgenossenschaften im ›Dritten Reich‹.
Bankwirtschaftliche Selbsthilfe und demokratische Selbstverwaltung in der Diktatur,
2., durchges. Aufl., Stuttgart 2013 [1. Aufl. 2011], Thorbecke Verlag, 610 S.

2 Die Genossenschaftsbanken innerhalb dieses Teils der Genossenschaftsorganisation
sprachen von sich nicht als ›landwirtschaftliche‹, sondern als ›ländliche‹ Kreditgenossenschaften, um bewusst darauf hinzuweisen, dass sie, anders als die meisten Nichtbank-
Genossenschaften im Agrarbereich, auch für Personen außerhalb der Landwirtschaft
als Mitglieder bzw. Kunden offen waren. So waren 1933 nur etwas mehr als die Hälfte
(54,5 %) der Mitglieder der ländlichen Kreditgenossenschaften Landwirte. Außerdem
waren die ländlichen Kreditgenossenschaften keineswegs die einzigen Kreditinstitute,
die der Landwirtschaft Bankleistungen anboten – vgl. zur Mitglieder/Kunden-Struktur
der ländlichen Kreditgenossenschaften: Robert Deumer, Das Deutsche Kreditgenossenschaftswesen, in: Untersuchungsausschuß für das Bankwesen 1933 (Hrsg.): Untersuchung
des Bankwesens 1933. I. Teil: Vorbereitendes Material, 1. Band, Berlin 1933, S. 245–331,
S. 329, sowie: ten Haaf, Kreditgenossenschaften im ›Dritten Reich‹, Tab. auf S. 527.

3 Zu den Angaben bezüglich der Zahl der Banken in den Jahrbüchern des RVR und
des DGV einerseits und den Angaben in den Statistischen Jahrbüchern des Deutschen
Reiches andererseits vgl. ten Haaf, Kreditgenossenschaften im ›Dritten Reich‹, S. 526 u.
547. Die Deutsche Bundesbank gab für Ende 1932 die Zahl der ländlichen Kreditgenossenschaften mit 18.294 und die Zahl der gewerblichen Kreditgenossenschaften mit 1.354
an – vgl. Deutsche Bundesbank (Hrsg.): Deutsches Geld- und Bankwesen in Zahlen
1876-1975, Frankfurt/M. 1976, S. 114 u. 116. Demgegenüber gab das Statistische Reichsamt
aufgrund seiner eigenen Aufzeichnungen und Fortschreibung für Ende 1932 die Zahl
der Kreditgenossenschaften für das landwirtschaftliche Genossenschaftswesen mit 21.373
und für das gewerbliche Genossenschaftswesen mit 2.295 an – vgl. Statistisches Jahrbuch für das Deutsche Reich 52, 1933, Berlin 1933, S. 377. Eine der Ursachen für die z. T.
erheblichen Unterschiede bei den Zahlenangaben in den offiziellen Verlautbarungen der
genossenschaftlichen Reichsverbände bzw. den amtlichen Statistiken ist darin zu sehen,
dass nicht alle Kreditgenossenschaften einem der beiden Reichsverbände angeschlossen
waren bzw. diesen berichteten.

4 Insgesamt wurde die geographische Verteilung so vorgenommen, dass bei jeweils
40 Geschäftsgebieten der untersuchten Banken bei der Reichstagswahl vom 31.07.1932
entweder die NSDAP oder das Zentrum bzw. die Bayrische Volkspartei die dominante
politische Kraft war. Zu den geographischen Schwerpunkten der für die Studie ausgewählten historischen Kreditgenossenschaften vgl. ten Haaf, Kreditgenossenschaften im
›Dritten Reich‹, S. 51.

5 Vgl. Helmut Faust, Geschichte der Genossenschaftsbewegung. Ursprung und Auf
bruch der Genossenschaftsbewegung in England, Frankreich und Deutschland sowie
ihre weitere Entwicklung im deutschen Sprachraum, Frankfurt/M. ³1977, S. 296–298 u.
S. 421–424.

6 In der Öffentlichkeit als ›bekennende‹ Nationalsozialisten vor dem 30.01.1933 in
Erscheinung getreten sind eigentlich nur diese beiden Genossenschafter – vgl. Faust,
Geschichte der Genossenschaftsbewegung, S. 426.

7   Vgl. Karl Korthaus, Zwischen den Feiertagen, in: Blätter für Genossenschaftswesen 79, 1932, S. 785–787, S. 785 f., sowie: ten Haaf, Kreditgenossenschaften im ›Dritten Reich‹, S. 78 f.

8   Karl Korthaus, Schicksalswende, in: Blätter für Genossenschaftswesen 80, 1933 [17.03.], S. 157–158.

9   Vgl. Horst Gies, Landbevölkerung und Nationalsozialismus. Der Weg in den Reichsnährstand, in: Zeitgeschichte 13, 1986, S. 123–141, S. 134.

10   Vgl. zu der diesem Beitrag zugrunde liegenden Definition von ›Mittelstand‹ und ›Mittelstandskredit‹: ten Haaf, Kreditgenossenschaften im ›Dritten Reich‹, S. 84-86 u. 86–89.

11   Vgl. Ulrich Baurmeister, Die Genossenschaften als Träger des volkswirtschaftlichen Kreislaufs, in: Die Deutsche Volkswirtschaft 3, 1934, S. 244 ff., S. 246.

12   Vgl. ten Haaf, Kreditgenossenschaften im »Dritten Reich«, S. 329–331.

13   Vgl. Karl-Erich Born, Vom Beginn des ersten Weltkrieges bis zum Ende der Weimarer Republik (1914–1933), in: Günter Ashauer et. al. (Hrsg.), Deutsche Bankengeschichte, Bd. 3, Frankfurt/M. 1983, S. 16–146. S. 90 f.

14   Vgl. zur deutschen Bankenkrise in der Folge der Ereignisse vom 13. Juli 1931 vor allem Born, Karl Erich: Die deutsche Bankenkrise 1931. Finanzen und Politik, München 1967; Charles P. Kindleberger, Die Weltwirtschaftskrise: 1929-1939, Orig.-Ausg., München ³1984, insbes. S. 153–208; Lüke, Rolf E.: 13. Juli 1931. Das Geheimnis der deutschen Bankenkrise, Frankfurt/M. 1981, sowie die Literaturhinweise bei: ten Haaf, Kreditgenossenschaften im ›Dritten Reich‹, S. 143 f. für das Thema ›Bankenkrise‹ und S. 108–115 für das Thema ›Weltwirtschaftskrise‹.

15   Allen voran die Darmstädter und Nationalbank sowie die Dresdner Bank. Vor allem Letztere, aber auch die anderen Großbanken des Reiches, mussten mit z.T. massiven staatlichen Kapitalzuführungen gestützt werden. Allerdings konnten sich die 1931/32 geretteten Banken etwa 5 Jahre später durch Rückführung der staatlichen Unterstützungsmittel wieder reprivatisieren – vgl. hierzu die einschlägigen Kapitel der in der Fn. 14 angegebenen Literatur und vor allem: Kopper, Christopher: Zwischen Marktwirtschaft und Dirigismus. Bankenpolitik im ›Dritten Reich‹ 1933-1939, Bonn 1995, S. 199–208 (Kapitel ›Die Überwindung der Krisenfolgen: Die Reprivatisierung der Großbanken 1936/37‹).

16   Vgl. Deumer, Das deutsche Kreditgenossenschaftswesen, S. 314 u. 318.

17   Vgl. ten Haaf, Kreditgenossenschaften im ›Dritten Reich‹, S. 118.

18   Zu den Vorstellungen der Reformer und der Finanzierung der Arbeitsbeschaffungsmaßnahmen vgl. Hauke Janssen, Nationalökonomie und Nationalsozialismus. Die deutsche Wirtschaftslehre in den dreißiger Jahren des 20. Jahrhunderts, Marburg ³2009, S. 415–431.

19   Vgl. Heinrich Dräger, [1932]: Arbeitsbeschaffung durch produktive Kreditschöpfung, teilw. abgedruckt in: Wilhelm Grotkopp, Die große Krise. Lehren aus der Überwindung der Wirtschaftskrise 1929/32, Düsseldorf 1954, S. 357–362. Zum Folgenden vgl. ten Haaf, Kreditgenossenschaften im ›Dritten Reich‹, S. 115–132.

20   Öffa: ›Deutsche Gesellschaft für öffentliche Arbeiten A.-G.‹,
Mefo: ›Metallurgische Forschungsgesellschaft m.b.H.‹.

21   Vgl. hierzu im Detail die Ausführungen in Kap. 4.2. dieses Beitrages.

22   Vgl. Deumer, Das deutsche Kreditgenossenschaftswesen, S. 314 u. 318.

23   ›Reichsgesetz über das Kreditwesen.‹ Vom 05. Dezember 1934, RGBl. 1934 I,
S. 1203.

24   Zu den materiellen Bestimmungen des KWG von 1934 vgl. im Detail: Christoph
Müller, Die Entstehung des Reichsgesetzes über das Kreditwesen vom 5. Dezember 1934,
Berlin 2003, S. 225-300.

25   Vgl. z. B. die Bestimmungen des § 340 f HGB (i.V.m. § 10 Abs. 2b Satz 1 Nr. 1 bis 8
KWG [neu]).

26   Zu den Bestimmungen zur Bankenaufsicht des KWG von 1934 und zur ideologischen Einordnung dieses KWG-Teils vgl. im Detail Müller, Kreditwesengesetz, S.
382-456, sowie Kopper, Zwischen Marktwirtschaft und Dirigismus, S. 124 f. Nach 1945
waren die aufsichtsrechtlichen Bestimmungen, im Gegensatz zu den materiellen Bestimmungen des KWG, de facto gegenstandslos geworden, weil die Bankenaufsicht in den
neu geschaffenen Ländern der drei Westmächte durch die jeweils oberste Landesbehörde
ausgeübt wurde. Die völlige Neufassung des KWG im Jahre 1961 erfolgte nicht zuletzt,
um die Bankenaufsicht der BRD gesamtstaatlich neu zu strukturieren – vgl. Müller,
Kreditwesengesetz, S. 453 f.

27   Eine eigenständige Landespolitik existierte allerdings seit dem sogen. ›Preußen-
schlag‹ vom Juli 1932 für das Reichsland Preußen bereits nicht mehr.

28   Vgl. ›Vorläufiges Gesetz zur Gleichschaltung der Länder mit dem Reich.‹ Vom
31. März 1933, RGBl. 1933 I, S. 153, sowie ›Zweites Gesetz zur Gleichschaltung der Länder
mit dem Reich.‹ Vom 7. April 1933, RGBl. 1933 I, S. 173. Mit dem zweiten, dem sogen.
›Reichsstatthaltergesetz‹, wurden vom Reichspräsidenten auf Vorschlag des Reichskanzlers ›Reichsstatthalter‹ ernannt, die die Aufgabe hatten, in den Reichsländern »für die
Beobachtung der vom Reichskanzler aufgestellten Richtlinien der Politik zu sorgen«
(§ 1 Abs. 1 Satz 2).

29   Vgl. Avraham Barkai: Das Wirtschaftssystem des Nationalsozialismus. Ideologie,
Theorie, Politik 1933–1945, erw. Neuausg., Frankfurt/M. 1988, S. 110-114; Martin Broszat,
Der Staat Hitlers: Grundlegung und Entwicklung seiner inneren Verfassung, München
[15]2000, S. 226, sowie: Othmar Span,: Der wahre Staat: Vorlesungen über Abbruch und
Neubau der Gesellschaft, gehalten im Sommersemester 1920 an der Universität Wien,
Leipzig 1921, sowie: Ders.: Hauptpunkte der universalistischen Staatsauffassung, Berlin,
Wien [2]1931.

30   Vgl. ›Gesetz über den vorläufigen Aufbau des Reichsnährstandes und der
Maßnahmen zur Markt- und Preisregulierung für landwirtschaftliche Erzeugnisse.‹
Vom 13. September 1933, RGBl. 1933 I, S. 626.

31   Zum Reichsnährstand allgemein vgl. Hermann Reischle / Wilhelm Saure,
Der Reichsnährstand. Aufbau, Aufgaben und Bedeutung, Berlin 1940 [1934];
Claudia Frank: Der ›Reichsnährstand‹ und seine Ursprünge. Struktur, Funktion

und ideologische Konzeption, Hamburg 1988; Gustavo Corni / Horst Gies, Brot. Butter.
Kanonen. Die Ernährungswirtschaft in Deutschland unter der Diktatur Hitlers,
Berlin 1997, S. 75–250.

32 Darré war neben zeitlich früheren Stichwortgebern eines völkisch verstandenen
deutsch-nordischen Bauerntums der eigentliche Begründer und kompromisslose
Verfechter der sogen. Blut-und-Boden-Ideologie sowie der These von einem deutschen
»Bauerntum als Lebensquell der nordischen Rasse« – vgl. Richard Walter Darré: Blut
und Boden, ein Grundgedanke des Nationalsozialismus, in: Schriftenreihe des Reichs-
sausschusses für Volksgesundheitsdienst, Berlin 1936, sowie: Ders.: Das Bauerntum als
Lebensquell der nordischen Rasse, München ⁹1942 [1929]. Vgl. zur Nachkriegsliteratur
zu diesem Themenbereich z.B.: Corni/Gies, Brot, Butter, Kanonen, S. 23–36.

33 Insgesamt war die mit dem Reichsnährstand auf engste verbundene Erzeugungsschlacht ein agrarpolitischer Fehlschlag, denn das Wachstum der landwirtschaftlichen
Wertschöpfung in den Jahren 1933–1939 blieb mit durchschnittlich 2,12 % pro Jahr
deutlich hinter dem der Jahre 1925–1932 mit jährlich durchschnittlich 3,23 % zurück.
Die entscheidende Ursache für diese Wachstumsschwäche war das niedrige Wachstum
der Gesamtfaktorproduktivität mit zwar steigender Boden-, aber drastisch gesunkener
Arbeitsproduktivität – vgl. Stephanie Degler / Jochen Streb, Die verlorene Erzeugungs-
schlacht: Die nationalsozialistische Landwirtschaft im Systemvergleich, in: Jahrbuch für
Wirtschaftsgeschichte 2008, S. 161–181, S. 165 u. 177 f.

34 Vgl. hierzu die Ausführungen in Kap. 3.3. dieses Beitrages.

35 Vgl. ›Reichserbhofgesetz‹. Vom 29. September 1933, RGBl. 1933 I, S. 685. Vgl. zum
Reichserbhofgesetz allgemein: Friedrich Grundmann, Agrarpolitik im ›Dritten Reich‹:
Anspruch und Wirklichkeit des Reichserbhofgesetzes, Hamburg 1979, sowie: ten Haaf,
Kreditgenossenschaften im ›Dritten Reich‹, S. 179-184. Nur etwa 7 % der
landwirtschaftlichen Betriebe mit etwa 35 % der landwirtschaftlichen Grundfläche
waren als Erbhöfe i.S.d. Gesetzes anzusehen. Diese auf den ersten Blick überraschend
geringen Anteilswerte erklären sich aus den Größenbegrenzungen von (i.d.R.) mindestens 7,5 ha und höchstens 125 ha, wodurch sowohl die damals noch sehr große Zahl der
Kleinbetriebe als auch die Großbetriebe vor allem der ›ostelbischen Junker‹ als Erbhöfe
ausschieden – vgl. zu den unterschiedlichen statistischen Quellen ten Haaf, Kreditgenossenschaften im ›Dritten Reich‹, S. 181, Fn. 332.

36 Bis Ende 1940 war der Investitionsstau allein in Bezug auf den dringendsten
Investitionsbedarf in der deutschen Landwirtschaft auf ca. 40 Mrd. RM angewachsen
– vgl. Bericht im Nachrichtendienst der Deutschen Rentenbank-Kreditanstalt, Nr. 20,
v. 27.01.1941, über eine Untersuchung des Instituts für Konjunkturforschung in Gemein-
schaftsarbeit mit dem Reichskuratorium für Technik in der Landwirtschaft, in: Bundesarchiv, R 2/13 903, Bl. 140. Zur Verdeutlichung der Größenordnung des Investitions-
bedarfs von 40 Mrd. RM. Das Statistische Handbuch von Deutschland 1928–1944,
hrsg. v. Länderrat des amerikanischen Besatzungsgebietes, München 1949, gab das
»Volkseinkommen in jeweiliger Kaufkraft« für 1940 mit 92,5 Mrd. RM an –
vgl. ebd. S. 600.

37   Vgl. ten Haaf, Kreditgenossenschaften im ›Dritten Reich‹, S. 187-190.

38   Vgl. Kapitel 4.1. dieses Beitrages.

39   Vgl. ›Gesetz zur Vorbereitung des organischen Aufbaus der deutschen Wirtschaft.‹ Vom 27. Februar 1934, RGBl. 1934 I, S. 185.

40   Vgl. Artikel ›Zur Umgestaltung des deutschen Bankwesens‹, in: Deutsche Sparkassenzeitung v. 15.08.1933.

41   Die Verstaatlichung des gesamten Bankwesens war zwar noch nicht expressis verbis Bestandteil des 25-Punkte-Programms der NSDAP von 1920. Später jedoch enthielt Punkt 3 des speziell für die Reichstagswahlen am 06.11.1932 als wirtschaftspolitische Wahlkampfplattform beschlossenen wirtschaftlichen Aufbauprogramms v. 17.09.1932 die eindeutige Forderung nach »Verstaatlichung des gesamten Geld- und Kreditwesens [...].« Siehe hierzu den bei Gottfried Feder vollständig abgedruckten Text des wirtschaftlichen Aufbauprogramms - in: Gottfried Feder, Kampf gegen die Hochfinanz, München ⁶1933, S. 371-382, S. 373.

42   Vgl. Karl Korthaus, Zur Umgestaltung des deutschen Bankwesens 1933 (Hrsg.), in: Blätter für Genossenschaftswesen 80, 1933 [18.08.], S. 533-535.

43   Vgl. Hjalmar Schacht, Ansprache in der Eröffnungssitzung des Untersuchungsausschusses am 6. September 1933, in: Untersuchungsausschuß für das Bankwesen, Berlin 1933, S. 9-12, S. 10, sowie: Wilhelm Keppler, Ansprache in der Eröffnungssitzung des Untersuchungsausschusses am 6. September 1933, in: Untersuchungsausschuß für das Bankwesen 1933 (Hrsg.), S. 12-17, S. 16.

44   Vgl. Vertrauliches Sonderrundschreiben des Leiters des Amtes für Agrarpolitik, R. Walter Darré, »an die Herren LGF« (landwirtschaftliche Gaufachberater – d. Verf.) v. 28.02.1933, in: Bundesarchiv, R 16 I/2044.

45   Vgl. Faust, Geschichte der Genossenschaftsbewegung, S. 426-428.

46   Vgl. § 2 Abs. 1 und 2 der ›Zweiten Verordnung über den vorläufigen Aufbau des Reichsnährstandes.‹ Vom 15. Januar 1934, RGBl. 1934 I, S. 32.

47   von Renteln war u. a. Chef des Nationalsozialistischen Kampfbundes für den gewerblichen Mittelstand. Im Sommer 1933 wurde der Kampfbund seiner Eigenständigkeit beraubt und von Rentelns Macht und Einfluss, nicht zuletzt auf Betreiben Leys, drastisch beschnitten. Vgl. im Detail Bludau, Kuno: Nationalsozialismus und Genossenschaften, Hamburg 1968, S. 45-47.

48   Vgl. Korthaus, Schicksalswende, S. 157 f. Siehe auch die Ausführungen in Kap. 1.1. dieses Beitrages.

49   Vgl. Artikel ›Der Deutsche Genossenschaftsverband stellt sich hinter die Regierung‹, in: Völkischer Beobachter v. 13.04.1933.

50   Durchweg mit Erfolg – vgl. hierzu die Dokumentation zu den Berichten und Protokollen diverser Verbandstage bei: ten Haaf, Kreditgenossenschaften im ›Dritten Reich‹, S. 250-255.

51   So z.B. in Walter Kunzes ›Programmatischer Erklärung über die Stellung der Genossenschaften im nationalsozialistischen Staat.‹ Referat auf dem 69. Deutschen Genossenschaftstag am 25.08.1933, in: Mitteilungen über den 69. Deutschen Genossenschaftstag des DGV, Berlin 1933, S. 9-18, passim, vor allem S. 11 u. 13.

52   Vgl. z.B. hierzu exemplarisch: Johann Lang, Jahreswende 1934/35, in: Blätter für Genossenschaftswesen 82, 1935, S. 1–3, S. 2.

53   Vgl. ten Haaf, Kreditgenossenschaften im ›Dritten Reich‹, S. 250–255.

54   Vgl. z.B. den Bericht des Verbandsdirektors des Genossenschaftsverbandes Hessen-Mittelrhein, Wiesbaden, Carl Frankenbach, Vorbericht des Verbandsdirektors, in: Bericht (vom) 4. Verbandstag des Genossenschaftsverbandes Hessen-Mittelrhein (Schulze-Delitzsch) e.V. in Bingen am 8. und 9. Juni 1934, Wiesbaden 1934 sowie zur Rolle der regionalen Prüfungsverbände, in Sonderheit der sogen. Gleichschaltungskommissare: ten Haaf, Kreditgenossenschaften im ›Dritten Reich‹, S. 287–294.

55   Vgl. ›Anordnung des Reichswirtschaftsministers über die Anerkennung des deutschen Genossenschaftsverbandes.‹ Vom 23. Oktober 1936, in: Walter Hofmann (Hrsg.): Handbuch des gesamten Kreditwesens, Frankfurt/M. 1937, S. 34 f.

56   Vollständig abgedruckt in: Blätter für Genossenschaftswesen 83, 1936, S. 889–893.

57   Ab April 1939 diente der Deutsche Genossenschaftstag nach entsprechender Änderung der §§ 19 und 20 der Satzung von 1936 nur noch der Unterrichtung und Aussprache der Mitglieder – vgl. ›Vermerk des Wirtschaftsministers (III WO 28151/39) v. 04.04.1939 an d. Schriftleitg. d. Staatsanzeigers‹, in: Bundesarchiv, R 3101/9214.

58   Vgl. Mustersatzung der Prüfungsverbände des DGV v. 23.10.1936, in: Bundesarchiv, R 3101/9215.

59   So lautete im Prinzip z.B. die Vorgabe von Darré – vgl. Anlagendokument zum Prozess gegen Darré im Nürnberger Kriegsverbrecherprozess, in: Bundesarchiv, Dok.All. Proz. 1/L VI F/11, S. 12, zitiert nach: Bludau, Nationalsozialismus und Genossenschaften, S. 73, Fn. 209.

60   Vgl. ten Haaf, Kreditgenossenschaften im ›Dritten Reich‹, S. 143.

61   Dies waren für die Wirtschaftsgruppe Kreditgenossenschaften RVR-Vorstand Walter Granzow, für die Fachgruppe ländliche Kreditgenossenschaften RVR-Vorstand Arnold W. Trumpf und für die Fachgruppe gewerbliche Kreditgenossenschaften DGV-Vorstand Johann Lang.

62   Vgl. ten Haaf, Kreditgenossenschaften im »Dritten Reich«, S. 264 u. 285. Bei den untersuchten Kreditgenossenschaften zeigte sich bezüglich der Gleichschaltung ein diskretes Übergewicht von Genobanken in Geschäftsgebieten, in denen nach der Reichstagswahl v. 31.07.1932 die NSDAP die dominante politische Kraft war.

63   Vgl. z.B. für den Bayerischen Landesverband landwirtschaftlicher Genossenschaften im Bayerischen Genossenschaftsblatt 40, 1933 [01.06.]), S. 170, oder: Rundschreiben des Verbandes ländlicher Genossenschaften Hannover-Braunschweig e.V., Hannover, v. 10.05.1933, in: Archiv des Norddeutschen Genossenschaftsverbandes Hannover.

64 Vgl. z.B. für den Bayerischen Landesverband landwirtschaftlicher Genossenschaften im Bayerischen Genossenschaftsblatt 40, 1933 [01.06.]), S. 170, oder: Rundschreiben des Verbandes ländlicher Genossenschaften Hannover-Braunschweig e.V., Hannover, v. 10.05.1933, in: Archiv des Norddeutschen Genossenschaftsverbandes Hannover.

65 Vgl. ›Was sagt die Presse?‹ – Genossenschaftlicher Nachrichtendienst, hrsg. v. Deutschen Genossenschaftsverlag, Berlin, Nr. 34, v. 06.06.1933, oder: Artikel ›Eingriffe in Genossenschaften sind verboten‹, in: Nationalsozialistische Landpost v. 16.07.1933. Vgl. auch ten Haaf, Kreditgenossenschaften im »Dritten Reich«, S. 278 f.

66 Vgl. z.B. Schlesische landwirtschaftliche Genossenschaftszeitung 34, 1933 [01.07.], S. 210.

67 Vgl. ten Haaf, Kreditgenossenschaften im »Dritten Reich«, S. 272–277.

68 Vgl. ten Haaf, ebd., S. 256 u. 279–281.

69 Vgl. ten Haaf, ebd., S. 268-277 u. 287–294.

70 Vgl. ten Haaf, ebd., S. 262 u. 268-277 u. 287–294.

71 Vgl. ten Haaf, ebd., S. 268-277 u. 287–294.

72 Vgl. ten Haaf, ebd., S. 266 f. u. 286 f.

73 Vgl. Auszug aus dem Lagebericht des Oberpräsidenten in Kiel v. 03.04.1935 (Auszug aus dem Bericht der Staatspolizeistelle in Kiel – O.P.30 A 33 – v. 05.03.1935), in: Bundesarchiv, R 3601/2004. Was der Kieler Oberpräsident zu diesem Zeitpunkt natürlich noch nicht wissen konnte, ist, dass sich an dem von ihm beklagten Zustand auch in der Folgezeit bis zum Kriegsende nichts mehr ändern sollte.

74 Für Hitler bedeutete Führerprinzip scharfe Ablehnung des Demokratieprinzips, des Parlamentarismus, Ablehnung des Prinzips der kollektiven Führung, vor allem aber Prinzip der Ernennung jedes Führers durch den nächsthöheren Führer, Verantwortlichkeit nur diesem gegenüber sowie absolute Führer/Führungsautorität dem jeweils nachgeordneten Führer gegenüber – vgl. Adolf Hitler, Mein Kampf. Zwei Bände in einem Band. Ungek. Ausg., München, 400.–404. Aufl. 1939, S. 378 f.

75 So z.B. in einer Verlautbarung des RVR – vgl. hierzu JbRVR 6, 1936, S. 20.

76 Vgl. Hjalmar Schacht, Rede über das Führerprinzip in der wirtschaftlichen Selbstverwaltung anlässlich der konstituierenden Sitzung der Wirtschaftskammer Saar-Pfalz in Saarbrücken, in: Blätter für Genossenschaftswesen 83, 1936, S. 153.

77 Vgl. Hans Reupke, Das Führerprinzip im Wirtschaftsleben, in: Die Deutsche Volkswirtschaft 3, 1934, S. 720–723, S. 720. Von diesem Prinzip war natürlich der ›Führer‹, also Adolf Hitler, ausgenommen.

78 Vgl. Reinhold Henzler, Privatwirtschaftlicher und nationalwirtschaftlicher Nutzen der Genossenschaft, in: Blätter für Genossenschaftswesen 81, 1934: S. 38 f., sowie JbRVR 6, 1936, S. 20.

79 Vgl. Arnold W. Trumpf, Referat in der zweiten Sitzung des Ausschusses für Genossenschaftsrecht bei der Akademie für Deutsches Recht v. 21.04.1936, in: Bundesarchiv, R 3110/3, Bl. 251 ff. Arnold W. Trumpf war SS-Standartenführer und einer der Präsidenten des RVR.

80 Zum Verlauf der Diskussionen um das Führerprinzip insgesamt vgl. im Detail: ten Haaf, Kreditgenossenschaften im »Dritten Reich«, S. 294–314. Speziell zu den Beratungen im Ausschuss für Genossenschaftsrecht an der Akademie für Deutsches Recht vgl.: Ders., S. 306-314. Bei den Beratungen wurde, gewissermaßen als Nebenstrang der Diskussion, auch darüber verhandelt, ob das nationalsozialistische Führerprinzip nicht generell einen Einpersonen-Vorstand i.S.e. straffen Führung erfordere. In den auch hier letztlich ergebnislosen Beratungen des Ausschusses wurde im Übrigen nie klar thematisiert, dass diese Frage den Kern des NS-Führerprinzips gar nicht berührte – vgl. speziell zum Thema Ein- versus Zweipersonenvorstand bei: Ders., S. 304–306.

81 Vgl. 2. Entwurf eines Arbeitsberichtes des Ausschusses für Genossenschaftsrecht, Anlage zum Schreiben der Akademie für Deutsches Recht v. 14.06.1939 zur 20. Sitzung des Ausschusses, S. 33 ff., in: Bundesarchiv, R 3101/10 500, Bl. 143 ff.

82 Vgl. ten Haaf, Kreditgenossenschaften im ›Dritten Reich‹, S. 314.

83 Selbstverständlich darf der seit dem 25-Punkte-Programm der NSDAP v. 1920 dominante Leitspruch nicht mit der von einigen Wohnungsgenossenschaften damals wie heute verwendeten Formel ›Gemeinnutz geht vor Eigennutz‹ verwechselt werden. Denn erstens ist die unterschiedliche Berücksichtigung von Gemein- und Einzelinteressen in großen genossenschaftlichen Wohnungsanlagen sicher anders zu beurteilen als bei ›normalen‹ Genossenschaften und zweitens, und das ist das Entscheidende, haben diese Genossenschaften den Gemeinnutzbegriff, zumindest in der Zeit vor 1933 und nach 1945, nie in dem von Nationalsozialisten mit dem Gemeinnutzbegriff untrennbar verknüpften völkischen Sinne verstanden.

84 Vgl. Walter Kunze, Ein Jahr Nationalsozialismus im gewerblichen Genossenschafts-wesen, in: Blätter für Genossenschaftswesen 81, 1934, S. 53–54, S. 54, oder: Ders.: Der Nationalsozialismus als Grundlage genossenschaftlicher Arbeit, in: Blätter für Genos-senschaftswesen 81, 1934, S. 151, sowie Carl Frankenbach in einer unveröffentlichten Denkschrift zum 75-jährigen Jubiläum der Wiesbadener Bank im November 1935, S. 19 (in: Archiv der Wiesbadener Volksbank).

85 Vgl. z.B. Walter Kunze, Rede auf dem 67. Verbandstag des Thüringischen Genossen-schaftsverbandes e.V., Gotha, auszugsweise abgedruckt in: Blätter für Genossenschafts-wesen 80, 1933 [30.10.], S. 704, oder: Ibscher: Gemeinnütziges von den Kreditgenossen-schaften, in: Blätter für Genossenschaftswesen 80, 1933 [02.06.], 341–342, S. 342.

86 Vgl. § 2 des Statuts für Kreditgenossenschaften m.u.H., Form. E 2 S 3111/34, Ausgabe v. 1934, hrsg. v. RVR, Berlin, sowie § 2 des Statuts für Kreditgenossenschaften m. u. H., Form E 2 a, Ausgabe v. 1938, hrsg. v. RVR, Berlin.

87 Vortrag von Max-Richard Behm ›Wesen und Aufgaben der Genossenschaften‹, gehalten in der 15. Sitzung des Ausschusses für Genossenschaftsrecht bei der Akademie für Deutsches Recht am 01.03.1938, insbes. S. 8, sowie Niederschrift zu dieser Sitzung v. 01. u. 02.03.1938, beide Dok. in: Bundesarchiv, R 3110/6.

88   Vgl. JbRVR 1, 1930 (f. 1929), S. 7, sowie: JbRVR 2, 1931 (f. 1930), S. 6 f.

89   Vgl. Bericht von der 43. Hauptversammlung des Rheinischen Genossenschaftsverbandes e.V., Köln, am 27.09.1933, in: Blätter für Genossenschaftswesen 80, 1933, S. 671.

90   Vgl. ten Haaf, Kreditgenossenschaften im ›Dritten Reich‹, S. 347-353.

91   Mit ihrem Warengeschäft waren diese Kreditgenossenschaften natürlich in gleicher Weise in den Reichsnährstand eingebunden wie alle anderen landwirtschaftlichen Genossenschaften.

92   Vgl. z.B. Prot. der Sitzung des Landwirtschaftlichen Verbandsbeirates des Württembergischen Landesverbandes landwirtschaftliche Genossenschaften e.V., Stuttgart, v. 30.12.1936, in: Archiv des Württembergischen Genossenschaftsverbandes Raiffeisen/Schultze-Delitzsch e.V., Stuttgart. Diesem Druck konnten sich die Kreditgenossenschaften jedoch insofern entziehen, weil sie sich als Banken, die der bankbetriebswirtschaftlichen Aufsicht ihrer Verbände sowie der staatlichen Bankenaufsicht unterlagen, immer auf das Ergebnis ihrer eigenen Kreditwürdigkeitsprüfung eines Kreditersuchens eines Erbhofbauern zurückziehen konnten.

93   Vgl. JbRVR 11, 1941 (f. 1940), S. 10.

94   Vgl. ten Haaf, Kreditgenossenschaften im ›Dritten Reich‹, S. 349–354. Vgl. dort insbes. Schaubild 6 auf S. 351 und Schaubild 7 auf S. 354.

95   Vgl. JbRVR 7, 1937 (f. 1936), S. 6.

96   Vgl. z.B. Prot. der Sitzung d. Verbandsversammlung des Württembergischen Landesverbandes landwirtschaftlicher Genossenschaften e.V., Stuttgart, v. 18.05.1937, sowie: Prot. der Sitzung d. Verbandsbeirates dieses Verbandes v. 21.02.1938, in: Archiv des Württembergischen Genossenschaftsverbandes Raiffeisen/Schultze-Delitzsch e.V., Stuttgart.

97   Vgl. Mitteilungsblatt des Verbandes landwirtschaftlicher Genossenschaften in Baden e.V. und der genossenschaftlichen Zentralinstitute, Karlsruhe, Folge 12, v. 20.07.1936, S. 93 f., in: Archiv des Badischen Genossenschaftsverbandes Karlsruhe.

98   Zu den folgenden Ausführungen vgl. ten Haaf, Kreditgenossenschaften im ›Dritten Reich‹, S. 381–401. Zur besonderen Entwicklung des Bayrischen Landesverbandes landwirtschaftlicher Genossenschaften – Raiffeisen e.V., München, s. auch die Tabelle im Anhang 2 dieses Beitrages. Zum Wechsel des Standortes des Verbandes von Nürnberg nach München im Jahre 1936 s. Fn. 140.

99   Die Bedeutung des Warengeschäfts, das es im Kreditgewerbe nur bei den ländlichen Kreditgenossenschaften gibt und das bei dieser Bankengruppe 1937 noch von ca. 80 % aller Institute betrieben wurde, lag für die Banken nicht nur in der besseren – und das Geld- wie das Warengeschäft sich gegenseitig befruchtenden – Förderung der Mitglieder, sondern hatte für die Banken selbst i.S.v. Synergieeffekten auch eindeutige betriebswirtschaftliche Vorteile: Einmal konnten Personal- und Sachanlagen für das Waren- *und* Geldgeschäft gemeinsam rationeller genutzt werden. Zum zweiten standen den Banken aus ihrem Einlagengeschäft günstige Finanzierungsmittel für das Warengeschäft zu Verfügung. Ländliche Kreditgenossenschaften mit ausgeprägtem Warengeschäft hatten

in der Tendenz eine höhere Reingewinnspanne. Zur Bedeutung des Warengeschäfts für die ländlichen Kreditgenossenschaften in der Zeit des »Dritten Reiches« vgl. JbRVR 11, 1941 (f. 1940), S. 10, sowie zu diesem Themenkomplex insgesamt: ten Haaf, Kreditgenossenschaften im ›Dritten Reich‹, S. 393–396 sowie dort Tab. A5.2, auf S. 532 f.

100   Vgl. JbDGV 32, 1931 (1930), S. 103 u. 105; JbDGV 33, 1932 (f. 1931), S. 103 u. 105, sowie: ten Haaf, Kreditgenossenschaften im ›Dritten Reich‹, S. 535 f.

101   Vgl. JbDGV 36, 1935 (f. 1934), S. 104, sowie Deutsche Bundesbank, Deutsches Geld- und Bankwesen, S. 114 f.

102   Vgl. Deutsche Bundesbank, Deutsches Geld- und Bankwesen, S. 74, 78, 102, 114 u. 116.

103   Vgl. Statistisches Handbuch 1949, S. 512, sowie Deutsche Bundesbank, Deutsches Geld- und Bankwesen, S. 75, 79, 103, 115 u. 117.

104   Vgl. Theodor Adrian von Renteln, Rede auf dem 73. Deutschen Genossenschaftstag, in: Blätter für Genossenschaftswesen 86, 1939, S. 337–343, S. 340 f.

105   Vgl. ten Haaf, Kreditgenossenschaften im ›Dritten Reich‹, S. 409 u. 411 (Schaubilder 10 u. 11).

106   Letztere waren i.d.R. ›Mefo‹-Wechsel, die die Kunden der Banken diesen gegen Gutschrift von Sichteinlagen eingereicht hatten und die die Banken wegen der Verzinslichkeit dieser Wechsel als Anlagetitel in ihren Vermögensbestand genommen hatten.

107   Vgl. Artikel ›Das Handwerk im Deutschen Genossenschaftswesen‹, in: Deutsches Handwerk 6, 1937, S. 731.

108   Vgl. Artikel ›Geldflüssigkeit auch beim Handwerk‹, in: Deutsches Handwerk 10, 1941, S. 389.

109   Vgl. ten Haaf, Kreditgenossenschaften im »Dritten Reich«, S. 419–424.

110   Zu den folgenden Ausführungen vgl. ten Haaf, Kreditgenossenschaften im ›Dritten Reich‹, S. 424–441.

111   Vgl. hierzu das Zahlenwerk der Anhangs 2 dieses Beitrages.

112   Der Übergang von der bis dahin üblichen Form der Platzierung von Reichsanleihen wurde 1935 durch ein sogen. ›rollendes Verfahren‹ ersetzt – vgl. Wilhelm Dieben, Die innere Reichsschuld seit 1933, in: Finanz-Archiv, Bd. 11, 1949, S. 656–706, S. 686 f., sowie: René Erbe, Die nationalsozialistische Wirtschaftspolitik 1933-1939 im Lichte der modernen Theorie, Stuttgart 1958, S. 52. Dieses Verfahren wurde auch von den angelsächsischen Ländern angewandt, allerdings erst während des 2. Weltkrieges – vgl. Erbe, Die nationalsozialistische Wirtschaftspolitik, ebd.

113   Vgl. Zur Kriegsfinanzierung u.a.: Sparkasse 62, 1942, S. 126.

114   Vgl. ten Haaf, Kreditgenossenschaften im ›Dritten Reich‹, S. 409 (Schaubild 10). Zu den Kreditsperrvorschriften vgl. ›Nichtamtliches. Die Richtlinien des Reichswirtschaftsministeriums für die Gewährung mittel- und langfristiger Kredite, von Assessor Dr. D. E. Majer‹, entnommen aus: Ministerialblatt für Wirtschaft, Nr. 13, v. 26.05.1939, S. 346 ff., in: Bundesarchiv, R 3102/2500.

115 Vgl. ten Haaf, Kreditgenossenschaften im ›Dritten Reich‹, S. 455-460.

116 Vgl. ten Haaf, Kreditgenossenschaften im ›Dritten Reich‹, 445 (Tab. 37).

117 Vgl. Willi A. Boelcke, Die Kosten von Hitlers Krieg. Kriegsfinanzierung und finanzielles Kriegserbe in Deutschland 1933-1948, Paderborn 1985, S. 105 f., sowie: ten Haaf, Kreditgenossenschaften im ›Dritten Reich‹, S. 449 (Tab. 39).

118 Vgl. Götz Aly, Hitlers Volksstaat. Raub, Rassenkrieg und nationaler Sozialismus, Frankfurt/M. ³2005, S. 328.

119 Vgl. ten Haaf, Kreditgenossenschaften im ›Dritten Reich‹, S. 468-471, sowie S. 526 (Tab. A2).

120 Vgl. z.B.: Christopher Kopper, Zwischen Marktwirtschaft und Dirigismus, S. 220-291; Irmtraud Wojak, »Arisierung« im Nationalsozialismus: Volksgemeinschaft, Raub und Gedächtnis, hrsg. im Auftrag des Fritz Bauer Instituts, Darmstadt 2000; Harold James, Die Deutsche Bank im Dritten Reich, München 2003; Ludolf Herbst/ Thomas Weihe (Hrsg.): Die Commerzbank und die Juden 1933-1945, München 2004; Ingo Köhler, Die ›Arisierung‹ der Privatbanken im Dritten Reich. Verdrängung, Ausschaltung und die Frage der Wiedergutmachung. Schriftenreihe zur Zeitschrift für Unternehmensgeschichte, Bd. 14, München 2005; Dieter Ziegler, Die Dresdner Bank und die deutschen Juden, Bd. 2 des 4-bändigen Werkes ›Die Dresdner Bank im Dritten Reich‹, hrsg. v. Klaus-Dietmar Henke, München 2006. S. hierzu auch die Literatur- übersicht bei ten Haaf, Kreditgenossenschaften im ›Dritten Reich‹, S. 41 f.

121 Vgl. z.B. Hans Pohl, Sparkassen vom Ausgang des 19. Jahrhunderts bis zum Ende des zweiten Weltkrieges, in Hans Pohl / Bernd Rudolph / Günther Schultz, Wirtschafts- und Sozialgeschichte der deutschen Sparkassen im 20. Jahrhundert, hrsg. v. Christoph Schulz, Stuttgart 2005, S. 21-248, S. 172 f. u. 175 f., sowie: Paul Thomes, Da, wo Sie zu Hause sind. 150 Jahre Sparkasse Saarbrücken, Saarbrücken 2008, S. 239 f.

122 Vgl. zu dieser 1938 liquidierten bankengruppe: Fischer, Albert: Verfolgung, Selbsthilfe, Liquidation. Jüdische Genossenschaftsbanken im nationalsozialistischen Deutschland 1933-1938, in: VfZ 54, 2006, s. 417-433.

123 Zur quantitativen Bedeutung jüdischer Mitglieder/Kunden bei deutschen Kreditgenossenschaften vgl. ten Haaf, Kreditgenossenschaften ›Dritten Reich‹, S. 487-489, dort insbes. Fn. 52 u. 57.

124 Die ursprünglich jüdischen Eigentümer und deren Rechtsnachfolger waren nach der Wiedervereinigung berechtigt, bei der Claims Conference Nachfolgeorganisation Ansprüche auf Vermögen in der ehemaligen DDR anzumelden – vgl. ten Haaf, Kre- ditgenossenschaften im ›Dritten Reich‹, S. 487 f. Das abgestimmte Protokoll zu einem entsprechenden Informationsgespräch zwischen dem Verfasser dieses Beitrages und der Claims Conference Nachfolgeorganition s. ebd., S. 554 f.

125 Vgl. Helmut Genschel, Die Verdrängung der Juden aus der Wirtschaft im Dritten Reich, Göttingen 1966, S. 206 u. 207 f. (Fn. 145); Jahrbuch des deutschen Handwerks 1938/39, Berlin 1939, S. 22; Deutsches Handwerk 6, 1939, S. 215.

126   Vgl. z.B. die Eintragungen im Protollbuch des Vorstandes der Westerwald-Bank Hachenburg v. 25.09.1935, 26.10.1935, 01.10.1936, 06.04.1938, 01.12.1938, 26.04.1939 und v. 28.04.1939, in: Archiv der Westerwald Bank eG., Hachenburg.

127   So z.B. das Wochenblatt der Landesbauernschaft Hessen-Nassau oder das Wochenblatt der Landesbauernschaft Baden auf regionaler Ebene, vor allem aber die reichsweite Zeitschrift Der Diplomlandwirt als zentrales Mitteilungsblatt des Reichsbundes deutscher Diplomlandwirte e.V. Vgl. zu einigen exemplarischen Artikeln dieser Blätter die entsprechende Fußnote (76) bei ten Haaf: Kreditgenossenschaften im ›Dritten Reich‹, S. 494.

128   Vgl. zur letzten Ausgabe: Deutsches landwirtschaftliches Genossenschaftsblatt 4, 1933, S. 351. Allerdings gab es mit der deutschen landwirtschaftlichen Genossenschafts-Zeitung ab 1939 wieder ein eigenes (!) reichsweites Zentralorgan des RVR (und gleichzeitig keinen speziellen Genossenschaftsteil mehr in der National-sozialistischen Landpost).

129   Der erste gesetzlich fixierte Arierparagraph, dem in der Zeit danach so was die Funktion einer Blaupause zukam, war der § 3 Abs. 1 des Gesetzes zur Wiederherstellung des Berufsbeamtentums vom 07.04.1933, RGBl. 1933 I, S. 175. Dort wurde bestimmt, dass Beamte, die nicht arischer Abstammung waren, in den Ruhestand zu versetzen seien. Die Zeitschrift Jüdische Rundschau berichtete in den Jahren 1933 und 1934 immer wieder über die Einführung von Arierparagraphen in Wirtschaft, Verwaltung und Gesellschaft, so z.B. von einem Arierparagraphen bei den Krankenkassen (Jüdische Rundschau v. 08.12.1933) oder in der evangelischen Kirche (Jüdische Rundschau v. 31.08.1934).

130   Zum Arierparagraphen in den Musterstatuten der ländlichen Kreditgenossenschaften vgl. ten Haaf, Kreditgenossenschaften im ›Dritten Reich‹, S. 494-501.

131   Vgl. ten Haaf, Kreditgenossenschaften im ›Dritten Reich‹, S. 500 f.

132   Vgl. Rundschreiben 18/36 des Württembergischen Landesverbandes landwirtschaftlicher Genossenschaften e.V., Stuttgart, v. 07.09.1936 (das Rundschreiben wiederholte eine Aufforderung aus dem Rundschreiben 12/36 v. 29.06.1936), in: Archiv der Volksbank Tübingen.

133   Vgl. Theodor Adrian von Renteln, Offener Brief an Generalfeldmarschall Göring v. 15.11.1938, in: Blätter für Genossenschaftswesen 85, 1938, S. 594.

134   Vgl. ten Haaf, Kreditgenossenschaften im ›Dritten Reich‹, S. 503 f.

135   Vgl. Schreiben des Reichs- und Preußischen Wirtschaftsministers an den DSGV v. 11.09.1935, in: Archiv des DSGV (Standort Bonn).

136   Zitiert (auf der Basis und in Erwähnung eines entsprechenden Rundschreibens des DGV, über das der Verfasser nicht verfügen konnte) nach: Jüdische Rundschau vom 03.04.1936, S. 1.

137   Vgl. Heinz Siebold / Dirk Schindelbeck, Eine Bank wie keine andere. 140 Jahre Volksbank Freiburg. Ein historisches Lesebuch, Freiburg 2007, S. 59 f.

138   Vgl. zu dem hier in Rede stehenden Fall bei: ten Haaf, Kreditgenossenschaften im ›Dritten Reich‹, S. 508 f., sowie zu den entsprechenden Quellen: Schreiben von Georg Ulrich an die Gauleitung der NSDAP Bayreuth v. 22.06.1933; Schreiben des Kreisverbandes niederbayrischer gewerblicher Genossenschaften an den Bayrischen Genossenschaftsverband e.V., Nürnberg, v. 24.11.1933, sowie Schreiben des Vorstandes und des Aufsichtsrates der Gewerbe- und Landwirtschaftsbank Regen an den Bayerischen Ministerpräsidenten Siebert v. 19.11.1933, alle Dok. in: Bayrisches Hauptstaatsarchiv, MWi 1308.

139   Vgl. Protokollbuch des Vorstandes der Wiesbadener Bank v. 10.11.1938 u. v. 15.12.1938, in: Archiv der Wiesbadener Volksbank.

140   Dies waren der Bayrische Landesverband landwirtschaftlicher Genossenschaften – Raiffeisen – e.V., München, und der (gewerbliche) Bayrische Genossenschaftsverband e.V. Letzterer hatte bis zum 31.07.1936 seinen Sitz in Nürnberg, ab dem 01.08.1936 in München (Blätter für Genossenschaftswesen 83, 1936, S. 703).

Bayerische
Zentral-Darlehenskasse
eingetragene Genossenschaft mit beschränkter Haftpflicht
in München
Zentralbank landwirtschaftlicher
Genossenschaften
Depot-Schein

Der Präsident des Bayerischen Senats Josef Singer (1888–1980) und das Genossenschaftswesen in Bayern nach 1945

Hannes Ludyga

A. Einleitung

Josef Singer (1888–1980), der erste Präsident des mit Wirkung ab 1. Januar 2000 aufgelösten Bayerischen Senats[1] und Generaldirektor der Bayerischen Raiffeisen-Zentralkasse sowie der Bayerischen Warenvermittlung landwirtschaftlicher Genossenschaften nach 1945,[2] gehörte nach Hippolyt Freiherr Poschinger von Frauenau (1908–1990),[3] zum »Dreigestirn großer alter Männer der bayerischen Nachkriegspolitik«.[4] Neben dem Bad Kissinger Oberbürgermeister Hans Weiß (1919–2008)[5] und dem früheren Vorsitzenden des Bayerischen Waldbesitzerverbandes Freiherr Poschinger von Frauenau war Singer der prominenteste Präsident des bayerischen Senats und protokollarisch hinter dem Ministerpräsidenten und Landtagspräsidenten der ›dritte Mann‹ im bayerischen Staat.[6] Trotz dieser Einordnung war Singer zu den Männern in der ›zweiten Reihe‹ der Politik zu zählen. Einmal schaffte er es bis in den SPIEGEL in die Rubrik ›Personalien‹, als er bei der 1200-Jahrfeier der Benediktinerabtei Ottobeuren den ihm »protokollwidrig reservierten« Platz in der dritten Reihe ablehnte und sich auf einen »Seitensitz« setzte.[7] Die Technische Universität München verlieh Singer 1958 den ›Ehrendoktor der Landwirtschaft‹.[8]

B. Kaiserreich

Der am 10. Oktober 1888 geborene und am 16. Januar 1980 verstorbene Singer stammte aus einem katholischen Elternhaus und einer bäuerlichen Familie in Türkheim in der Nähe von Mindelheim im heutigen Landkreis Unterallgäu, damals eine »Hochburg des politischen Liberalismus«.[9] Er war Ministrant bei Sebastian Kneipp (1821–1897). Im Jahre 1909 bestand er die Abiturprüfung am Humanistischen Gymnasium in Kempten.[10] Seine Sozialisation erfuhr er im Kaiserreich und er erlebte mit dem Kaiserreich, der Weimarer Republik, dem Nationalsozialismus und der Bundesrepublik Deutschland vier verschiedene Epochen der deutschen und europäischen Geschichte. Den 1. Weltkrieg verbrachte er, wie er betonte, »von Anfang bis Ende an der Front«.[11] Er gehörte einer Generation von Deutschen an, die eine Mitverantwortung am Ausbruch des 1. Weltkriegs besaß.[12]

C. Weimarer Zeit

Nach dem 1. Weltkrieg arbeitete Singer bei einer Hamburger Außenhandelsfirma und setzte sein vor Kriegsbeginn an der Ludwig-Maximilians-Universität München begonnenes Jurastudium an der Julius-Maximilians-Universität Würzburg fort.[13] An der Rechts- und Staatswissenschaftlichen Fakultät der Universität Würzburg wurde er 1922 – der Doktorvater ist nicht zu ermitteln – mit einer Arbeit über ›Geschäftsanteil und Geschäftsguthaben bei den eingetragenen Erwerbs- und Wirtschaftsgenossenschaften‹ promoviert.[14]

Der Agrarpolitiker Georg Heim (1865–1938),[15] einer der radikalsten Antisemiten in Bayern am Ende des 19. und zu Beginn des 20. Jahrhunderts,[16] förderte Singer in der Weimarer Zeit. Es ist missverständlich, wenn die Bayerische Raiffeisen-Zentralkasse in einer Widmung an Josef Singer 1962 schreibt, dass es nach 1945 galt, das Werk von »Georg Heim … fortzuführen«.[17] Heim holte Singer, der wie er der Bayerischen Volkspartei angehörte, im April 1922 nach Regensburg zur ›Landwirtschaftlichen Zentralgenossenschaft‹. Seit Herbst 1923 leitete Singer das Direktionssekretariat der ›Landwirtschaftlichen Zentralgenossenschaft‹ in Regensburg.[18] Schließlich wurde er 1926 Vorstandsmitglied der ›Landwirtschaftlichen Zentralgenossenschaft Regensburg‹ und 1927 Mitglied des Vorstands der neugegründeten ›Genossenschaftlichen Warenzentrale des Bayerischen Bauernvereins‹ (GeWa).[19]

D. Nationalsozialismus

Die Machtübernahme der Nationalsozialisten bildete auch für die Genossenschaften eine tiefe Zäsur. Singer war nach ›Verschmelzung‹ der Regensburger und Münchener Genossenschaften[20] zwischen 1934 und 1945 als Prokurist der 1923 gegründeten ›Bayerischen Warenvermittlung landwirtschaftlicher Genossenschaften‹ – der Baywa –[21] Leiter der Saatgutabteilung in München.[22] Eine Rekonstruktion der Tätigkeit von Singer im Nationalsozialismus ist aufgrund der defizitären Quellenlage kaum möglich. Nach seiner eigenen Aussage stuften die Nationalsozialisten Singer als »politisch nicht tragbar« ein.[23] Singer bezeichnete sich im Rückblick als einen »Gegner des Nationalsozialismus«.[24] Einer politischen Verfolgung durch die Nationalsozialisten war Singer nicht ausgesetzt. Über seine Degradierung vom Vorstandsmitglied der ›Landwirtschaftlichen Zentralgenossenschaft Regensburg‹ und der ›Genossenschaftlichen Warenzentrale des Bayerischen Bauernvereins‹ (Gewa) zum Prokuristen der BayWa war er nach eigenen Angaben »nicht unglücklich«, da er damit – wie er es formulierte – »politisch aus der Schusslinie« war.[25] Zu den Hauptaufgaben der BayWa, die im Nationalsozialismus in den ›Reichsnährstand‹ zwangseingegliedert wurde und damit ihre Selbständigkeit verlor,[26] gehörte im 2. Weltkrieg die ›Erfassung‹ und ›Verteilung‹ von Waren.[27] Die von Singer geleitete Saatgutabteilung war Bestandteil der nationalsozialistischen Agrarpolitik, um an der ›Heimatfront‹ die Ernährung der Bevölkerung zu sichern. Die ausreichende Gewährleistung der Ernährungslage der Bevölkerung war für Adolf Hitler ein oberstes Ziel zur Stabilisierung seines »labilen Herrschaftssystems«.[28]

E. Nachkriegszeit

I. Genossenschaftswesen

Der Zusammenbruch von Elektrizität, Wasser- und Stromversorgung[29] nach der Befreiung Deutschlands erschwerte die Tätigkeit der Genossenschaften bei ihren Bemühungen zur Linderung materieller Not in der Bevölkerung. Lebensmittelkarten ›verwalteten‹ die mangelhafte Versorgung der Menschen.[30] Für die bayerischen Genossenschaften blieb der ›Vorteil‹, dass das Geschäftsgebiet Bayern – abgesehen von Lindau und der Pfalz – beinahe ohne Einschränkung fortbestand.[31]

Die BayWa nahm in ihren Lagerhäusern mehr als die Hälfte der landwirtschaftlichen Produktion in Bayern nach Kriegsende auf.[32] Zur Verbesserung der Ernährungssituation setzte sich die BayWa die Erstellung neuer bzw. den Wiederaufbau von Lagerhäusern nach dem 2. Weltkrieg zu einer ihrer Hauptziele,[33] da zahlreiche Lagerhäuser, die häufig an Bahnlinien lagen, im Luftkrieg zerstört worden waren.[34] »Ungeachtet der herannahenden« Währungsreform von 1948 veräußerte die BayWa im Gegensatz zu anderen Organisationen Waren aus ihren Beständen.[35] Die Währungsreform bedeutete eine »Belastungsprobe« für die Genossenschaften, da die Ausstattung mit »neuem Geld« zunächst unzureichend war und die Einlagen zur »Auszahlung der umgestellten Einlagen« an die Kunden genutzt wurden.[36] Am Tag vor der Währungsreform hatten die bayerischen Raiffeisenkassen eine Gesamtbilanzsumme von etwa 3,84 Milliarden Reichsmark, nach der Reform blieb ein Betrag von ungefähr 264 Millionen Deutsche Mark.[37]

Für die Entwicklung der Genossenschaften nach 1945 erwies es sich als günstig, dass die US-Militärregierung dem Genossenschaftswesen wohlwollend gegenüberstand.[38] Der Bauernflügel der CSU und Ministerpräsident Wilhelm Hoegner (1887–1980) von der SPD sympathisierten ebenfalls mit den Genossenschaften. Hoegner genehmigte auf Grundlage eines von ihm im Schweizer Exil entworfenen Wirtschaftskonzepts, das eine »genossenschaftliche Sozialismusvorstellung« prägte,[39] 1948 die Fortführung des Geschäftsbetriebs der Genossenschaften mit den Worten:

> *»Diese Genehmigung erteile ich in der Erwägung, dass durch das landwirtschaftliche Genossenschaftswesen in Bayern Hilfe und Fortschritt für die Landwirtschaft zum Wohle unseres ganzen Volkes in besonders hohem Maße gewährleistet wird.«*[40]

Singer wurde kommissarischer Leiter der Bayerischen Zentral-Darlehenskasse, der späteren Bayerischen Raiffeisen-Zentralkasse und der BayWa. Seit November 1946 war er Vorstandsvorsitzender und ab 1950 bis zum Eintritt in den Ruhestand am 31. Dezember 1961 Generaldirektor beider Institute.[41] In der 1946 gebildeten ›Arbeitsgemeinschaft der deutschen landwirtschaftlichen Genossenschaften‹ war er Präsidiumsmitglied.[42] Die bayerischen Genossenschaften setzten mit Singer auf eine Person, die ihre frühe Sozialisation im Kaiserreich erhalten hatte. Singer forderte nach 1945 ein Festhalten an den genossenschaftlichen Grundlagen wie »Selbsthilfe, Selbstverwaltung und Selbstverantwortung«. Er postulierte die Erhaltung der »landwirtschaftlichgenossenschaftlichen Einheitsorganisation« in Bayern. Eine politische Einflussnahme auf die Genossenschaften lehnte er ab.[43]

Unter Singers Leitung entstand seit 1958 das System ›Raiffeisen-Maschinenringe‹ zur Vermittlung von Maschinen und Geräten in »überbetrieblicher Verwendung«.[44] Es wurden ein Netz von Raiffeisen-Kreditgenossenschaften und Lagerhäusern für Futtermittel, Dünger sowie Saatgut und Sammelbecken für die Getreideernte errichtet. Im Schloss Hohenkammer bei Freising ließ Singer ein Kraftfutterwerk und Versuchsgut der BayWa zur »Eignungs- und Güteprüfung« für Betriebsmittel erbauen.[45] Fertiggestellt wurde ein Futterwerk der BayWa 1955 in Würzburg, da über den Main eine »frachtgünstige Zufuhr« von Rohstoffen erfolgen konnte.[46]

Im Geschäftsjahr 1956 überstiegen die Einlagen der Raiffeisen-Zentralkasse den Betrag der ausgegebenen Darlehen. Das Anwachsen der Einlagen war auch auf Spareinlagen zurückzuführen, die seit 1948 durch Sondersparformen wie das ›steuerbegünstigte Sparen, Prämiensparen und Gewinnsparen‹ oder das ›Schulsparwesen‹ – abgesehen durch Einbrüche im Zuge des Korea-Kriegs – angestiegen waren.[47] Die Bayerische Raiffeisen-Zentralkasse entwickelte sich zum bedeutendsten Darlehensgeber der Landwirtschaft und des ›ländlichen Mittelstandes‹.[48]

Singer trat seinen Angestellten verantwortungsvoll gegenüber und stellte das Sozialwerk der BayWa auf neue Grundlagen. Er rief die ›BayWa-Buchspende‹ ins Leben, wonach die Schülerinnen und Schüler der bayerischen Landwirtschaftsschule unentgeltlich Fachbücher erhielten.[49] Die von Singer ins Leben gerufene ›Bayerische Raiffeisen-Bauhilfe‹ gewährte günstige Darlehen für den Wiederaufbau von Bauernhöfen.[50] Singer setzte sich für die Wiedereinstellung bzw. Fortbeschäftigung ›politisch belasteter‹ Genossenschaftler ein.[51] Er kritisierte die amerikanische Entnazifizierungspolitik, die er als »erhebliche Beeinträchtigung« seiner Arbeit bezeichnete[52] und erklärte:

> *»Mit den Amerikanern kommt man bekanntlich blendend aus, wenn sie Realisten sind. Sobald sie sich aber auf das Feld des Ideologischen begeben, erfasst sie ein irrationaler Zug und eine geradezu missionarische Besessenheit. Ideologisch durchtränkt war aber ihre Entnazifizierungspolitik; ...«*[53]

Singer behauptete, »um den Kopf eines jeden Mannes gekämpft« zu haben, »den man behalten wollte«.[54] Er zeigte wenig Interesse daran, das Genossenschaftswesen nach 1945 personell zu verändern. Personell und institutionell bestanden Kontinuitäten im bayerischen Genossenschaftswesen vor und nach 1945. Eine ›Stunde-Null‹ gab es im Genossenschaftswesen nicht. Das Ergebnis der Entnazifizierung im Genossenschaftswesen ist die »Bilanz einer großzügigen Rehabilitierung«. Konsensfähig war letztlich nur die »Bestrafung der NS-Prominenz«.[55]

II. Bayerischer Senat

Singer war zwischen 1947 und 1969 als Repräsentant der landwirtschaftlichen Genossenschaften[56] Mitglied des Bayerischen Senats.[57] Er wurde auf Vorschlag von Michael Horlacher (1888–1957), der Staatskommissar für das landwirtschaftliche Genossenschaftswesen im bayerischen Landwirtschaftsministerium und Präsident des Bayerischen Landtags war, zum Vertreter der landwirtschaftlichen Genossenschaften in den Bayerischen Senat gewählt.[58] Der Münchener Oberbürgermeister Karl Scharnagl (1881–1963), Vertreter der Gemeinden und Gemeindeverbände im Senat, schlug Singer als Präsidenten des Senats vor. Vermutlich war es die frühere gemeinsame BVP-Mitgliedschaft, die ihn zu diesem Vorschlag bewog. Singer – nach 1945 ohne Parteizugehörigkeit – wurde am 4. Dezember 1947 einstimmig zum Präsidenten des Senats gewählt.[59] Bis zu seiner Ablösung durch Freiherr Poschinger von Frauenau am 9. Januar 1968 erfolgte insgesamt zehnmal seine Wahl zum Präsidenten des Bayerischen Senats.[60] Singer war Präsident einer Institution, die es in keinem anderen deutschen Bundesland gab.[61]

Zwei Personen aus dem Genossenschaftswesen standen mit Singer und Horlacher hinter dem Ministerpräsidenten an der Spitze Bayerns. Oberstes Ziel für Singer war die Aufrechterhaltung der »parteipolitischen Neutralität« des Bayerischen Senats.[62] Singer ordnete an, dass im Senat rechts die Vertreter der Gewerkschaften und links die Vertreter der Landwirtschaft saßen. Das »politische Etikett rechts und links« sollte damit keine Anwendung finden.[63]

Neben dem Bayerischen Landtag, der Bayerischen Staatsregierung und dem Bayerischen Verfassungsgerichtshof war der Bayerische Senat ein »oberstes Staatsorgan«.[64] Hans Ehard (1887–1980) und der damalige Professor an der Handelshochschule St. Gallen Hans Nawiasky (1880–1961)[65] hatten den Abschnitt über den Senat im ›Vorbereitenden Verfassungsausschuss‹[66] und in der ›Verfassungsgebenden Landesversammlung‹ über die Bayerische Verfassung vom 2. Dezember 1946, die den »Freistaat Bayern begründete«,[67] formuliert.[68] Bereits in der Weimarer Zeit befürwortete Nawiasky die Errichtung einer zweiten Kammer in Bayern.[69] Nach Artikel 34 der Bayerischen Verfassung – gemeinsam mit der Verfassung von Württemberg-Hohenzollern in der französischen Zone die erste Verfassung eines deutschen Landes nach 1945[70] – war der Senat, der einer »natürlichen Gliederung« Bayerns entsprechen sollte[71], die »Vertretung der sozialen, wirtschaftlichen, kulturellen und gemeindlichen Körperschaften des Landes«[72]. Der Senat setzte sich wie folgt zusammen: elf Vertreter der Land- und Forstwirtschaft; fünf Vertreter der Industrie und des Handels; fünf Vertreter des Handwerks;

elf Vertreter der Gewerkschaften; vier Vertreter der freien Berufe; fünf Vertreter der Genossenschaften; fünf Vertreter der Religionsgemeinschaften; fünf Vertreter der Wohltätigkeitsorganisationen; drei Vertreter der Hochschulen und Akademien; sechs Vertreter der Gemeinden und Gemeindeverbände.[73] Singer erkannte an, dass die Verteilung im Senat nicht dem »wirtschaftlichen und sozialen Aufbau« des Landes entsprach.[74] Dies galt vor allem für die Vertreter der Landwirtschaft, deren wirtschaftliche Bedeutung zunehmend abnahm.[75]

Eine zweite Gesetzgebungskammer war der Bayerische Senat, anders als es Singer behauptete, nicht,[76] auch wenn der Senat Gesetzesvorlagen unmittelbar an den Landtag bringen konnte.[77] Der bayerische Finanzminister Rudolf Eberhard (1914–1998) erklärte im Oktober 1959, »der Senat sei völlig falsch gewickelt, wenn er glaube, er sei in den normalen Gesetzgebungsvorgang eingeschaltet«.[78] Der Senat war ein »parlamentarisches Organ sui generis«.[79] Der Senat besaß kein »Vetorecht« gegen Gesetze und war »keine gewählte Volksvertretung im Sinne der parlamentarischen Demokratie«.[80] Das eigentliche Wirkungsfeld des Senats blieb die beratende »Mitwirkung bei der Gesetzgebung«[81] und die gutachterliche Stellungnahme zu Gesetzesentwürfen der Staatsregierung.[82]

F. Schluss

Singer erwarb sich Verdienste im Rahmen seiner genossenschaftlichen Arbeit. Als Präsident des Bayerischen Senats blieb er blass. Wurde der Senat unter dem Präsidenten Hans Weiß in der ›Ära‹ von Franz Josef Strauß[83] zu einem politischen Machtfaktor in Bayern, erfolgte schließlich seine Abschaffung aufgrund des Volksentscheides vom 8. Februar 1998 ›Schlanker Staat ohne Senat‹ mit Wirkung ab dem 1. Januar 2000. Der gegen die Auflösung des Senats angerufene Bayerische Verfassungsgerichtshof »rechnete den Senat nicht zu den durch die Ewigkeitsklausel« des Artikel 75 Absatz 1 Satz 2 Bayerische Verfassung »geschützten demokratischen Grundgedanken der Verfassung«.[84]

Die Strukturen, die zur Auflösung des Bayerischen Senats führten, hatte Singer mit zu verantworten. Negativ wirkte sich aus, dass die Senatoren aus dem Genossenschaftswesen, von den Gewerkschaften und aus der Landwirtschaft die Tätigkeit im Senat als Hauptberuf und nicht als Ehrenamt verstanden. Dem Senat fehlte ein ausreichend ›demokratisches Element‹. Die Vertreter der kommunalen Spitzenverbände im Senat waren die einzigen Senatoren, die über die Wahlen zu den Gemeinde- und Stadträten sowie den Kreistagen zumindest mittelbar eine demokratische Legitimation besaßen.[85]

1   Gesetz zur Abschaffung des Bayerischen Senates, 20. Februar 1998, GVBl S. 42.

2   Sabine Rehm, Josef Singer (1888 – 1980). In: Helga Schmöger (Bearb.), Der Bayerische Senat. Biographischstatistisches Handbuch 1947 – 1997 (Handbücher zur Geschichte des Parlamentarismus und der politischen Parteien, Bd. 10), Düsseldorf 1998, S. 79 – 94, hier S. 82 – 83.

3   Josef Anker, Hippolyt Freiherr Poschinger von Frauenau (1908 – 1990). In: Helga Schmöger (Bearb.), Der Bayerische Senat. Biographisch-statistisches Handbuch 1947 – 1997 (Handbücher zur Geschichte des Parlamentarismus und der politischen Parteien, Bd. 10), Düsseldorf 1998, S. 95 – 109.

4   Rehm, Singer (wie Anm. 2), S. 79.

5   Heinrich Wiethe-Körprich. 100 Jahre Bayerischer Gemeindetag. Eine Erzählung in sechs Kapitel. In: 100 Jahre Bayerischer Gemeindetag. 1000 Jahre gemeindlicher Selbstverwaltung (Ausstellungskataloge der Staatlichen Archive Bayerns Nr. 55) hrsg. von der Generaldirektion der Staatlichen Archive Bayerns, München 2012, S. 25 – 101, S. 72 – 74; Art. Hans Weiß. In: Helga Schmöger (Bearb.), Der Bayerische Senat. Biographisch-statistisches Handbuch 1947 – 1997 (Handbücher zur Geschichte des Parlamentarismus und der politischen Parteien, Bd. 10), Düsseldorf 1998 S. 304 – 305; Franz-Ludwig Knemeyer, Bayerische Gemeinden – Bayerischer Gemeindetag. Festschrift 75 Jahre Bayerischer Gemeindetag, München 1987, S. XI; Interview mit Hans Weiß. In: Geschichte einer Volkspartei. 50 Jahre CSU 1945 – 1995, hrsg. von der Hanns-Seidel-Stiftung, München 1995, S. 605 – 617.

6   Zum Protokoll: mündliche Auskunft vom 21. März 2013, Protokoll der Bayerischen Staatskanzlei; Dirk Götschmann, Landtagspräsident. In: Historisches Lexikon Bayerns, URL: <http://www.historisches-lexikonbayerns.de/artikel/artikel_44758> (18.08.2010), abgerufen am 20.3.2013; http://www.justiz.bayern.de/gericht/olg/ba/presse/archiv/2012/03405/index.php (abgerufen am 02.02.2013). Nach dem Wegfall des Bayerischen Senats ist der Präsident des Bayerischen Verfassungsgerichtshofs der ›dritte Mann‹ in Bayern.

7   Personalien. In: DER SPIEGEL 25/1964, S. 90.

8   Ernst Hohenegg, Raiffeisen in Bayern 1893 – 1968. 75 Jahre Bayerischer Raiffeisenverband – Bayerische Raiffeisen-Zentralkasse, München 1968, S. 241; Widmung an Josef Singer, hrsg. von der Bayerischen Raiffeisen-Zentralkasse, München 1962, S. 53.

9   Rehm, Singer (wie Anm. 2), S. 79 – 80; Rolf Kießling, Kleine Geschichte Schwabens, Regensburg 2009, S. 153 – 155, ders., Mindelheim. In: Hans-Michael Körner – Alois Schmid (Hrsg.), Handbuch der Historischen Stätten, Bd. 1, Altbayern und Schwaben, Stuttgart 2006, S. 494 – 497.

10   Rehm, Singer (wie Anm. 2), S. 79-80; Widmung an Josef Singer (wie Anm. 8), S. 11.

11   Rehm, Singer (wie Anm. 2), S. 80; Widmung an Josef Singer (wie Anm. 8), S. 11.

12   Hans-Ulrich Wehler, Deutsche Gesellschaftsgeschichte, Bd. 4, Vom Beginn des Ersten Weltkrieges bis zur Gründung der beiden deutschen Staaten, München 2003, S. 14 – 38.

13   Karl Hnilicka, Josef Singer. In: Bayerische Profile 17 (1972), S. 3-47, hier S. 5.

14   Josef Singer, Geschäftsanteil und Geschäftsguthaben bei den eingetragenen
Erwerbs- und Wirtschaftsgenossenschaften (Inaugural-Dissertation an der rechts-
und staatswissenschaftlichen Fakultät der Bayerischen Julius-Maximilians-Universität
Würzburg), Würzburg 1921; Rehm, Singer (wie Anm. 2), S. 80. Rezipiert wurde seine
Arbeit weder in damals aktuellen Diskussionen noch in der Geschichte des Genossen-
schaftsrechts.

15   Dieter Albrecht, Von der Reichsgründung bis zum Ende des 1. Weltkrieges.
In: Alois Schmid (Hrsg.), Handbuch der bayerischen Geschichte, Bd. 4, Das neue
Bayern, von 1800 bis zur Gegenwart, 1. Teilband, Staat und Politik, München ²2003,
S. 318 – 438, hier S: 354; Hermann Renner, Georg Heim, der Bauerndoktor. Lebensbild
eines ›ungekrönten Königs‹. München 1960; Hnilicka, Josef Singer (wie Anm. 13), S. 5.

16   Hannes Ludyga In: Heim, Georg (1865 – 1938). In: Wolfgang Benz (Hrsg.), Handbuch des Antisemitismus. Judenfeindschaft in Geschichte und Gegenwart, Bd. 2/1, Berlin
2009, S. 346 – 347. Eine kritische Distanz brachte Singer gegenüber Heim zwar zu keinem
Zeitpunkt auf. Keine Anhaltspunkte bestehen dafür, dass Singer die antisemitischen
Ideen von Heim teilte.

17   Widmung an Josef Singer (wie Anm. 8), S. 39.

18   Rehm, Singer (wie Anm. 2), S. 81.

19   Hnilicka, Josef Singer (wie Anm. 13), 8; Widmung an Josef Singer (wie Anm. 8), S. 14.

20   Hohenegg, Raiffeisen in Bayern (wie Anm. 8), S. 32, 40; Ludwig Hüttl, 1893 – 1993
Genossenschaftsverband Bayern. Eine Chronik der landwirtschaftlichen und
gewerblichen Genossenschaftsverbände in Bayern seit dem 19. Jahrhundert,
hrsg. vom Genossenschaftsverband Bayern 1933, München 1993, S. 124 – 129;
Ludwig Hüttl, Bayerische Warenvermittlung landwirtschaftlicher Genossenschaften
(BayWa), in: Historisches Lexikon Bayerns,
URL: <http://www.historisches-lexikonbayerns.de/artikel/artikel_44429> (16.07.2008).

21   Hüttl, Genossenschaftsverband Bayern (wie Anm. 20), S. 147; Hüttl, Bayerische
Warenvermittlung landwirtschaftlicher Genossenschaften (wie Anm. 20).

22   Rehm, Singer (wie Anm. 2), S. 82; Hnilicka, Josef Singer (wie Anm. 13), S. 8 – 9.

23   Rehm, Singer (wie Anm. 2), S. 82; Hnilicka, Josef Singer (wie Anm. 13), S. 5.

24   Hnilicka, Josef Singer (wie Anm. 13), S. 12.

25   Hnilicka, Josef Singer (wie Anm. 13), S. 9.

26   Hohenegg, Raiffeisen in Bayern (wie Anm. 8), S. 165; Hüttl, Genossenschaftsverband
Bayern (wie Anm. 20), S. 160, 162; Hüttl, Bayerische Warenvermittlung landwirtschaftli-
cher Genossenschaften (wie Anm. 20); Hans-Jörg Voit, Entwicklung der genossenschaft-
lichen Milchwirtschaft in Bayern 1933 bis 1945.
In: Historischer Verein bayerischer Genossenschaften e.V. (Hrsg.), Beiträge zur Ge-
schichte der Waren- undDienstleistungsgenossenschaften und des genossenschaftlichen
Verbundsystems (Schriftenreihe zur Genossenschaftsgeschichte, Bd. 5), München 2001,
S. 84 – 119, hier S. 85.

27   Hüttl, Bayerische Warenvermittlung landwirtschaftlicher Genossenschaften (wie Anm. 20).

28   Kurt Bauer, Nationalsozialismus, Wien – Köln – Weimar 2008, S. 398 – 400.

29   Friedrich Prinz, Die Geschichte Bayerns, München – Zürich 1997, S. 425; Helga K. Ettenhuber. Stadtsparkasse München seit 1824. Eine historische Bilanz, München 1992, S. 218.

30   Hüttl, Genossenschaftsverband Bayern (wie Anm. 20), S. 184.

31   Zu dieser Beobachtung hinsichtlich der Bayerischen Gemeindebank: Johannes Bähr – Axel Drecoll – Bernhard Gotto, Die Geschichte der BayernLB, hrsg., vom Institut für Zeitgeschichte München – Berlin im Auftrag der BayernLB, München – Zürich 2009, S. 189; Hüttl, Genossenschaftsverband Bayern (wie Anm. 20), S. 184.

32   Hnilicka, Josef Singer (wie Anm. 13), S. 8 – 9; Hüttl, Bayerische Warenvermittlung landwirtschaftlicher Genossenschaften (wie Anm. 20).

33   Rehm, Singer (wie Anm. 2), S. 82 – 83.

34   Hüttl, Bayerische Warenvermittlung landwirtschaftlicher Genossenschaften (wie Anm. 20); Hohenegg, Raiffeisen in Bayern (wie Anm. 8), S. 209, 273.

35   Widmung an Josef Singer (wie Anm. 8), S. 16.

36   Ludwig Hüttl, 150 Jahre Zukunft. Ihre Bank. Münchner Bank, hrsg. von der Münchner Bank, München 2012, S. 70.

37   Ludwig Hüttl, Volksbanken und Raiffeisenbanken, in: Historisches Lexikon Bayerns, URL: <http://www.historisches-lexikon-bayerns.de/artikel/artikel_45458> (08.09.2010)

38   Hüttl, Genossenschaftsverband Bayern (wie Anm. 20), S. 185.

39   Karl-Ulrich Gelberg, Vom Kriegsende bis zum Ausgang der Ära Goppel (1945 – 1978). In: Alois Schmid (Hrsg.), Handbuch der bayerischen Geschichte, Bd. 4, Das neue Bayern, von 1800 bis zur Gegenwart, 1. Teilband, Staat und Politik, München ²2003, S. 635 – 956, hier S. 716.

40   Hohenegg, Raiffeisen in Bayern (wie Anm. 8), S. 221.

41   Ein Vierteljahrhundert in Raiffeisens Dienst. In: Mitteilungen des bayerischen Raiffeisenverbandes 1/1947, S. 3; Rehm, Singer (wie Anm. 2), S. 82 – 83. Der Geschäftssitz befand sich in der Münchener Türkenstraße.

42   Widmung an Josef Singer (wie Anm. 8), S. 20.

43   Rehm, Singer (wie Anm. 2), S. 83 – 84; Josef Singer, Praktische Auswirkungen der Raiffeisenarbeit in Bayern. In: Landwirtschaftliche Genossenschaften und Wirtschaftsordnung (Schriftenreihe des Forschungsinstituts für Genossenschaftswesen an der Universität Erlangen, Heft 1), Erlangen 1950, S. 17 – 32, hier S. 17 – 18.

44   Widmung an Josef Singer (wie Anm. 8), S. 46.

45   Rehm, Singer (wie Anm. 2), S. 84.

46   Hohenegg, Raiffeisen in Bayern (wie Anm. 8), S. 233.

47   Hohenegg, Raiffeisen in Bayern (wie Anm. 8), S. 154; Hüttl, Genossenschafts-
verband Bayern (wie Anm. 20), S. 205; Singer, Praktische Auswirkungen der
Raiffeisenarbeit (wie Anm. 43), S. 19 – 20;
Schulsparkasse. In: Mitteilungen des bayerischen Raiffeisenverbandes 2/1947, S. 3.

48   Widmung an Josef Singer (wie Anm. 8), S. 48.

49   Rehm, Singer (wie Anm. 2), S. 84; Widmung an Josef Singer (wie Anm. 8), S. 34, 39.

50   Hohenegg, Raiffeisen in Bayern (wie Anm. 8), S. 168.

51   Rehm, Singer (wie Anm. 2), S. 83.

52   Hnilicka, Josef Singer (wie Anm. 13), S. 11.

53   Hnilicka, Josef Singer (wie Anm. 13), S. 11.

54   Hnilicka, Josef Singer (wie Anm. 13), S. 11.

55   Vgl. allgemein: Clemens Vollnhals (Hrsg.), Entnazifizierung. Politische Säuberung
in den vier Besatzungszonen 1945 – 1989, München 1991, S. 23, 59.

56   Hnilicka, Josef Singer (wie Anm. 13), S. 15.

57   Rehm, Singer (wie Anm. 2), S. 85.

58   Hnilicka, Josef Singer (wie Anm. 13), S. 15; Hüttl, Genossenschaftsverband Bayern
(wie Anm. 20), S. 185 – 186.

59   Bayerischer Landtag (Hrsg.), Bayerischer Landtag – Bayerischer Senat. Aufgaben
und Arbeit der bayerischen Abgeordneten und Senatoren, München 1991, S. 126;
Hippolyt Freiherr Poschinger von Frauenau. Ansprache. In: 25 Jahre Bayerischer Senat
1947 – 1972, S. 3 – 13.
Hnilicka, Josef Singer (wie Anm. 13), S. 15 – 16; Rehm, Singer (wie Anm. 2), S. 86.

60   Rehm, Singer (wie Anm. 2), S. 92.

61   Maximilian Lanzinner, Zwischen Sternenbanner und Bundesadler. Bayern im Wiederaufbau 1945 – 1958, Regensburg 1996, S. 85.

62   Rehm, Singer (wie Anm. 2), S. 86 – 87.

63   Hnilicka, Josef Singer (wie Anm. 13), S. 18.

64   Helmut Hoffmann, Bayern. Handbuch zur staatspolitischen Landeskunde,
München 8. Auflage 1985, S. 86 – 87.

65   Reinhard Heydenreuter, Bayerische Verfassungstradition. In: Michael Henker –
Margot Hamm – Evamaria Brockhoff (Hrsg.), Bayern entsteht. Montgelas und sein Ans-
bacher Mémoire von 1796 (Veröffentlichungen zur Bayerischen Geschichte und Kultur
32/96), Regensburg 1996, S. 63 – 74, hier S. 71; Hans F. Zacher, Nawiasky, Hans. In: Neue
Deutsche Biographie, Band 19, Berlin 1999, S. 4–6.

66   Karl-Ulrich Gelberg, Die Entstehung des Bayerischen Senats in Verfassung und
Senatsgesetz 1946/47. In: Helga Schmöger (Bearb.), Der Bayerische Senat. Biographisch-
statistisches Handbuch 1947 – 1997 (Handbücher zur Geschichte des Parlamentarismus
und der politischen Parteien, Bd. 10), Düsseldorf 1998, S. 23 – 60, hier S. 26.

67 Hoffmann, Bayern (wie Anm. 64), S. 54–55. Die Mehrheit der Mitglieder der bayerischen verfassungsgebenden Versammlung plädierte für den Terminus ›Freistaat‹ statt ›Republik‹. Hoegner begründete diese Formulierung mit den Worten: »Ich würde den Ausdruck Freistaat vorziehen, weil er ein deutscher Ausdruck ist und in den früheren Verfassungen, besonders auch in unserer bayerischen Verfassung von 1919, enthalten war.«

68 Barbara Fait, Der Weg zur bayerischen Verfassung. In: Susan Boenke – Konrad von Zwehl (Hrsg.), ›Angesichts des Trümmerfeldes…‹ Begleitheft zur Ausstellung anläßlich des 40. Jahrestages der Bayerischen Verfassung (Veröffentlichungen zur Bayerischen Geschichte und Kultur, Nr. 13/86), München 1986, S. 205–236, hier. S. 211–213; Max von Schenckendorff, Der Bayerische Senat (Inaugural-Dissertation an der Juristischen Fakultät der Eberhard-Karls-Universität zu Tübingen), Tübingen 1984, S. 33; Gelberg, Vom Kriegsende bis zum Ausgang der Ära Goppel (wie Anm. 39), S. 713; Walter Schmitt-Glaeser, Der Bayerische Senat. Struktur, Funktion und Bedeutung. In: 50 Jahre Bayerische Verfassung. Entstehung, Bilanz und Perspektiven, hrsg. von der Bayerischen Landeszentrale für politische Bildungsarbeit, München 1996, S. 43–65, hier S. 44.

69 Ursula Bares-Rauen, Die Entwicklungsgeschichte des bayerischen Zweikammersystems und dessen Ausformung im Bayerischen Senat nach vierzigjähriger moderner bayerischer Verfassungsgeschichte, Würzburg 1990, S. 200, 220.

70 Reinhard Heydenreuter, Recht, Verfassung und Verwaltung in Bayern (Ausstellungskataloge der staatlichen Archive Bayerns, Nr. 13), München 1981, S. 38; Lanzinner, Zwischen Sternenbanner und Bundesadler. (wie Anm. 61), S. 81.

71 Schmitt-Glaeser, Der Bayerische Senat (wie Anm. 68), S. 45; Hnilicka, Josef Singer (wie Anm. 13), S. 15.

72 Artikel 34, Verfassung des Freistaates Bayern vom 2. Dezember 1946, Bayerische Verfassungsurkunden. Dokumentation zur bayerischen Verfassungsgeschichte, bearb. von Alfons Wenzel, Stamsried 1995, S. 84; Theodor Meder, Die Verfassung des Freistaates Bayern, Handkommentar, München, 1992, S. 149; Rainer Roth, Freistaat Bayern. Politische Landeskunde, München ²1994, S. 95.

73 Artikel 35, Verfassung des Freistaates Bayern vom 2. Dezember 1946, Bayerische Verfassungsurkunden (wie Anm. 72), S. 84; Meder, Verfassung (wie Anm. 72), S. 149; Roth, Freistaat Bayern (wie Anm. 72), S. 95.

74 Hnilicka, Josef Singer (wie Anm. 9), S. 15.

75 Knut Borchardt, Wachstum, Krisen, Handlungsspielräume der Wirtschaftspolitik (Kritische Studien zur Geschichtswissenschaft, Bd. 50), Göttingen 1982, S. 126.

76 Markus Möstl, in: Josef Franz Lindner – Markus Möstl – Heinrich Amadeus Wolff, Verfassung des Freistaats Bayern, München 2009, Artikel 34–42, nach Rn. 7; Meder, Verfassung (wie Anm. 72), S. 151; Franz Mayer, Bayerische Verfassung. In: Johann Mang – Theodor Maunz – Franz Mayer – Klaus Obermayer, Staats- und Verwaltungsrecht, München 4. Auflage 1975, S. 29–111, hier S. 45.

77   Artikel 39, Verfassung des Freistaates Bayern vom 2. Dezember 1946,
Bayerische Verfassungsurkunden (wie Anm. 72), S. 85.

78   Rehm, Singer (wie Anm. 2), S. 91.

79   Schmitt-Glaeser, Der Bayerische Senat (wie Anm. 68), S. 44;
Hoffmann (wie Anm. 64), S. 88;
Lanzinner, Zwischen Sternenbanner und Bundesadler (wie Anm. 61), S. 86.

80   Möstl, Artikel 34 – 42 (wie Anm. 76), nach Rn. 7.

81   Bayerischer Landtag (Hrsg.), Bayerischer Landtag – Bayerischer Senat
(wie Anm. 59), S. 127; Roth, Freistaat Bayern (wie Anm. 72), S. 98.

82   Möstl, Artikel 34 – 42 (wie Anm. 76), nach Rn. 7; Meder, Verfassung (wie Anm. 72),
S. 153; Schmitt-Glaeser, Der Bayerische Senat (wie Anm. 68), S. 50 – 51; Artikel 40,
Verfassung des Freistaates Bayern vom 2. Dezember 1946, Bayerische Verfassungs-
urkunden (wie Anm. 72), S. 85.

83   Zu Franz-Josef Strauß jüngst: Horst Möller, Franz Josef Strauß. Herrscher und
Rebell, München 2015.

84   Möstl, Artikel 34 – 42 (wie Anm. 76), nach Rn. 7; BayVerfGH,
Entscheidung vom 17. 9. 1999 - Vf. 12 - VIII - 98 u. a., NVwZ-RR 2000, S. 65 – 70.

85   Bares-Rauen, Entwicklungsgeschichte (wie Anm. 69), S. 354 – 362; Paul Wilhelm,
Der Bayerische Senat nach der Verfassung von 1946 (Inaugural-Dissertation an der
Juristischen Fakultät der Ludwig-Maximilians-Universität München), München 1963,
S. 47 – 49.

Bring
auch
Du
Deinen
Raiffeisen-
Baustein

Gemeinsam Bauen, Gemeinsam Leben – Baugenossenschaften in Nürnberg

Andrea Groß

1. Die Baugenossenschaftsbewegung in Deutschland
1.1 Definition von Baugenossenschaften

»Ihrem rechtlichen Wesen nach sind die Baugenossenschaften auf dem Grundsatz der Gleichberechtigung der Mitglieder beruhende Personalgesellschaften von nicht geschlossener Mitgliederzahl, welche die Verbesserung der Wohnungsverhältnisse ihrer Mitglieder durch gemeinschaftlichen Geschäftsbetrieb auf dem Wege der durch Staatshilfe verstärkten Selbsthilfe erstreben.«[1]

Im Gegensatz zu den Baugesellschaften baute die Genossenschaft für die eigenen Mitglieder und nicht für fremde Personen. Das Kapital trat hier in den Hintergrund, das Ziel ist es nicht einen Überschuss zu erwirtschaften. Dadurch unterschieden sie sich von Aktiengesellschaften, deren primäres Ziel die Gewinnmaximierung ist. Erwirtschaftete Gewinne kamen wiederum den Mitgliedern zu Gute, indem neue Häuser errichtet oder die Wohnstandards verbessert wurden.

Man unterschied bei den Baugenossenschaften zunächst zwei Arten. Bei den reinen Baugenossenschaften konnten nur Mitglieder Wohnungen erhalten, während bei den erweiterten Baugenossenschaften auch Kapitalisten als stille Gesellschafter in die Genossenschaft eintreten konnten, ohne dafür eine Wohnung zu erhalten.[2] Ein weiteres Unterscheidungskriterium war der wirtschaftliche Zweck. Zum einen gab es die Form der Baugenossenschaften, deren Bestand immer im Eigentum der Gemeinschaft blieb. Diese Form ist in Deutschland am meisten verbreitet. Die Erwerbshausbaugenossenschaften fertigten dagegen die Wohnungen an und verkauften sie an ihre Mitglieder nach einiger Zeit.

Eine Mischform aus beiden sind die Baugenossenschaften mit doppelter Betätigung, die neben Miethäusern auch Erwerbshäuser errichteten.[3] Selten fand man in Deutschland dagegen die Genossenschaften, die nur das Baugeld verteilten und den Mitgliedern sonst frei Hand ließen.[4] Auch hinsichtlich der Mitglieder gab es verschiedene Arten. Die ständisch gegliederten Baugenossenschaften sind meist Beamten- oder Arbeiterbaugenossenschaften. Hin und wieder findet man auch eine Beschränkung durch die Zugehörigkeit zu einem Beruf, wie zum Beispiel bei den Eisenbahnerbaugenossenschaften.

Die Ziele der Baugenossenschaftsbewegung änderten sich im Lauf der Zeit. Nach Victor Aime Huber war in den Anfangsjahren das vorrangige Ziel der Bau von kleinen Einfamilienhäusern, die in das Eigentum der Genossen übergehen sollten. Die Idee im 20. Jahrhundert basierte vor allem darauf, dass den Genossen gesunde, billige Wohnungen zur Verfügung gestellt werden, die im Obereigentum der Baugenossenschaft blieben.

1.2. Entwicklung der Baugenossenschaften

Die Vorläufer der deutschen Baugenossenschaftsbewegung fand man vor allem in England, weniger in Frankreich vor. In England entstanden bereits im 18. Jahrhundert die *friendly societies,* die am ehesten den deutschen Baugenossenschaften entsprachen und von wohlhabenden Kreisen unterstützt wurden.[5] Zudem gab es auch die *building societies,* »[...] welche Angehörigen der unteren und mittleren Klassen durch Kreditgewährung zum Besitz von Kleinhäusern verhelfen.«[6] Den Grundstock für die deutsche Baugenossenschaftsbewegung lieferte Victor Aime Huber, der die genossenschaftliche Selbsthilfe auf die Wohnungswirtschaft übertrug.[7] Dabei sollte die Arbeiterschaft durch eine gesunde Wohnweise in die bürgerliche Gesellschaft integriert werden.

Die ersten Versuche Wohnungen für die minderbemittelten Schichten zu erstellen, wurde allerdings nicht von den Genossenschaften betrieben, sondern durch die Wohnungsbauvereine, die schon in den 1840er Jahren tätig waren. Anfangs waren die Erfolge eher gering, da es bis 1868 in Deutschland an jeder rechtlichen Grundlage für genossenschaftliche Unternehmungen fehlte. Erst dann gab es neue Anstöße, da die unbeschränkte Haftpflicht zugelassen wurde und die eingetragenen Genossenschaften Korporationsreche bekamen. Dennoch waren es vor allem die kleinen Leute, die sich mit der Idee nach wie vor nicht anfreunden wollten. Bis 1874 wurden deutschlandweit bereits 52 Baugenossenschaften gegründet.[8] Die wirtschaftliche Krise sorgte auch für einen gewaltigen Rückgang der Genossenschaften. Erst durch das neue Genossenschaftsgesetz von 1889, das die beschränkte Haftpflicht zuließ, gab es eine neue Gründungswelle in der Baugenossenschaftsbewegung. Bis 1915 existierten bereits 1540 Genossenschaften.[9] Die meisten gab es in Preußen, aber auch in Bayern waren nun die Baugenossenschaften stark verbreitet. Neu war der Gedanke, dass der Hausbestand im Eigentum der Genossenschaft bleiben sollte. Neben der Herstellung von Wohnraum war auch die Erziehung der Mitglieder zu ›bürgerlichen Menschen‹ ein Anliegen der Genossenschaftsbewegung.

1.3. Aufbau der Baugenossenschaften

Baugenossenschaften sollten im Kampf gegen die Wohnungsnot immer da ansetzen, wo die private Bautätigkeit und der Werkswohnungsbau versagt hatten. Die Ausdehnung und die Form einer Genossenschaft hing immer von den lokalen Verhältnissen ab, zum Beispiel von der Höhe der Bodenpreise, die über Mehr- oder Kleinhaus entscheiden, die Fluktuation der Arbeiter oder Stabilität des Arbeitsverhältnisses, was wiederum Miet- oder Erwerbshaus nach sich zog, Klima und Baumaterialien, Höhe des Lohns und Lebenshaltung der Mitglieder, Herkunft, Heimat und Beruf.[10] An den Orten wo sich Baugenossenschaften gründeten, sollte ein Mangel an Kleinwohnungen bestehen.

Die finanziellen Möglichkeiten für Baugenossenschaften waren sehr variabel. Mit dem Genossenschaftsgesetz von 1889 gab es eine finanzielle Regelung, da die Genossenschaft nur noch mit einem beschränkten, bereits feststehenden Betrag hafteten, was auch die kleinen Sparer veranlasste Mitglied zu werden. Der Nachteil war allerdings, dass die Genossenschaften meist nur geringe, eigene Mittel aufbringen konnten und auf fremdes Kapital angewiesen waren.

Man unterschied zunächst zwischen eigenen und fremden Mitteln. Zu den genossenschaftseigenen Mitteln gehörten die Eintrittsgelder und die Geschäftsanteile. Manchmal kamen auch noch Spargelder und Schuldverschreibungen hinzu. »Da das in den Bauten angelegte Kapital, wie schon erwähnt wurde, nur sehr langsam wieder zur Kasse zurückfließt, muß den Baugenossenschaften daran gelegen sein, ein recht großes eignes Kapital anzusammeln und die fremden Gelder auf möglich lange Fristen aufzunehmen.«[11] Bei den fremden Geldquellen wird wiederum zwischen öffentlichen und privaten Geldern getrennt. Als öffentliche Mittel finden wir Kapital von Reich, Staat, Gemeinden oder öffentlichen Körperschaften.[12] Die privaten Geldgeber waren meist Hypothekenbanken und Versicherungsanstalten. Kapitalisten wurden oft als stille Gesellschaften mit heran gezogen, die keine Zinsen forderten, sondern bei Gewinn einen Anteil erhielt oder bei Verlust diesen mittragen musste.[13]

Die Baugenossenschaft bestand wie jede andere Genossenschaft aus einem Vorstand, einem Aufsichtsrat und einer Generalversammlung. Alle Genossen besaßen das gleiche Stimmrecht, unabhängig von der Anzahl der Geschäftsanteile. Die Befugnisse waren in der Satzung festgelegt. Das Organ der Mieterversammlung wurde vor allem dann nötig, wenn die Genossenschaft Mieter aufnahm, die kein Genossenschaftsmitglied waren. Diese Versammlung ersetzte aber nicht die Generalversammlung.[14]

2. Baugenossenschaften in Nürnberg

2.1. Geschichte der Nürnberger Baugenossenschaften

In Bayern setzte die Baugenossenschaftsbewegung ab 1892 ein. Der *Boom* kam dank der staatlichen Förderung. Schon sehr früh nutzte die Industrie, darunter die Bayerischen Verkehrsbetriebe das Konzept des genossenschaftlichen Wohnungsbaus.[15] In Nürnberg speziell begann die Geschichte der Baugenossenschaften 1896 mit der Gründung des Bauvereins Schuckert'scher Arbeiter, der von 283 Mitarbeiter der Firma Schuckert & Co geschaffen wurde. Unterstützung erhielt die Genossenschaft schon sehr früh durch die Fabrik und deren Direktor Alexander

Wacker. Bereits ab 1898 wurden die ersten Häuser in der Gugelstraße in der Nähe zum Werk in Steinbühl errichtet. »In Arbeiterkreisen wurde man sich bewußt, daß eine Gruppe von Personen mehr erreichen kann, als ein einzelnes Individuum.«[16] Wie schon bei den Eisenbahnerbaugenossenschaften waren viele der Werksgenossenschaften nur für die Mitarbeiter der jeweiligen Unternehmen offen. Was wiederum hieß, dass bei einem Arbeitswechsel auch immer ein Wohnungswechsel stattfand. Danach dauerte es allerdings über zehn Jahre, bis eine weitere Genossenschaft zum Bau von Wohnungen gegründet wurde. Die zweite Nürnberger Baugenossenschaft war die Eisenbahner-Baugenossenschaft Nürnberg-Rangierbahnhof, auf die später noch genauer eingegangen wird. Auch hier war wieder der Arbeitgeber mitbeteiligt. In den Adressbüchern der Stadt Nürnberg befanden sich in den Jahren von 1907 bis 1918[17] nur sehr wenige Baugenossenschaften, obwohl die bereits existierenden sehr erfolgreich arbeiteten. 1902 tauchte die Baugenossenschaft Nürnberg auf, die aber nach dem Ersten Weltkrieg wieder verschwand. 1908 entstand die Gartenstadt Nürnberg eGmbH, die ab 1910 mit dem Bauen am Hirschensuhl begann. Die Baugenossenschaft für Angehörige der Königlich-Bayerischen Verkehrsanstalten in Nürnberg, 1908 gegründet, zeichnete sich für den Bau von Arbeiterwohnungen am Hasenbuck verantwortlich, die nach den Ideen der Genossenschaften errichtet wurden. »Gute Luft und staubfreie Lage verbürgen gesundes Wohnen.«[18] Daneben existierten noch drei weitere Eisenbahnerbaugenossenschaften, die sich stark am Ausbau beteiligten.[19] Als letzte Baugenossenschaft vor dem Krieg wurde die Selbsthilfe 1912 gegründet, die sich vor allem dem Ausbau von Kleinwohnungen in der Südstadt widmete.

Nach dem Ersten Weltkrieg ging in Nürnberg eine neue Phase der Baugenossenschaftsbewegung los. Mit großem Elan versuchte man der immer stärker werdenden Wohnungsnot Herr zu werden. Außer der Baugenossenschaft Nürnberg blieben nach 1918 alle Baugenossenschaften bestehen, darunter waren die fünf Eisenbahnerbaugenossenschaften, die christlich geprägte Selbsthilfe, eine werksnahe Genossenschaft und die Gartenstadt. All diese Vereinigungen bauten in den 1920er Jahren ihre Siedlungen weiter aus oder errichteten in anderen Stadtteilen neue Wohnanlagen. Erkennbar ist, dass immer mehr Baugenossenschaften vom Ideal des Kleinhauses weg gingen, um neben der Kosteneinsparung auch mehr Menschen ein Dach über dem Kopf zu bieten. Auch hier lohnt es sich wieder einen Blick in die Adressbücher der Stadt Nürnberg[20] zu werfen, da sich die Anzahl der Baugenossenschaften stark vermehrte.[21] Von einigen dieser Baugenossenschaften ist leider so gut wie nichts bekannt, andere fusionierten mit größeren Baugenossenschaften in den 1930er Jahren, wie zum Beispiel die Baugenossenschaft Buch und die Baugenossenschaft Nürnberg-Nordost.

2.2. Verbreitung der genossenschaftlichen Wohnanlagen im Nürnberger Stadtgebiet

Von der Verteilung der genossenschaftlichen Siedlungen und Wohnanlagen fand man die meisten im Süden der Stadt Nürnberg vor. Dort lagen sie vor allem in der Nähe der Industriebetriebe, wo für die Mitarbeiter auch die meisten Kleinwohnungen gebraucht wurden. Zwischen 1896 und 1933 wurden die meisten dieser Wohngebäude errichtet. Auch nach dem Zweiten Weltkrieg war es wieder die baugenossenschaftliche Tätigkeit, die durch die Selbsthilfe der Mitglieder rasch wieder zu bauen begann. Durch die spärliche Quellenlage stellt sich ein Problem für die Erforschung der genossenschaftlich organisierten Bautätigkeiten in Nürnberg. Begründet ist das vor allem durch die Tatsache, dass viele der Genossenschaften zu größeren Konglomeraten zusammengeschlossen wurden und somit die Akten oft nicht mehr auffindbar sind. Konsequenterweise können auch keine genauen Aussagen über den Baubestand gemacht werden.

Die südlichen Stadtteile, die besonders mit genossenschaftlichen Wohnungen durchzogen wurden, waren Steinbühl (Bauverein Schuckert'scher Arbeiter, Selbsthilfe), Zollhaus (Eisenbahner-Baugenossenschaft Nürnberg-Rangierbahnhof), die Gartenstadt mit der gleichnamigen Baugenossenschaft, Gibitzenhof (Selbsthilfe), Luitpoldhain (Straßenbahner-Baugenossenschaft Nürnberg) und Zerzabelshof (Eisenbahnerbauverein Nürnberg-Hbf). Weitere Siedlungen befinden sich auch in Gleißhammer, Gostenhof, am Hasenbuck, in Lichtenhof und Schweinau. Als Haustyp wurden hier vor allem auch wegen der hohen Nachfrage nach Kleinwohnungen fast ausschließlich große Mehrfamilienhäuser errichtet. »Außerdem hat sich aber auch gezeigt, daß die Baugenossenschaft nur dann vor schweren Erschütterungen bewahrt bleibt, wenn verschiedene Industriezweige am Orte oder in dessen naher Umgebung Arbeitsgelegenheit gewähren.«[22]

Anders sah es dagegen noch weiter südlich in den kleinen Vororten aus, die großteils noch ländlich geprägt waren, aber fernab von der Stadt lagen. Einfamilienhäuser finden sich in Eibach, Reichelsdorf, Röthenbach und Mühlhof. In Gerbersdorf wurden damals Eigenheime für die Genossenschaftsmitglieder errichtet. Ein Grund warum gerade hier Einzelhäuser errichtet wurden, waren die Bodenpreise, die weitaus niedriger ausfielen als in der Stadt, wo der Boden immer knapper wurde.

Kaum Siedlungen befanden sich im Osten der Stadt. Einzige genossenschaftliche Ausnahme sind die beiden Häuser der Eisenbahner-Baugenossenschaft Nürnberg-Ostbahnhof. Damit ist der Nürnberger Osten nicht das primäre Ziel für Kleinwohnungen gewesen. Zudem waren die Häuser nicht in Genossenschaftsbesitz, sondern wurden von der Reichsbahn gepachtet.[23]

Bis in die 1920er Jahre hinein gab es kaum Siedlungen für die minderbemittelten Schichten im Nürnberger Norden, der vor allem durch die großen Häuser für die besser situierten Schichten bekannt war. Durch die große Wohnungsnot in Nürnberg und die Bodenknappheit in der Innenstadt wurden die Genossenschaften auch hier tätig, wobei diese sich wieder auf einige wenige Stadtteile verteilten und somit nicht flächendeckend präsent waren, wie im Nürnberger Süden. Auch hier lagen die Siedlungen oft in der Nähe der wenigen Industriebetriebe, wie am Beispiel der Baugenossenschaft Nürnberg-Nordost zu erkennen ist, die in Ziegelstein Häuser für die Angestellten der Firma Neumayer herrichtete. In Schoppershof fand man immer wieder genossenschaftliche Bauten, so auch von der Selbsthilfe. Dagegen waren die Siedlungen der gemeinnützigen Baugesellschaft der Stadt Nürnberg stärker verbreitet.

Als Bautyp bestimmte auch das Mehrfamilienhaus das Baugeschehen.

Der Westen wurde vor allem durch die Siedlungen der Straßenbahner-Baugenossenschaft Nürnberg in Muggenhof und in Eberhardshof geprägt. Aber auch in St. Johannis errichtete die gleichnamige Baugenossenschaft einige Bauten. Deutlich zu erkennen ist die Nähe zur Fürther Straße, in der sich große Unternehmen ansiedelten.

Keinerlei genossenschaftliche Tätigkeit fand man in der Nürnberg Altstadt bis zum 1933, da aufgrund des Platzmangels und der doch exponierten Lage keine Kleinwohnungen dort errichtet wurden. »Bevor die Mehrzahl der Nürnberger Arbeiter in den Nürnberger Industriegebieten in Gostenhof, in der Südstadt und andernorts Wohnung fand, drängte sie sich im Westen der Altstadt in meist unzureichenden Quartieren zusammen.«[24]

Für Nürnberg trifft die Aussage auf jeden Fall zu, dass sich die Genossenschaften meist da gründeten, wo sie am dringendsten gebraucht wurden, wie durch die starke Vertretung im Nürnberger Süden erkennbar ist. Die Vielfalt der Baugenossenschaften ist in Nürnberg gewaltig. Neben den christlichen Vereinigungen waren in Nürnberg die Beamten- und Eisenbahnerbaugenossenschaften, die Gartenstadt-Genossenschaft, firmennahe Baugenossenschaften sowie die Krieger-Heimstättenbewegung, die vor allem außerhalb der Stadt Kleinhäuser für Kriegsheimkehrer und Invaliden erstellte, aktiv. Zusammenfassend kann gesagt werden, dass in Nürnberg meist Mietshausbaugenossenschaften entstanden, wenige errichteten daneben auch Eigenheime. Reine Eigenheim-Baugenossenschaften existierten selten, ein Beispiel für die Zeit nach 1945 wäre die Baugenossenschaft Falkenheim. »Fleißige und sparsame Siedler haben ›Falkenheim‹ in 10 Jahren pausenloser Arbeit geschaffen.«[25]

3. Baugenossenschaften in Nürnberg

Im Nachfolgenden sollen drei Baugenossenschaften aus Nürnberg näher betrachtet werden. Diese Gesellschaften leisteten in ihrem Bereich einen erfolgreichen Beitrag zur Lösung der Wohnungsproblematik. Die Gartenstadt Nürnberg eGmbH baute vor den Toren der Stadt eine Siedlung im Sinne der Deutschen Gartenstadtgesellschaft. Die Eisenbahner-Baugenossenschaft Nürnberg-Rangierbahnhof war eine der wenigen ständisch gegliederten Baugenossenschaften, die durch die Wohnkolonie und anderen Siedlungen zahlreichen Eisenbahnern zu Wohnungen verhalfen. Die christlich geprägte Selbsthilfe ist auch heute noch eine der aktivsten Baugenossenschaften in Nürnberg. Zudem wurden hier erstmals Wohnanlagen geschaffen, die einer großen Anzahl an Familien ein Zuhause boten.

3.1. Gartenstadt Nürnberg eGmbH

Eine Sonderform im Siedlungsbau findet man in der Gartenstadt, die in ihrem Idealtypus nie realisiert wurde. »Eine Gartenstadt ist eine planmäßig gestaltete Siedelung auf wohlfeilem Gelände, das dauernd im Obereigentum der Gemeinschaft erhalten wird, derart, daß jede Spekulation mit dem Grund und Boden dauernd unmöglich ist. Sie ist eine neuer Stadttypus, der eine durchgreifende Wohnungsreform ermöglicht, für Industrie und Handwerk vorteilhafte Produktionsbedingungen gewährleistet und einen großen Teil seines Gebietes dauernd dem Garten- und Ackerbau sichert.«[26] Die Gartenstadt, die etwa für eine Einwohnerzahl von 30.000 Personen geplant war, sollte die Vorteile des Stadt- und Landlebens miteinander verbinden, und dabei die Nachteile beider ausschalten.[27]

In Nürnberg wurde eine solche Baugenossenschaft am 01. September 1908 gegründet. Somit war die Gartenstadt Nürnberg eGmbH eine der früheren Baugenossenschaften in der Stadt. Zur Gründungsversammlung kamen weit über 900 Interessierte aus allen Schichten, wobei die Mitarbeiter der Schuckertwerke und der MAN die Mehrheit der Anwesenden darstellten. Auf der Veranstaltung hielt Hans Kampffmeyer einen Vortrag über die Ziele der Gartenstadtbewegung, wobei die hygienischen Verbesserungen mit an vorderster Stelle standen. Die Firmen Schuckert und MAN beteiligten sich finanziell an der Genossenschaft und bekamen Belegungsrechte für ihre Mitarbeiter, hatten aber kein Stimmrecht inne. Das Grundstück der Genossenschaft lag an der Ausfahrt des Nürnberger Rangierbahnhofs.

Die Besonderheit der Siedlung war neben der genossenschaftlichen Organisation auch der Bebauungsplan von Richard Riemerschmid, der sich zum Beispiel hinsichtlich der Straßenführung an den alten Waldwegen orientierte. Stark an Camillo Sittes Theorie[28] angelehnt, fand man immer wieder das Platzmotiv mit den verschiedenen Einrichtungen. Hier sind vor allem das Verwaltungsgebäude, ein Volkshaus, ein Schulhaus, ein Restaurant, eine Apotheke, ein Feuerwehrhaus, eine Kinderbewahranstalt und ein Luft- und Sonnenbad zu nennen.[29] Dadurch wird deutlich, wie die Genossenschaft versuchte von der naheliegenden Stadt unabhängig zu sein. Vor allem wurde hier das Reihenhaus als Einfamilienhaus errichtet, was lange als der Idealtypus der Wohnform galt. Daneben gab es aber auch freistehende Gebäude, Wohnhöfe und kleine Mehrfamilienhäuser.

Die Genossenschaft baute lange nur an dem Gebiet, das heute der Stadtteil Gartenstadt ist. Im Gegensatz zu anderen Baugenossenschaften wurde sie auch nicht mit anderen Vereinigungen verschmolzen, sondern blieb in ihrer Ursprungsform vorhanden. Erst nach der vollständigen Bebauung in den 1970er Jahren suchte man nach anderen Grundstücken, die in Langwasser gefunden werden konnten. Im Gegensatz zu der malerischen Siedlung im Nürnberger Süden befinden sich in Langwasser vor allem größere Mehrfamilienhäuser, bis hin zu den sogenannten Trabantenstädten. Bis heute ist die Gartenstadt ein äußerst beliebter Wohnort.

3.2 Die Eisenbahner-Baugenossenschaft Nürnberg-Rangierbahnhof eGmbh

Schon in den Jahren der Planung für einen Rangierbahnhof in Nürnberg wurde eine Siedlung für die Beschäftigten vorgesehen. Ein geeignetes Gelände zwischen dem Einfahrtbahnhof und den Verbindungsgleisen zu den Bahnhöfen Dutzendteich und Fischbach wurde rasch gefunden.[30] Die erste Bauphase, die 1905 begann, wurde von der Staatsbahn noch alleine getragen, doch schon bald wurde von Seiten der Eisenbahnverwaltung sich nach einer anderen Möglichkeit umgesehen um den Siedlungsausbau fortzusetzen. »Um Kosten für den weiteren

Ausbau der Siedlung zu sparen, initiierte die Bahnverwaltung aufgrund guter Erfahrungen in anderen Städten auch die Wohnkolonie Rangierbahnhof die Gründung einer Baugenossenschaft.«[31] Die Baugenossenschaft Nürnberg-Rangierbahnhof, wie sie bis 1941 hieß, gehörte zu dem Typus der Eisenbahnerbaugenossenschaften, die in der Aufnahme der Mitglieder beschränkt war. Es konnten nur Mitarbeiter der Staats- bzw. später der Reichsbahn eintreten. Diese hier war nicht nur berufsmäßig beschränkt, sondern hatte den Fokus auch auf einer bestimmten Lokalität. Nur Arbeiter des Rangierbahnhofs und der angrenzenden Betriebswerkstätte bekamen eine Wohnung in der Siedlung zugesprochen. In der Zeit des Nationalsozialismus fusionierte die Genossenschaft mit kleineren Eisenbahnerbaugenossenschaften, wie der Baugenossenschaft des Eisenbahnpersonals Nürnberg und Umgebung und übernahm auch deren Namen.

Gegründet wurde die Eisenbahnerbaugenossenschaft am 04. August 1907, zwei Jahre nach Baubeginn. Es gab ein reges Interesse der Rangierbahnhofmitarbeiter, die an der Gründungssitzung teilnahmen. Ein Oberrevisor hielt auf dieser Sitzung einen Vortrag, indem er das Genossenschaftsgesetz und die verschiedenen Haftpflichtarten erklärte.[32] Trotz des großen Interesses traten anfangs nur 23 Mitglieder bei, unter ihnen der erste Vorsitzende Matthäus Herrmann, der die Genossenschaft bis zu seiner Verhaftung durch die Nationalsozialisten 1933 führte. Kurz darauf waren es bereits 553 Genossen, die sich bis Ende September der Genossenschaft anschlossen. In einem Erbbaurechtsvertrag ließ sich die Staatsbahn Mitsprache- und Genehmigungsrechte eintragen, zudem sollten die Gebäude nach Ablauf des Vertrags in den Besitz der Eisenbahn übergehen.[33] Gerade bei der Errichtung einer eigenen Wirtschaft, kam es zu Schwierigkeiten, da der Bahn das Recht den Ausschank zu erlauben vorbehalten blieb.

Den Bau der Häuser finanzierte die Genossenschaft zu 80 Prozent aus staatlichen Darlehen und zu 20 Prozent durch die Arbeiterpensionskasse der Bayerischen Verkehrsanstalten in Rosenheim.

Für den weiteren Ausbau zeichnete sich die Genossenschaft mit Ausnahme der Häuser für die Angestellten der Betriebswerkstätte weitestgehend allein verantwortlich. Auch in der Gestaltung der Gebäude war nun ein einheitlicher Moment erkennbar. Anstelle der verschiedenen Gebäudetypen, mit denen die Staatsbahn in den Anfangsjahren auf der Suche nach dem passenden Typus variierte, fand man nun vor allem das kleine Mehrfamilienhaus vor, wobei das aus Kostengründen geschah. In der Siedlung, die weit vor den Toren Nürnbergs lag, wurden zahlreiche Versorgungseinrichtungen geplant, wovon auch ein großer Teil verwirklicht wurde. Zu den Einrichtungen zählten zwei Kirchen, eine Schule, verschiedene Läden, ein Kindergarten und ein Badehaus. Die Bewohner zeigten in anderen Bereichen dagegen Eigeninitiative. »Wir hatten eine kleine, aber rentable Molkerei errichtet. Die Milch wurde am Produktionsort gereinigt und tiefgekühlt. Wohl zahlten wir den Bauern 1 Pf. pro Liter mehr als die anderen, hatten dafür aber 3,7 % Mindest-Fettgehalt. Die Milch der großen Molkereien wurde um 24 Pf. pro Liter verkauft, wir gaben das Quantum um 20 Pf. Das Glas Joghurt kostete dort 18 Pf., bei uns 12 Pf. Dabei hatten wir einen Reingewinn von 10 000 Mark bis 16 000 Mark im Jahr.«[34] Die Wohnkolonie war schon zu Zeiten der Erbauung eine der schönsten Siedlungen in Nürnberg, wie Lehr in seinem Vortrag *Das Arbeiterwohnhaus* erwähnte. »Die andere Aeußerung welche ich anführen möchte, kam von Seite des derzeitigen Vorstandes der Baugenossenschaft im Rangierbahnhof. Er sagte mir nämlich vor kurzer Zeit: Herr Assessor, die Genossen hier außen am Rangierbahnhof werden von Tag zu Tag glücklicher und zufriedener.«[35]

Neben der Siedlung am Rangierbahnhof wurde nach dem Zweiten Weltkrieg rege weitergebaut. Es entstanden die Siedlungen St. Peter, Hummelstein und am Hasenbuck. Weiterhin war die Genossenschaft am Ausbau der neuen Parkwohnanlage Zollhaus, die direkt neben der alten Siedlung lag, beteiligt. Erst in den späten 1970er Jahren öffnete sich die Eisenbahnerbaugenossenschaft als letzte in Nürnberg auch für andere Berufsgruppen. Ein Grund war mit Sicherheit der Stellenabbau am Nürnberger Rangierbahnhof durch die Modernisierung der Gleisanlagen. Die Siedlung war von dem Gedanken getragen, dass eine gesündere Umgebung eine stärkere Arbeitskraft schafft.[36]

3.3. Baugenossenschaft ›Selbsthilfe‹ in Nürnberg

»Eine kleine Schar von verantwortungsbewußten Männern der christlichen Arbeiterbewegung gründete im Frühjahr 1912 in Nürnberg unsere Baugenossenschaft ‚Selbsthilfe' eGmbH.«[37] Bis Ende des Jahres wuchs die Mitgliederzahl auf 49 Personen, womit die Selbsthilfe in den Anfangsjahren als eine kleinere Genossenschaft zählte. Der Leitsatz war *deutsch, demokratisch, christlich, sozial.*[38]

Schon ein Jahr später war das erste Grundstück gekauft, das bis Kriegsausbruch fertig bebaut wurde. Da die Geschäftsanteile als Eigenkapital nicht ausreichten, gab man Schuldscheine an Mitglieder und Nichtmitglieder aus. So kamen bis Ende 1913 18.000 Mark an Anteilen zusammen.

Anders als die privaten Initiativen, nahmen die Genossenschaften, darunter auch die Selbsthilfe, die Bautätigkeit nach dem Krieg rasch wieder auf. Im Gegensatz zu der Gartenstadt und der Wohnkolonie Rangierbahnhof wurden von ihr in Stadtnähe große Wohnanlagen mit hunderten von Wohnungen errichtet. Die Grundstücke lagen meist in den bereits eingemeindeten oder schon überbauten Stadtteilen, wie Gibitzenhof, Steinbühl und Lichtenhof. Auch unterschiedlich zu den anderen Siedlungen ist, dass in den Selbsthilfe-Wohnanlagen kaum Versorgungseinrichtungen errichtet wurden, da in den verschiedenen Stadtteilen das Angebot bereits vorhanden war. Viel Wert wurde dagegen von Beginn an auf grüne Innenhöfe gelegt, die eine Art Ruheoase darstellen sollte.

Die Selbsthilfe vergrößerte sich im Lauf der Zeit, indem sie mit anderen, meist kleineren Baugenossenschaften verschmolzen wurde. Ab 1926 traten auch Angehörige der christlichen Arbeiterbewegung aus Schwabach bei, wo 60 Wohnungen erstellt wurden. Zudem fusionierte sie mit weiteren Baugenossenschaften zwischen 1941 und 1943[39]. Damit betrug der Gesamtwohnungsbestand 1409 Wohnungen.[40] Mit Ausnahme der Baugenossenschaft West blieben die anderen Genossenschaften auch nach 1945 bei der Selbsthilfe. Gerade in der Nachkriegszeit besann man sich wieder auf die alten Werte, wie Selbsthilfe, Selbstverwaltung und Selbstverantwortung. »In den Schuttbergen und Ruinen unserer zerstörten Häuser regte sich schon bald wieder der Lebens- und Aufbauwille der Menschen. Schutträumung, Instandsetzung und große Opfer in finanzieller und materieller Hinsicht kennzeichneten die Tatkraft und Haltung unserer Mitglieder.«[41]

Neben dem Mietwohnungsbau betätigte sich die Selbsthilfe auch auf anderen Feldern. Sie war Trägerin einer vorstädtischen Kleinsiedlung. Die Stadt Nürnberg gab die Verantwortung des Siedlungsbaus in die Hände der Genossenschaften. Die Siedler waren für den Bau ihrer Häuser eigenverantwortlich, die Selbsthilfe übernahm die Verwaltung und Organisation des sogenannten Siedlervereins Selbsthilfe. Die Häuser gingen dann in die Hände der Interessenten über. »Mit dieser Maßnahme, die als wertschaffende Arbeitslosenfürsorge in die Geschichte einging, sollte neben einer einfachen Wohngelegenheit die Möglichkeit gegeben werden, durch Gartenbewirtschaftung die Lebenshaltung zu verbessern.«[42] Später, ab 1961, errichtete die Baugenossenschaft auch Eigenheime im Nürnberger Stadtteil Reichelsdorf. Die Häuser sollten zu einem günstigen Preis abgegeben werden. Ein weiterer Meilenstein in der 100-jährigen Geschichte war der Verkauf der Kleinhaussiedlungen der verschmolzenen Baugenossenschaften. Die meisten Häuser wurden an die langjährigen Bewohnern zu sehr günstigen Preisen verkauft. Hier wollte man den Familien aus sozialer Hinsicht zu einem eigenen Heim verhelfen.

4. Fazit

Auch nach dem zweiten Weltkrieg waren die Baugenossenschaften wieder die ersten, die am Wiederaufbau der Häuser beteiligt waren. Einige Baugenossenschaften, wie die Eigenheimbaugenossenschaft Falkenheim und das Volkswohnungswerk wurden neugegründet, die meisten Vereinigungen aus der Vorkriegszeit existierten weiter. Bis in die 1970er Jahre hinein, beteiligten sich die Baugenossenschaften an der Versorgung der Stadt Nürnberg mit Kleinwohnungen. Auch wenn in letzter Zeit kaum noch neue Vereinigungen gegründet wurden und die Bautätigkeit ebenfalls nachließ ist die Bedeutung des Genossenschaftsbaus in Nürnberg am Stadtbild nach wie vor erkennbar.

Eine neue Art der Selbsthilfe im Bauwesen macht in Nürnberg seit einigen Jahren von sich Reden. Die Baugenossenschaft andersWOHNEN eG verbindet dem Zeitgeist entsprechend ein anderes Modell der Selbsthilfe. Wie in der Satzung der Baugenossenschaft zu lesen ist, zeugt es von einem individuellen Konzept. »Zweck der Genossenschaft ist eine gute, sichere und sozial verantwortbare, wirtschaftliche Wohnungsversorgung ihrer Mitglieder. Insbesondere fördert die Genossenschaft gemeinschaftliches und selbstbestimmtes Wohnen in dauerhaft gesicherten Verhältnissen. Die Genossenschaft fördert vorrangig die Belange älterer und allein erziehender Menschen. In Ausnahmefällen habe auch andere Personengruppen (nach Vorstandsbeschluss) Wohnrecht.«[43]

Die Genossenschaft im Wohnungsbau ist kein Auslaufmodell, wie auch an der Tatsache zu erkennen ist, dass es zum Beispiel in der Gartenstadt eine Warteliste von bis zu drei Jahren gibt um an ein Haus zu gelangen.

1   Michael Gasteiger, Die Arbeiterwohnungsfrage in Deutschland mit besonderer Berücksichtigung der Baugenossenschaften, München 1916, S. 81.

2   Vgl. Gasteiger, Arbeiterwohnungsfrage (wie Anm. 1), S. 82.

3   Vgl. Gasteiger, ebd., S. 82.

4   Vgl. Gasteiger, Arbeiterwohnungsfrage (wie Anm. 1), S. 82.

5   Vgl. Dr. Carl Koehne, Die Baugenossenschaften (Städtebauliche Vorträge, Bd. 5, Heft 4), Berlin 1912, S. 9.

6   Koehne, Baugenossenschaften (wie Anm. 5), S. 9.

7   Vgl. Victor Aime Huber, Die Selbsthülfe der arbeitenden Klassen durch Wirtschaftsvereine und innere Ansiedlung (Genossenschaftliche Kultur 21.-23. Heft), Esslingen a.R. 1916.

8   Vgl. Bernd Windsheimer, 100 Jahre Baugenossenschaft des Eisenbahnpersonals Nürnberg und Umgebung eG 1907–2007, Nürnberg 2004, S. 8.

9   Vgl. Gasteiger, Arbeiterwohnungsfrage (wie Anm. 1), S. 90.

10   Vgl. Gasteiger, ebd., S. 94.

11   Dr. F. Schneider, Mittheilungen über Deutsche Baugenossenschaften, Leipzig 1875, S. 11f.

12   Vgl. Gasteiger, Arbeiterwohnungsfrage (wie Anm. 1), S. 102.

13   Vgl. Schneider, Mittheilungen (wie Anm. 11), S. 17.

14   Vgl. Gasteiger, Arbeiterwohnungsfrage (wie Anm. 1), S. 111.

15   Vgl. Windsheimer, Baugenossenschaft (wie Anm. 8), S. 9.

16   Wohnungsgenossenschaft Sigmund Schuckert e.G., 100 Jahre Wohnungsgenossenschaft Sigmund Schuckert:1896–1996, Nürnberg 1996, S.11.

17   Vgl. StAN, Adressbücher der Stadt Nürnberg 1896–1917.

18   Revisionsverband der Baugenossenschaften des Bayerischen Verkehrspersonals: 25 Jahre Revisionsverband der Baugenossenschaften des Bayerischen Verkehrspersonals 1902–1927, München 1927, S. 75.

19   Dazu zählt der Eisenbahnerbauverein Nürnberg-Hbf (gegründet 1908; Umbenennung und Öffnung 1925 in Baugenossenschaft Nürnberg-Gleißhammer), die Baugenossenschaft des Eisenbahn-Personals Nürnberg und Umgebung (1910 gegründet) und die kleine Eisenbahnerbaugenossenschaft Nürnberg-Ostbahnhof (ebenfalls 1910 gegründet)

20   Vgl. StAN, Adressbücher der Stadt Nürnberg 1918–1932.

21   zu finden sind in den Büchern: Baugenossenschaft der baukaufm. und technischen Angestellten (ab 1927–1928);
Baugenossenschaft ›Bruderhilfe‹ e.G.m.b.H., Nürnberg;
Baugenossenschaft Buch bei Nürnberg und Umgebung;
Baugenossenschaft ›Bürgerheim‹ eGmbH (ab 1926);
Baugenossenschaft Eibach; Baugenossenschaft Eichelberg;
Baugenossenschaft der städtischen Gasarbeiter und Beamten (bis 1928);

Baugenossenschaft St. Johannis (bis 1928);
Baugenossenschaft des Reichsverbandes deutscher Kriegsbeschädigter
und Kriegerhinterbliebener; Baugenossenschaft Lindenhain;
Baugenossenschaft für Angehörige der Maschinenfabrik Augsburg-Nürnberg;
Baugenossenschaft Mühlhof;
Baugenossenschaft Nürnberg-Gebersdorf (bis 1928);
Baugenossenschaft Nürnberg-Nordost; Baugenossenschaft Reichelsdorf und Umgebung;
Baugenossenschaft Volkswohl;
Baugenossenschaft West;
Baugenossenschaft der Wohnungslosen und Wohnungssuchenden der Stadt Nürnberg;
Baugenossenschaft Zerzabelshof; Bauverein Nürnberg-Dutzendteich;
Beamtenbaugenossenschaft Nürnberg;
Garten- und Wohnungsbaugenossenschaft Nürnberg-Schoppershof;
Gemeinnützige Baugenossenschaft Nürnberg-Oedenberg eGmbH;
Gemeinnützige Baugenossenschaft selbst. Handwerker eGmbH;
Gemeinnützige Siedlungsgenossenschaft,
Kriegerwohnstätten Nürnberg eGmbH; Krieger-Heimstätten-Baugenossenschaft
Rosenhof eGmbH (Umbenennung in: Baugenossenschaft Rosenhof);
Kriegsbeschädigten- und Kriegerhinterbliebenen-Baugenossenschaft Reichelsdorf
eGmbH; Straßenbahner-Baugenossenschaft Nürnberg eGmbH (1919).

22   Koehne, Baugenossenschaften (wie Anm. 5), S. 19.

23   Vgl. Revisionsverband, 25 Jahre (wie Anm. 18), S. 77.

24   Arnd Müller, Armenquartier, in: Hermann Glaser/Wolfgang Ruppert/ Norbert
Neudecker (Hg.), Industriekultur in Nürnberg. Eine deutsche Stadt im Maschinen-
zeitalter, München 1980, S. 35.

25   Baugenossenschaft Falkenheim eGmbH Nürnberg, Falkenheim 1950-1960.
Selbstportrait einer Siedlungsgemeinschaft im Süden der Stadt Nürnberg, Nürnberg
1960, S. 2 (nicht pagiert)

26   Hans Kampffmeyer, Die Gartenstadtbewegung, Leipzig 1913 (2. Auflage), S. 7/8.

27   Ebenezer Howard, Gartenstädte in Sicht, Jena 1907, S. 9.

28   Camillo Sitte, Der Städtebau nach seinen künstlerischen Grundsätzen,
Wien 1901, 3. Aufl. (Nachdruck 1965)

29   Vgl. Martina Sutter-Kress, Die Nürnberger Gartenstadt – Die Entstehung einer
Siedlung im Kontext der deutschen Gartenstadtbewegung, der Bebauungsplan und die
Bauten der Architekten Richard Riemerschmid und Heinrich Lotz, Erlangen 1999, S. 71.

30   Windsheimer, Baugenossenschaft (wie Anm. 8), S. 14.

31   Windsheimer, ebd., S. 16.

32   Windsheimer, ebd., S. 18.

33   Der Vertrag lief Ende der 1970er Jahre aus, daraufhin übernahm die Genossenschaft
die von ihnen erstellten Häuser. Die Gebäude, die die Staatsbahn erstellte, sind heute
entweder in Genossenschaftsbesitz oder in Privathand.

34 Baugenossenschaft des Eisenbahnpersonals Nürnberg und Umgebung, Festschrift herausgegeben anlässlich des 50-jährigen Bestehens der Baugenossenschaft des Eisenbahnpersonals Nürnberg und Umgebung e.G.m.b.H. 1907–1957, Nürnberg 1957, 9.

35 Lehr, Das Arbeiterwohnhaus, Vortrag vom 28.01.1910 in Nürnberg, Nürnberg 1910, S. 16.

36 Vgl. Jutta Tschoeke, Gartenstädte in Nürnberg, In: Peter-Klaus Schuster (Hg.): Peter Behrens und Nürnberg, München 1980, S. 242.

37 Baugenossenschaft Selbsthilfe eGmbH, 50 Jahre Baugenossenschaft Selbsthilfe Nürnberg, Nürnberg 1962, S. 10.

38 Vgl. Selbsthilfe, 50 Jahre (wie Anm. 37), S. 56.

39 Dazu zählten: Baugenossenschaft West (ab 1952 wieder selbständig), Baugenossenschaft Lindenhain, Baugenossenschaft Eichelberg, Baugenossenschaft Eibach und die Baugenossenschaft Kriegsbeschädigte und Kriegshinterbliebene.

40 Vgl. Baugenossenschaft Selbsthilfe, 65 Jahre Baugenossenschaft Selbsthilfe Nürnberg, Nürnberg 1977.

41 Selbsthilfe, 65 Jahre (wie Anm. 40), S. 11.

42 Siedlervereinigung Selbsthilfe, 40 Jahre Siedlervereinigung Selbsthilfe, Nürnberg 1972, S. 3.

43 Satzung der Baugenossenschaft andersWohnen eG, Nürnberg 2007, §2(1) und §2(2).

Berufsständische Spezialbanken in der Rechtsform der Genossenschaft – das Beispiel der LIGA Bank eG

Margarete Wagner-Braun

1. Zum Charakter der Kreditgenossenschaften

Die besonderen Charakteristika der Kreditgenossenschaften grenzen diese nicht nur von den anderen Banktypen[1] ab, sondern sind zugleich ihre besondere Identität. Das Primat des Förderauftrages zusammen mit der genossenschaftlichen Eigentumsordnung und der Eigenverantwortung der Genossenschaftsmitglieder nennt Gerhard Schorr den ›genetischen Code‹ der Genossenschaft.[2] Auch nach 150 Jahren Genossenschaftsgeschichte ist das Förderprinzip weder banal noch überholt. Menschen schlossen und schließen sich zu einer Genossenschaft zusammen, um im Zusammenwirken kooperativ ein wirtschaftliches Ziel zu erreichen. Dieses Ziel ist auf der Ebene der Genossenschaftsmitglieder angesiedelt, die Genossenschaft ist lediglich das Vehikel. Hierin besteht ein wesentlicher Unterschied zu Unternehmen anderer Rechtsformen, wo das Unternehmen, bzw. die Gewinnsituation des Unternehmens im Vordergrund steht. Auch deshalb geht die Erwartungshaltung der Mitglieder und Nichtmitgliederkunden von Kreditgenossenschaften insbesondere in Zeiten wirtschaftlicher Krisen verstärkt dahin, einen vertrauenswürdigen, verlässlichen und auf Nachhaltigkeit ausgerichteten Geschäftspartner an der Seite zu haben[3]. Somit ist der Erfolg einer Kreditgenossenschaft vor allem an ihrer Kompetenz bei der Erfüllung des Förderauftrages zu messen; betriebswirtschaftliche Ziele und für das Überleben der Institution wichtige Rentabilitätskriterien erhalten angesichts dieser Wertsetzung den Charakter strenger Nebenbedingungen.[4] Die Art und Weise, wie eine Kreditgenossenschaft den Förderauftrag konkret erfüllt, hängt vor allem vom Mitglieder- und Kundenkreis ab, den sie betreut bzw. als Zielgruppe anpeilt.[5]

Das moderne genossenschaftliche Bankwesen bildete sich ab der zweiten Hälfte des 19. Jahrhunderts heraus, als sich die gesamte deutsche Bankenstruktur neu formierte.[6] Üblicherweise entstanden Kreditgenossenschaften infolge einer Unterversorgung mit Kredit,[7] sei es in einer bestimmten Region oder vor allem in Bezug auf eine bestimmte mittelständische Berufsgruppe.[8] Der genossenschaftliche Zusammenschluss entstand in der Regel aus einem ›Gefühl der Bedrohung‹, das zu einer ›Solidarität der Not‹ veranlasste.[9]

Die bekanntesten und am weitesten verbreiteten Kreditgenossenschaften waren und sind die *Volksbanken und die Raiffeisenbanken.* Dazu kamen noch weitere genossenschaftliche Nebentypen bzw. Spezialbanken, die vor allem die Kreditbedürfnisse des so genannten neuen Mittelstandes bedienten und deshalb ihren Kundenkreis sehr eng auf hierzu gehörige Berufsgruppen begrenzten.[10] Somit stand bei den genossenschaftlichen Spezialbanken der berufsständische Charakter im Vordergrund.[11] Dies gilt vor allem für Gründungen des 19. und der ersten Hälfte des 20. Jahrhunderts, als sich die Kreditbedürfnisse eines jeweiligen Berufsstandes noch viel deutlicher von denjenigen anderer Berufsgruppen unterschieden als das heute der Fall ist. Nicht zuletzt deshalb haben im Laufe der letzten Jahrzehnte viele ursprünglich streng berufsständisch ausgerichtete Kreditgenossenschaften ihren Zuschnitt auf eine bestimmte Berufsgruppe gelockert oder sogar aufgegeben.

Somit wird in diesem Beitrag der Charakter einer genossenschaftlichen Spezialbank in erster Linie vom beruflichen Status der Mitglieder her definiert, auf den die angebotene Produktpalette zugeschnitten ist. Es gibt jedoch auch Ausnahmen, wie zum Beispiel wenige moderne Gründungen der Nachkriegszeit, die nicht den berufsständischen Charakter betonen, sondern andere Kriterien wie zum Beispiel Ökologie, Ethik und Nachhaltigkeit und deshalb zu genossenschaftlichen Spezialbanken werden. Aus der Betonung derart gesellschaftlich relevanter Aspekte leitet sich in der Regel sowohl eine besondere Geschäftsphilosophie als auch ein spezielles Produktangebot ab, das zusätzlich zur allgemein im

Bankbereich üblichen Produktpalette angeboten wird. Dieser Impuls ist bereits zur europaweiten Bewegung geworden, nicht nur im Hinblick auf die geschäftliche Ausrichtung und auf das Produktangebot der Banken, sondern auch für die Unternehmen, die unter anderem auch daraus einen Impuls erhalten, ihre Geschäftsgrundsätze an ethischen Prinzipien und an dem Gedanken der Nachhaltigkeit auszurichten.

Dafür, dass es auch eine Kombination beider Bereiche gibt, also Genossenschaftsbanken, die sowohl berufsständischen Charakter haben und zugleich eine starke soziale, ethische und ökologische Ausrichtung vorweisen, ist die LIGA Bank eG Regensburg ein heraus stechendes Beispiel, das in diesem Beitrag ausführlich behandelt wird.[12]

Wenn das Regionalprinzip[13] auch für die meisten Spezialbanken typisch ist,[14] so gilt hier im Gegensatz zu den Volks- und Raiffeisenbanken, dass die Geschäftsgebiete üblicherweise deutlich weiter gesteckt sind, bzw. das Regionalprinzip sogar eine untergeordnet oder keine Rolle spielt.[15] In diesem Beitrag werden die wichtigsten Typen genossenschaftlicher Spezialbanken angesprochen, ein Anspruch auf Vollständigkeit wird nicht erhoben.

2. Ausgewählte Spezialbanken

2.1. Die Sparda-Banken

Die Sparda-Banken sind ein Verbund von derzeit 12 Instituten[16] in Deutschland, von denen sich vier in Bayern befinden.[17] Im Jahr 2007 zum Beispiel betrug die kumulierte Bilanzsumme aller Institute 52,6 Mrd. €. Sie sind hinsichtlich der Produktpolitik, der Organisation und der Technik sehr homogen aufgestellt und im Verband der Sparda-Banken e.V. zusammengeschlossen, der als Prüfungsverband die Pflichtprüfungen im Sinne des Genossenschaftsgesetzes vornimmt.[18]

Die ehemaligen Spar- und Darlehenskassen waren ursprünglich die Standesbanken des Eisenbahnpersonals, dem vor allem Kleinkredite zur Verfügung gestellt wurden. Die erste Sparda-Bank wurde im Mai 1896 unter dem Namen ›Spar- und Vorschuss-Verein der badischen Eisenbahnbeamten‹ in Karlsruhe gegründet. Zwischen 1896 und 1914 entstanden 21 weitere Institute und zwischen 1922 und 1931 kamen weitere acht hinzu.[19] Zwischen 1970 und 1980 öffneten sich die Sparda-Banken zunächst allen Beamten und Angestellten im öffentlichen Dienst und schließlich allen Privatpersonen. Heute steht der private Kunde im Mittelpunkt der Geschäftstätigkeit. Als eine konsequente Form der praktischen Umsetzung des Förderauftrages ist von Anfang an das Girokonto der Sparda-Banken für Kunden als Lohn-, Gehalts- oder Rentenkonto gebührenfrei.[20] In Bayern entstanden die ersten Sparda-Banken in der Zwischenkriegszeit. Nach der Gründung der Reichsbahn- Spar- und Darlehenskassen München und Nürnberg (1930) entstand im November 1931 in Regensburg aufgrund der Initiative von 30 Eisenbahnern die Reichsbahn- Spar- und Darlehenskasse Regensburg, ebenfalls in der Rechtsform der eingetragenen Genossenschaft mit beschränkter Haftung.[21] Unter der heutigen Bezeichnung Sparda-Bank Ostbayern (seit 2010) bedient sie das Geschäftsgebiet Ostbayerns mit Niederbayern, dem Großteil der Oberpfalz und Teilen Oberfrankens. Die Sparda-Bank Augsburg ist die jüngste aller deutschen Sparda-Banken; sie entstand aus einer im Jahr 1969 eröffneten Filiale der Sparda-Bank München.[22]

2.2. Die Deutsche Apotheker– und Ärztebank

Die Deutsche Apotheker- und Ärztebank eG (ApoBank) mit Sitz in Düsseldorf betont zwar die berufsständische Orientierung, verfügt aber nicht über den im Genossenschaftswesen typischen Regionalcharakter, da sie ihr Geschäftsgebiet schon immer auf das gesamte deutsche Gebiet ausgedehnt hatte; 2012 verfügt sie über mehr als 70 Filialen in ganz Deutschland. Im Jahr 2011 betrug die Bilanzsumme 38,8 Mrd. €.[23] Damit ist sie das größte genossenschaftliche Primärinstitut.[24]

Auch die Apothekerschaft befand sich an der Wende zum 20. Jahrhundert in einer wirtschaftlichen Notlage, die insbesondere in der Form einer Kreditnot zum Ausdruck kam; insofern liegt das Motiv der Gründungsinitiative in der ›internen Selbsthilfe notleidender Beteiligter‹. Im Dezember 1902 gelang dem Apotheker R. Mattern zusammen mit 17 Apothekern die Gründung des ›Kredit-Verein Deutscher Apotheker Danzig e.G.m.b.H.‹ (seit 1909 abgekürzt KREDA). Neben den für Kreditgenossenschaften allgemein üblichen Geschäftsfeldern wie Darlehensgewährung, Depositenannahme, Effektenhandel und Giroverkehr engagierte sich der Kredit-Verein auch bei der Finanzierung von Studiengeldern, der Hypothekenvermittlung, dem gemeinsamen Bezug von Arzneimitteln und dem An- und Verkauf von Apotheken. Seit 1908 wurde auch die Abschlussvermittlung im Versicherungsgeschäft angeboten. Nach dem Ersten Weltkrieg war das Institut durch die Abtrennung Danzigs vom deutschen Staatsgebiet gezwungen, seinen Sitz zu verlegen; seit 1921 hatte der KREDA seinen Sitz in Berlin. Im Jahr 1938 kam es zur Fusion mit der ›SPARDA Spar- und Kreditgenossenschaft Deutscher Apotheker e.G.m.b.H.‹, was zur Umfirmierung in ›Deutsche Apothekerbank e.G.m.b.H., Berlin‹ führte.[25] Unmittelbar nach dem Zweiten Weltkrieg blieb die Wiederaufnahme des Geschäftsbetriebes in Berlin versagt, so dass es erst 1949 zur Gründung der ›Westdeutsche Apothekerbank e.G.m.b.H.‹ mit Sitz in Düsseldorf kam; nun wurde die Geschäftstätigkeit der Bank auf alle Heilberufe ausgedehnt, also auch auf Ärzte, Zahnärzte und Tierärzte. Für diese Neugründung war ein anderes als das sonst übliche Motiv entscheidend: Hier fand sich eine Berufsgruppe zusammen, die infolge der Entwicklung der medizinischen Möglichkeiten eine wesentliche Verbesserung der wirtschaftlichen und sozialen Position erreicht hatte. Es handelte sich also um »Gründungs- und Entstehungsaktivitäten kooperationsgeeigneter Personen, deren Lebenslagen durch günstige äußere Umstände geprägt wurden«.[26] Seit 1957 firmierte das Institut als ›Deutsche Apotheker- und Ärztebank e.G.m.b.H.‹ und seit 1974 als Deutsche Apotheker- und Ärztebank eG. Sie hat ihren berufsständischen Charakter bis heute bewahrt.

2.3. Die Beamtenbanken

Ziel der Beamtenbanken ganz allgemein war es, die Kreditnot innerhalb des Beamtenstandes zu mildern. Sie vergaben anfangs meist Kleinstkredite, deren Betrag unter 100 Mark lag. Bis zum Ersten Weltkrieg wurden in Deutschland ca. 15 Beamtenbanken gegründet. Die Bayerische Beamtenbank kam 1920 dazu. Erste von bayerischen Volksschullehrern initiierte Gründungsversuche gehen allerdings ins 19. Jahrhundert zurück. Als federführend erwies sich der 1861 entstandene *Bayerische Volksschullehrerverein,* der sich für die Verbesserung der finanziellen Lage der Volksschullehrer in Bayern einsetzte.

Den genossenschaftlichen Fördergedanken realisierte die Bayerische Beamtenbank in besonderer Weise im Jahre 1969, indem Kontoführungsgebühren nicht mehr erhoben und günstigere Kreditkonditionen eingeführt wurden. Zum ersten Januar 1999 fusionierte sie mit der Badischen Beamtenbank eG zur BBBank eG.[27] Im Jahr 2011 betrug die Bilanzsumme der BBBank eG 7,4 Mrd. €. Sie sieht sich als Partner der Beschäftigten des öffentlichen Dienstes und bezeichnet sich als die einzige bundesweit tätige genossenschaftliche Privatkundenbank, die mit ca. 130 Filialen und Beratungsbüros in 67 Städten in zwölf Bundesländern präsent ist.[28]

2.4. Die PSD Banken

Die PSD Bankengruppe ist 2012 mit 15 selbständigen und regional agierenden Banken in ganz Deutschland vertreten.[29] Im Jahr 2011 betrugen die Bilanzsummen der drei bayerischen Institute 806,3 Mio. €[30] (PSD Bank Niederbayern-Oberpfalz), 1.755 Mio. €[31] (PSD Bank München), 2.431 Mio. €[32] (PSD Bank Nürnberg).[33]

Die Post- Spar- und Darlehensvereine wurden im Jahr 1872 im damaligen Reichsgebiet, ohne Bayern und Württemberg unter dem Namen »Spar- und Vorschußverein von Postbeamten im Bezirke der Kaiserlichen Oberpostdirektion zu ...« gegründet. Die Initiative ging dabei von dem Generalpostdirektor Heinrich Stephan aus, der mit dem Rundschreiben vom 4.1.1872 »Kaiserliches General-Postamt an sämtliche Kaiserliche Ober-Postdirektionen« die Gründungen als Wohlfahrts- und Selbsthilfeeinrichtungen des Postpersonals veranlasste. Die Ideen Hermann Schulze-Delitzschs und die Erfahrungen der damals bereits bestehenden *Vorschuß- und Creditvereine* wurden zwar als Vorbild genommen, die Gründungen aber erfolgten nicht in der Rechtsform der Genossenschaft, sondern als Vereine, die im Sinne des späteren § 22

BGB[34] ihre Rechtsfähigkeit durch staatliche Verleihung erhielten. Anlass für diese Gründungen war die als unzureichend empfundene soziale Absicherung der »Postbeamten und contractlichen Diener«, insbesondere die geringe Besoldung und der fehlende Krankenversicherungsschutz.[35] Im Zentrum stand auch hier – wie damals im Genossenschaftsbereich üblich – einerseits die Versorgung nicht wohlhabender Personen eines bestimmten Berufsstandes mit günstigem Kredit und andererseits die Möglichkeit der Ersparnisbildung. Das Handwörterbuch des Genossenschaftswesens bezeichnet die Post Spar- und Darlehensvereine als »die ältesten unter vergleichbaren Einrichtungen und die älteste Selbsthilfeeinrichtung der Post überhaupt«.[36] Allerdings handelte es sich nicht um eine Gründung von der Basis der Mitglieder ausgehend, ein wichtiges Kriterium für eine klassische Genossenschaftsgründung, sondern vielmehr um eine Gründung ›von oben‹ innerhalb der Posthierarchie. In diese Richtung weist auch die Tatsache, dass die Selbstverwaltung nicht der Basis überlassen blieb, sondern dass der Präsident der jeweiligen Oberpostdirektion den Vorsitz im Vorstand des Spar- und Darlehensvereins übernahm und die Geschäftsführer der Vereine Angehörige des höheren Dienstes waren.[37] Es stand allerdings auch nicht nur der Gedanke der Selbsthilfe im Vordergrund, sondern auch die Befürchtung, das in Not geratene Personal könnte der Versuchung erliegen und sich »an Postgeldern oder an dem der Post anvertrauten Gut vergreifen«.

Dass in Bayern in den damals acht Kreisen erst im Jahr 1934 jeweils ein Post- Spar- und Darlehensverein gegründet wurde,[38] lag an den politischen Verhältnissen Bayerns zur Zeit der Reichsgründung.[39] Erst das ›Gesetz zum Neuaufbau des Reiches‹ vom 30. Januar 1934 zusammen mit dem ›Gesetz zur Vereinfachung und Verbilligung der Verwaltung‹ vom 27. Februar 1934 beseitigte die frühere bayerische Posthoheit und das Reichspostministerium in Berlin veranlasste die Gründung von Post- Spar- und Darlehensvereinen in Augsburg, Bamberg, Landshut, München, Nürnberg, Regensburg, Speyer und Würzburg.[40] Der Reichskommissar für das Kreditwesen erteilte zwar die Erlaubnis zum Betrieb der bayerischen Post- Spar- und Darlehensvereine, äußerte aber gegenüber dem Reichspostministerium Bedenken bezüglich der Rechtsform des Vereins und schlug in Anlehnung an die Spar- und Darlehensvereine der Reichsbahn die Gründung als Genossenschaften beziehungsweise die Überführung aller Vereine in Genossenschaften vor. Das Reichspostministerium wollte dem allerdings nicht zustimmen. In seinem Schreiben an die Reichspostdirektionen vom September 1937 begründete es diese Haltung mit der Befürchtung, ein Rechtsformwechsel wäre kostenintensiv (Urkunden- und Notariatskosten), brächte eine Erschwerung der Geschäftsführung mit sich und würde Unruhe im Kreis der Mitglieder erzeugen.[41] Der Rechtsformwechsel wurde nicht vollzogen, womit sich schließlich auch der Reichskommissar für das Kreditwesen einverstanden erklärte, allerdings unter der Bedingung, dass sich die Post- Spar- und Darlehensvereine, die er den Kreditgenossenschaften faktisch gleich gestellt sah, an das Genossenschaftsrecht anlehnen sollten. Insbesondere verlangte er die Anpassung in Bezug auf die Aufstellung der Jahresabschlüsse, bezüglich der Erhöhung des haftenden Eigenkapitals der Vereine, der Haftung der Mitglieder über den Geschäftsanteil sowie bezüglich der Beaufsichtigung und der Prüfung.[42] Damit war die Diskussion ›Genossenschaft oder Verein durch staatliche Verleihung‹ abgeschlossen. Die bayerischen Post- Spar- und Darlehensvereine erhielten schließlich im Jahr 1940 ihre Rechtsfähigkeit.[43] Im Jahr 1943 wurde als Folge des ›Führererlasses‹ zur Vereinfachung der Verwaltung vom 25.01.1942 die Anzahl der bayerischen Post Spar- und Darlehenskassen verringert: Bamberg, Würzburg und Regensburg kamen zu Nürnberg, Landshut zu München und Speyer zu Saarbrücken. Im Jahr 1946 wurde der Post Spar- und Darlehensverein Regensburg erneut gegründet.[44]

Die Post- Spar- und Darlehensvereine waren also keine typischen Genossenschaftsgründungen ›von unten‹, sondern wurden von den Oberpostdirektionen angeordnet; somit fehlt ihnen ein wesentliches genossenschaftliches Merkmal, auch wenn sie überwiegend nach genossenschaftlichen Grundsätzen arbeiteten und arbeiten. Gegen diese Gründungen ›von oben‹ wandte sich im Jahr 1922 die damalige Deutsche Postgewerkschaft mit der Gründung der ›Spar- und Darlehens-kasse des Reichspostpersonals in Bayern e.G.m.b.H. München‹, die im Jahr 1934 etwa 1200 Mitglieder umfasste.[45] Diese Selbsthilfekasse und die ›Beamten Spar- und Darlehenskasse München e.G.m.b.H.‹ als ›Be-amtensparkasse‹ des Bayerischen Beamtenverkehrsvereins (Bahn und Post) standen in direkter Konkurrenz zu den Post- Spar- und Darle-hensvereinen.

2.5. Weitere Spezialbanken im Überblick

Vor allem in Großstädten gibt es auch Genossenschaftsbanken, die den Ortsnamen besonders herausstellen, so die Hamburger Volksbank, die Kölner Bank, die Aachener Bank, die Wiesbadener Volksbank, die Au-gusta-Bank Augsburg, die Münchner Bank, die Münchener Hypothe-kenbank und die Bank 1 Saar. Diese Banken verfolgen die für Volks- und Raiffeisenbanken typische Geschäftsphilosophie und Geschäftspolitik, sind also im hier definierten Sinne, bezogen auf den Kunden- und Mit-gliederkreis, keine Spezialbanken, vielmehr fallen sie lediglich durch ihre Namensgebung auf.

Im Falle der Münchener Hypothekenbank liegt der Charakter der Spe-zialbank auch auf dem Gebiet der geschäftlichen Ausrichtung auf das Hypothekengeschäft.[46]

Die Augusta-Bank eG Raiffeisen-Volksbank entstand im Laufe von 112 Jahren aus einer Vielzahl von Fusionen.[47] Die Bank in ihrer heutigen Form ist im Jahr 1999 aus den unmittelbaren Vorgängerinstituten Au-gusta-Bank eG und Raiffeisen-Volksbank Augsburg eG entstanden.[48]

Die Münchner Bank feierte 2012 ihr 150-jähriges Bestehen.[49] Mit dem Gründungsjahr 1862 ist die Münchner Bank die älteste und eine der größten Kreditgenossenschaften Bayerns. Sie ist mit 34 Geschäftsstellen in München und Umgebung für mittelständische Unternehmen und Privatkunden tätig.[50] Im Jahr 2011 betrug die Bilanzsumme 2,9 Mrd. €.[51]

Genossenschaftliche Teilzahlungsbanken können ebenfalls als Spezialbanken bezeichnet werden. Sie sind Selbsthilfeeinrichtungen des mittelständischen Einzelhandels und Handwerks mit dem Auftrag, den Absatz ihrer Mitglieder durch Teilzahlungskredite an deren Kunden zu fördern. Erste Institute entstanden 1926 mit dem Schwerpunkt auf dem Konsumentenkreditgeschäft. In der Regel refinanzieren sich Teilzahlungsbanken über Gelder aus dem Verbund.[52]

Nicht nach dem Kunden- und Mitgliederkreis, sondern nach der geschäftsphilosophischen Ausrichtung definieren sich Spezialbanken, die in der Nachkriegszeit, insbesondere seit den 1970er Jahren und innerhalb der letzten zehn Jahre, gegründet wurden.[53] Diese als Ökobanken oder alternative Banken oder Ethikbanken bezeichneten Institute betonen, dass sie bei der Geldanlage, also der Verwendung der eingezahlten Mittel, Wert auf ethische und moralische Aspekte sowie auf soziale und ökologische Nachhaltigkeit der Investition legen.[54] Neben der sonst üblichen Palette an Finanzmarktprodukten bieten diese Banken entsprechend ihrer dezidiert vertretenen Geschäftsphilosophie spezielle Produkte an. Auch haben diese Banken oft besondere Strukturen entwickelt, die ihre Geschäftsphilosophie widerspiegeln und deren Umsetzung dauerhaft sicherstellen; somit spielt hier Transparenz eine große Rolle. Teilweise werden auch interne und oder externe Anlageausschüsse gebildet, die über die Einhaltung der zugesagten Anlagekriterien wachen sollen.[55]

Die GLS Gemeinschaftsbank (Gemeinschaftsbank für Leihen und Schenken) gehört dem Bundesverband der Deutschen Volksbanken und Raiffeisenbanken an. Im Jahr 2011 betrug ihre Bilanzsumme 2,262 Mrd. €. Die Milliardengrenze wurde erstmals im Jahr 2008 überschritten; seit der Finanzmarktkrise[56] ist die Bilanzsumme der GLS Bank also sprunghaft angestiegen.[57] Hier dürfte ihre spezielle Ausrichtung mit ausschlaggebend gewesen sein. Die im Jahr 1974 in Bochum gegründete[58] und aus einem anthroposophischen Milieu stammende Genossenschaftsbank bezeichnet sich als die erste sozial-ökologische Universalbank der Welt.

Für die GLS Bank hat Geld drei Qualitäten: Zahlungsmittel, Leihgeld und Schenkungsgeld. Aus diesem Grundsatz wurden verschiedene ›GLS-typische‹ Instrumente gebildet wie zum Beispiel Leih- und Schenkungsgemeinschaften, Kostendeckungsumlage und die Möglichkeit, bei einer Geldanlage den Zins zu spenden oder den Bereich auszuwählen, in den die Geldanlage investiert werden soll. Seit den 1980er Jahren greift die GLS Bank gesellschaftlich relevante Themen und Bereiche frühzeitig auf und prägt und erweitert so ihr Geschäftsfeld. So ist sie zum Beispiel nach eigenen Angaben in folgenden Bereichen tätig: freie Schulen, regenerative Energien, Wohnprojekte, Einrichtungen für alte und pflegebedürftige sowie behinderte Menschen, Biobranche, nachhaltige Landwirtschaft und nachhaltig wirtschaftende Unternehmen. In den 1990er Jahren nahm der Druck zu, der sich aus dem Spannungsfeld zwischen den vertretenen Idealen und den Sachzwängen des Bankgeschäfts ergab, und das Unternehmen fand zu einer stärkeren Professionalisierung. Im Jahr 2003 übernahm sie die Geschäfte der in Schwierigkeiten geratenen Ökobank[59] und 2008 die IntegraBank[60] München.[61]

Die EthikBank eG (Geschäftsgebiet: Deutschland und Österreich) wurde im Jahr 2002 als Zweigniederlassung der Volksbank Eisenberg eG[62] gegründet. Die Direktbank bezeichnet sich als ethisch-ökologisch und fördert besonders Frauen-, Ethik- und Umweltprojekte.[63] Im Jahr 2011 betrug die Bilanzsumme der Gesamtbank (Volksbank Eisenberg und EthikBank) 273 Mio. €.[64]

3. Der Kirche nahe stehende Kreditgenossenschaften
3.1. Ein Überblick über bestehende Institute
Die Bank für Kirche und Diakonie eG – KD Bank ist eine Genossenschaft, deren Mitgliederkreis Institutionen aus Kirche und Diakonie bilden. Sie geht auf die Gründung der Landeskirchlichen Kredit-Genossenschaft Sachsen LKG aus dem Jahr 1925 zurück.[65] Im Jahr 2011 betrug die Bilanzsumme 4,581 Mrd. €.[66]

Die DKM Darlehenskasse Münster wurde 1961 als ›Darlehnskasse der Kirchengemeinden und kirchlichen Einrichtungen im Bistum Münster eGmbH‹ gegründet[67] und geht auf die Anregung der Diözesansynode von 1958 zurück.[68] Im Jahr 2011 betrug die Bilanzsumme 4,04 Mrd. €.[69]

Die BIB – Bank im Bistum Essen eG wurde im Jahr 1966 auf Initiative des Generalvikariats des Bistums Essen als ›Darlehenskasse im Bistum Essen e.G.m.b.H‹ gegründet. Der Kreis ihrer Mitglieder umfasst aktuell vor allem Krankenhäuser, kirchliche Wohnungsbauunternehmen, Stiftungen, Alten- und Behinderteneinrichtungen, sowie auch Privatpersonen.[70] Im Jahr 2011 betrug die Bilanzsumme 4,2 Mrd. €.[71]

Die Bank für Kirche und Caritas eG mit Sitz in Paderborn wurde 1972 als Darlehnskasse im Erzbistum Paderborn eG als Selbsthilfeeinrichtung für Kirchengemeinden, kirchlich-karitative Einrichtungen und deren hauptamtliche Mitglieder gegründet.[72] Da dies die letzte Gründung einer katholischen Kirchenbank in Deutschland war, ist die Bank die jüngste genossenschaftliche Kirchenbank in Deutschland. Die Bilanzsumme betrug im Jahr 2011 3,79 Mrd. €.[73]

Die bisher genannten katholischen Kirchenbanken wählten zwar die Rechtsform der Genossenschaft, es fehlte ihnen aber bei der Gründung das ›klassische‹ genossenschaftliche Merkmal der ›Gründung von unten‹, da kirchliche Institutionen und/oder Behörden die Gründung vorgenommen haben und nicht einzelne Privatpersonen als Mitglieder eines bestimmten Berufsstandes, in diesem Falle katholische Geistliche, die sich aus eigenem Entschluss zu einer Genossenschaft zum Zweck der Selbsthilfe zusammenfanden. Dieses Kriterium erfüllen unter den katholischen Kirchenbanken lediglich die LIGA Bank und die Pax Bank.[74]

Die Pax Bank ist nach der LIGA Bank die zweitälteste deutsche genossenschaftliche Kirchenbank. Sie wurde im Oktober 1917 in Köln auf Initiative von Pfarrer Peter Limberg, Vorsitzender des PAX Vereins von katholischen Priestern Deutschlands gegründet.[75] Beide Institute, Pax Bank und LIGA Bank, arbeiten nach anfänglichen Auseinandersetzungen während der ersten Jahre ihres Bestehens[76] in verschiedenen Sachzusammenhängen zusammen.[77] Der im Jahr 2002 gegründete Ethikbeirat unterstützt die Bank bei der Umsetzung christlicher Werte im Geschäftsalltag und bei finanziellen Entscheidungen.[78] Im Jahr 2011 betrug die Bilanzsumme 2,2 Mrd. €.

Die Bank für Orden und Mission ist eine im Jahr 2003 gegründete und rechtlich unselbständige Zweigniederlassung der VR Bank Untertaunus eG und geht auf die Anregung der Missionszentrale der Franziskaner in Bonn zurück. Das Kreditgeschäft wird nicht angeboten. Die Bank unterstützt die weltweite Projektarbeit der Missionszentrale der Franziskaner wie zum Beispiel Wasser- und Brunnenbauprojekte, Bildungs- und Ausbildungsprojekte und Kinderhilfsprojekte.[79]

Die Evangelische Kreditgenossenschaft eG (EKK) wurde 1969 auf Initiative der Evangelischen Kirche von Kurhessen-Waldeck gegründet. 2011 betrug die Bilanzsumme 4,2 Mrd. €.[80] Sie bezeichnet sich als genossenschaftlich organisierte Kirchenbank mit christlichen Werten, die sie mit dem Ziel der Nachhaltigkeit zusammen mit den drei Aspekten ökonomische, ökologische und sozial-ethische Verantwortung zum Ausdruck bringt.[81] Im Jahr 2005 schlossen sich die EKK und die ACREDOBANK zusammen. Die ACREDOBANK war aus dem im Jahr 1922 gegründeten ›Wirtschaftsverband der evangelischen Geistlichen Bayerns‹ hervorgegangen. Dieser Verband war anfangs auch im Warengeschäft tätig, um sich dann auf das Bankgeschäft zu konzentrieren, weshalb er 1969 in ›Spar- und Kreditbank in der evang. Kirche in Bayern eG‹ (SKB) umbenannt worden war.[82]

Banken, die nach christlichen, ethischen und ökologischen Kriterien arbeiten, erfuhren in den letzten Jahren aufgrund ihrer Prinzipien, die eine Geldanlage im Zusammenhang mit zum Beispiel Tierversuchen, Kinderarbeit oder genetisch veränderten Pflanzen ablehnen, ein großes Wachstum.

Einen wesentlichen Impuls gab zum Beispiel auch die Atomkatastrophe von Fukushima, worauf viele Menschen bewusst ausgeschlossen haben, ihr Geld in Atomkraft anzulegen. Auch profitierten diese Spezialbanken nach der Finanzmarktkrise von Vertrauensgewinnen seitens der Kunden, da sie sich entsprechend ihrer Unternehmensphilosophie weitgehend von Spekulationsgeschäften distanzierten.[83]

3.2 Die LIGA Bank

3.2.1. Die ersten 75 Jahre

Als Standesbank für den katholischen Klerus, Partner für die Diözesen und Pfarrgemeinden, die Ordensgemeinschaften, die Caritas, alle kirchlichen Einrichtungen und für alle Mitarbeiter und Mitarbeiterinnen im kirchlichen Dienst stellt die LIGA Bank ihre Leistungen in den Dienst der katholischen Kirche. Sie wurde am 15. Februar 1917 in Regensburg als ›Verband katholischer Ökonomiepfarrer Bayerns‹ gegründet.[84] Zweck dieser genossenschaftlich organisierten Selbsthilfeeinrichtung war es, die katholischen Geistlichen Bayerns in rechtlichen, wirtschaftlichen und finanziellen Angelegenheiten zu unterstützen. Bereits daraus geht hervor, dass die LIGA nicht auf den Bankbereich beschränkt bleiben wollte. So entstanden nach der Neugründung im Jahr 1919 und der Namensänderung in ›Wirtschaftlicher Verband der katholischen Geistlichen Bayerns‹ weitere Abteilungen, deren Spektrum die gesamten wirtschaftlichen Belange der katholischen Geistlichen Bayerns abdeckte. Die Bezeichnung Liga als Ergänzung zum bisherigen Namen legte sich der Verband 1924 nach dem Vorbild vergleichbarer Klerusorganisationen in Spanien und Italien zu. Um den genossenschaftlichen Charakter hervorzuheben, firmierte das Unternehmen ab 1937 unter ›Liga, Spar- und Kreditgenossenschaft eGmbH‹. Neben dem Bankgeschäft lag der zweite Schwerpunkt auf dem Gebiet des Versicherungswesens. Folgende Unterstützungskassen entstanden innerhalb des Wirtschaftlichen Verbandes: Die Priester-Rentenkasse (1922–1935), die Fürsorgekasse für Pfarrhausangestellte (1922–1935), die Priester-Krankenkasse (1923–heute), die Priester-Sterbekasse (1924–1940). Im Jahr 1931 wurden die beiden größten Unterstützungskassen, die Kranken- und die Lebensversicherung, ausgegliedert und in eigenständige Versicherungsvereine auf Gegenseitigkeit umgewandelt. Die übrigen Unterstützungskassen wurden vier Jahre später als Reaktion auf erhebliche nationalsozialistische Einflussnahme eingestellt. Während die Krankenversicherung heute noch existiert,[85] erfolgte aufgrund des anhaltend massiven Drucks seitens der nationalsozialistischen Regierung im Jahre 1940 die zwangsweise Überführung der Liga-Lebensversicherung der katholischen Geistlichen VVaG an die *Bayern Öffentliche Anstalt für Volks- und Lebensversicherung*.[86]

Eine besondere Innovation stellte im Jahre 1920 die Gründung der Abteilung Widdumsadministration zur Verwaltung und Verpachtung von Kirchengrund dar. Damit in Verbindung stand die Pachteinhebestelle, die als Inkassostelle für die Finanzkammern der bayerischen Diözesen für die Berechnung und Erhebung der fälligen Pachtbeträge zuständig war. Während die Widdumsadministration bereits 1935 aus dem Wirtschaftlichen Verband ausgegliedert und in einen eigenständigen Verein mit dem Namen ›Katholische Widdumsadministration‹ umgewandelt worden war, verblieb die Pachteinhebestelle noch bis 1998 bei der Bank. Außerdem wurde 1922–1934 ein umfangreiches Warengeschäft mit kirchlichen und profanen Produkten betrieben. Mit dem Wirtschaftlichen Verband wurde im Sinne eines Allfinanzkonzepts dem Berufsstand der katholischen Geistlichen ein Wirtschaftsunternehmen an die Seite gestellt, das für die speziellen Finanzierungswünsche dieser Zielgruppe passende Lösungen bot.

Die Zeit nach dem Zweiten Weltkrieg war von konstantem, zeitweise beachtlichem Wachstum gekennzeichnet. Besonderer Ausdruck des Expansionsstrebens waren die Öffnung des Kreditgeschäfts für im kirchlichen Dienst stehende Laien im Jahr 1969 und die Filialpolitik. Nach der Einrichtung von Filialen an allen Bischofssitzen in Bayern und der Pfalz sowie in Nürnberg erweiterte die LIGA ihr Geschäftsgebiet seit 1991 auf die Apostolische Administratur Görlitz sowie die (Erz-)Bistümer Dresden-Meißen, Rottenburg und Freiburg sowie seit 2002 auch auf Österreich.

3.2.2. Die Geschäftsentwicklung 1993 bis 2010

3.2.2.1. Der Hintergrund: Intensivierung des Bankenwettbewerbs

Nachdem in der unmittelbaren Nachkriegszeit die enormen gesamtwirtschaftlichen Wachstumsraten auch für den Bankensektor ein sehr positives Umfeld geschaffen hatten, änderte der Wechsel vom Verkäufer- zum Käufermarkt in den 1960er Jahren die Vorzeichen. Zusätzlich setzten ökonomische Schlüsselereignisse zu Beginn der 1970er Jahre Entwicklungstrends in Gang, welche die Weltwirtschaft revolutionierten und damit völlig veränderte Rahmenbedingungen schufen. Die Liberalisierung der Finanzmärkte führte seit den 1970er Jahren zu einer Erhöhung der Kapitalmobilität, verbunden mit einer Erhöhung des Transaktionsvolumens und der Transaktionsgeschwindigkeit. Der Zusammenbruch des Währungssystems von Bretton Woods erhöhte das Wechselkursrisiko sprunghaft. Spätestens seit den 1980er Jahren ließ die Globalisierung aufgrund der verbesserten Transport- und Kommunikationsmöglichkeiten die Welt näher zusammenrücken. Traditionelle Branchengrenzen verwischten immer mehr, denn nicht nur in- und ausländische Banken konkurrieren um das anlagesuchende Kapital, sondern auch Versicherungen, Leasinggesellschaften und Vermögensverwalter als Produktspezialisten. Der wichtigste neue Kontextfaktor aber war der Einzug der Informations- und Kommunikationstechnologie in die Finanzinstitutionen und in den Bankbetrieb. Damit wurde nicht nur die Kommunikation mit dem Kunden, sondern auch die innerbetriebliche revolutioniert, seit den 1990er Jahren mit verstärktem Tempo. Der fehlende Patentschutz bei Dienstleistungen beschleunigte den Aufholwettbewerb und zog eine immer stärkere Angleichung der Bankprodukte nach sich, so dass heute weitgehende Produkthomogenität vorliegt. Somit ist der deutsche Bankenmarkt durch einen intensiven Wettbewerb gekennzeichnet.[87] Die Reduzierung der Zinsmargen als Folge des Wettbewerbsdrucks führte zu einer teilweisen Verschlechterung der Ertragslage, bzw. erschwerte die Realisierung einer guten Ertragslage. Als Konsequenz der erhöhten Marktrisiken kam es zu einer Veränderung der rechtlichen Rahmenbedingungen, vor allem mit verschärften Vorschriften bezüglich des Verhältnisses von Eigenkapital zu Kreditvolumen. Um die im Vergleich zu anderen Ländern relativ geringe Eigenkapitalquote deutscher Kreditinstitute gemäß den Baseler Vorschriften zu erhöhen, standen den Banken nur zwei Wege offen: Die Erhöhung des Eigenkapitals und/oder die Verringerung der Kreditpositionen.[88] So begannen viele Banken, Teile ihres Kreditportfolios auszulagern oder zu verkaufen und schufen, sozusagen nebenbei, neue Kapitalmarktinstrumente. Das um die so genannten Asset Backed Securities aufgebaute Finanzsystem trug nicht unwesentlich zur Verschärfung der Risiken im Bankenmarkt und auch zur Finanzmarktkrise 2007/2008 bei.[89] Schließlich ist das veränderte Kundenverhalten ein zentraler Kontextfaktor geworden: Der Bankkunde informierte sich nun besser, akzeptierte und nutzte zunehmend die vorhandene Technik, ist renditeorientierter geworden und zeigte ein höheres Anspruchsverhalten. Deshalb war er nun schneller bereit, seine traditionelle Hausbankbeziehung in Frage zu stellen und nutzte das Dienstleistungsangebot mehrerer Banken gleichzeitig, je nachdem, wo er seinen persönlichen Nutzen am deutlichsten erhöhen konnte. Die Bank-Kunde-Beziehung war loser geworden.

Wenn sich diese Veränderungen auch zum Teil bereits seit 40 Jahren abzeichneten und fortentwickelten, so ist in den letzten 20 Jahren doch ein enormer Anstieg der Dynamik zu verzeichnen: Technische Innovationen kamen in immer rascherer Folge auf den Markt, Produktadaptionen erfolgten in immer kürzer werdenden Zeitabständen und Wissen stand immer schneller und umfassender für jedermann zur Verfügung. Die unter diesen Umständen umfangreichen Investitionen vor allem im Bereich der Informations- und Kommunikationstechnologie stellten einen zunehmend bedrohlich werdenden Kostenfaktor dar.[90]

Dieses veränderte Umfeld zwang und zwingt die Banken zu reagieren, das heißt ihre Geschäftsstrategien zu überdenken und neu auszurichten, die sich neu bietenden Chancen gewinnbringend zu nutzen und die aufkommenden Risiken erfolgreich zu managen. Wer nicht entsprechend handelt, kann auf Dauer am Markt nicht überleben. Deshalb ist es für eine Bank nicht nur dringend erforderlich, sich innovativ zu verändern, sondern es ist zur existenziellen Frage geworden. Dass die LIGA Bank diese Herausforderung angenommen und auf der Grundlage ihrer aus Tradition gelebten Wertorientierung und im Sinne des genossenschaftlichen Förderauftrages gemeistert hat, zeigen die beiden folgenden Kapitel.

3.2.2.2. *Geschäftsphilosophie und Leitbild*

Am Markt zu bestehen ist nur die Grundvoraussetzung dafür, im Sinne einer genossenschaftlichen und christlichen Geschäftsphilosophie erfolgreich arbeiten zu können. Es genügt nicht, nur eine leistungsfähige Bank unter anderen leistungsfähigen Banken zu sein. Genauso wie im Gründungsjahr 1917 will die LIGA Bank – getragen von der christlichen Verantwortung füreinander – eine Standesbank sein, und zwar die Standesbank für den katholischen Klerus, der Partner für die Diözesen, die Pfarrgemeinden, die Ordensgemeinschaften, die Caritas, alle kirchlichen Einrichtungen und für alle Mitarbeiter und Mitarbeiterinnen im kirchlichen Dienst und es auch in Zukunft bleiben. Der Gedanke der Solidarität lebt von Anfang an ungebrochen weiter und bestimmt auch heute das tägliche Handeln. Diesen Wert, diesen Anspruch, dieses besondere Profil zum Nutzen der Mitglieder und Kunden galt es auch in einem schwieriger gewordenen Umfeld zu erhalten. So wurde in den vergangenen Jahren Schritt für Schritt an der Modernisierung gearbeitet und das Profil geschärft.

Die LIGA Bank tritt als Partner ihrer institutionellen Kunden auf. Damit wird signalisiert, dass sie nicht nur der Finanzier der Projekte dieser Kunden sein will, sondern dass sie sich zudem gerne mit den Projekten, den Zielen, den Anliegen und den menschlichen und christlichen Werten der Kunden identifiziert.[91] Die christlichen Werte der Kunden sind auch die Basis für die Geschäftsphilosophie der LIGA Bank. Die LIGA Bank sieht sich als Teil eines großen Ganzen und übernimmt in dem Gesamtzusammenhang der Gruppe der christlich orientierten und kirchlichen Einrichtungen eine wichtige und zentrale Funktion: Sie begleitet ihre Kunden bei allen finanziellen Aspekten ihrer Geschäftstätigkeit als gleichgesinnter, offener, engagierter und kompetenter Partner. Dabei bietet die LIGA ihr Serviceangebot aktiv und systematisch an und zeigt so deutlich ihr direktes Engagement an den Projekten der Kunden. Der Zusatz zum Firmenlogo LIGA Bank ›Dienstleister für die Kirche – seit 1917‹ bringt diese Grundhaltung deutlich zum Ausdruck. Wenn sich aber die LIGA als Partner für die kirchlichen Einrichtungen präsentiert, können sich auch diese wiederum als Partner der LIGA fühlen, was das Gefühl der Zusammengehörigkeit stärkt und die Geschäftsbeziehungen festigen kann. Mit diesem Managementkonzept, das im Rahmen eines Corporate Citizenship gesehen werden kann, wird ein umfassendes Handeln umschrieben, das ein über die eigentliche Geschäftstätigkeit hinausgehendes Engagement signalisiert und so das Bindeglied zwischen Unternehmensphilosophie und Imagebildung nach außen darstellt. Es bringt die Verantwortung für soziale und gesellschaftliche Probleme und Ziele zum Ausdruck, der sich die LIGA Bank verbunden fühlt. So wird der Förderauftrag nicht nur im Sinne des Genossenschaftsgesetzes erfüllt, sondern ganz besonders im Dienst an der Kirche.

Dem steigenden Wunsch der Anleger, ihr Geld ›für einen guten Zweck arbeiten zu lassen‹ oder ihr Geld dort anzulegen, »wo soziale, ethische ökologische, nachhaltige und christliche Grundsätze im Vordergrund stehen«, wurde die LIGA Bank gerecht, zum einen, indem sie im Sinne einer prinzipien- oder wertegeleiteten Geldanlage entsprechende Finanzprodukte nicht nur anbot, sondern im Kanon mit den Banken für Kirche, Caritas und Diakonie initiierte.[92] Damit fördert die LIGA Bank die werteorientierte Geldanlage und deren Verbreitung in unserer Gesellschaft.

Besonderen Ausdruck findet die Unternehmensphilosophie der LIGA Bank in dem im Jahr 2004 formulierten Unternehmensleitbild.[93] Hier werden die ethischen Grundsätze festgelegt, denen sich die LIGA Bank als Kirchenbank verpflichtet fühlt und an denen sie sich im Alltagsgeschäft orientiert. Das Unternehmensleitbild ist Orientierung, Maßstab und Anspruch zugleich. Die wesentlichen Inhalte dieses Leitbildes werden den Kunden, aber auch den Mitarbeitern über die Broschüre ›Unser Leitbild‹ und über die Internetseite der Bank nahe gebracht.

›*Die LIGA Bank – unser Unternehmen*‹: Mit diesem Grundsatz wird zum Ausdruck gebracht, dass die LIGA als Genossenschaft im Jahr 1917 von 34 katholischen Priestern als Selbsthilfeorganisation in gemeinschaftlicher Solidarität und eigener Verantwortung insbesondere für katholische Geistliche und kirchliche Einrichtungen gegründet wurde. Daran hat sich bis heute im Prinzip nichts geändert.

»*Das christliche Menschenbild prägt unser Denken und bestimmt unser Handeln*«: Dieser Grundsatz unterstreicht den christlichen Bezug und die christliche Grundeinstellung der LIGA Bank gegenüber ihren Mitgliedern und Kunden und betont die Prinzipien Menschlichkeit, Toleranz und gegenseitige Wertschätzung.

»*Wir schätzen unsere Kunden, sie sind bei uns in guten Händen*«: Dieser Grundsatz stellt den Menschen in den Mittelpunkt, den die LIGA in allen finanziellen und wirtschaftlichen Fragen kompetent begleitet.

»*Wir gehen engagiert und mit Freude an unsere Aufgaben*«: Dieser Grundsatz nimmt Bezug auf den Einsatz und den Beitrag eines jeden Mitarbeiters innerhalb der Gesamtaufgabe.

»*Wir schauen nach vorne*«: Dieser Grundsatz betont die Innovationsbereitschaft in Verbindung mit den Werten und der Tradition der LIGA Bank.

Dieses Leitbild ist Grundlage, Spiegelbild und Orientierung der Geschäftsphilosophie der LIGA Bank. Damit vereint sie die wichtigen Erfolgsfaktoren unserer Zeit unter einem Dach: Tradition, Vertrauen und Innovation. Die LIGA Bank ist somit das lebendige Beispiel dafür, dass diese drei Elemente nicht nur nebeneinander bestehen können, sondern dafür, dass gerade aus ihrer Verbindung ein besonderes Maß an Dynamik, Energie und Wachstum entstehen kann.

3.2.2.3. Geschäftsentwicklung anhand ausgewählter Bilanzpositionen

Vor dem Hintergrund der Intensivierung der Wettbewerbssituation stand die Sicherung und Weiterentwicklung eines positiven Betriebsergebnisses im Zentrum der Geschäftspolitik.[94] Den Erfolg dieser Bemühungen auch als Folge der konsequenten Optimierung der innerbetrieblichen Effizienz dokumentieren ausgewählte Bilanzzahlen.

Bilanzzahlen (in Mio. €)

Bilanzzahlen (in Mio. €)

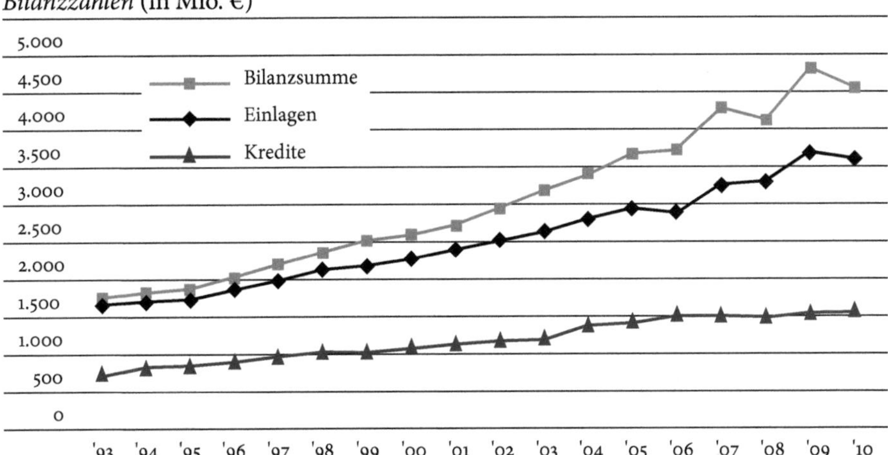

Quelle: Geschäftsberichte der LIGA Spar- und Kreditgenossenschaft der Jahre 1993–1999 und Geschäftsberichte der LIGA Bank der Jahre 2000–2010.

Zunächst ist auf das sehr erfreuliche Bilanzsummenwachstum bis ins Jahr 2007 hinzuweisen. Ausgehend von 1,49 Mrd. € im Jahr 1993 stieg die Bilanzsumme auf 1,9 Mrd. € im Jahr 1997. Die 2-Milliarden-Grenze wurde im Jahr 1998 überschritten und zum Jahrtausendwechsel lag die Bilanzsumme bereits bei 2,2 Mrd. €. Diesen positiven Trend fortsetzend wurde die Marke von 4 Mrd. € im Jahr 2007 erreicht und nach einer kurzen Unterbrechung infolge der Finanzmarktkrise im Jahr 2009 wieder deutlich überschritten. Die Bilanzsumme des Jahres 2011 beträgt 4,476 Mrd. €. Somit ist die LIGA Bank nach wie vor die größte unter den dem Bayerischen Genossenschaftsverband angeschlossenen Genossenschaftsbanken.

Die Forderungen an Kunden sind im Betrachtungszeitraum kontinuierlich von 0,495 Mrd. € im Jahr 1993 auf 1,421 Mrd. € im Jahr 2011 angestiegen. Im Kreditbereich bot die LIGA als Universalbank selbstverständlich die gesamte marktübliche Produktpalette an. Den besonderen Finanzierungswünschen ihrer Kunden entsprach sie besonders, indem sie die ihr anvertrauten Einlagen nach wie vor zum Nutzen der kirchlichen Gemeinschaft für die Finanzierung sozial-karitativer Maßnahmen, wie zum Beispiel Behinderteneinrichtungen, Altenwohnheime, Kindergärten, Schulen oder Krankenhäuser zur Verfügung stellt.[95] Ebenso unterstützt sie die Finanzierungsvorhaben ihrer Privatkunden mit maßgeschneiderten Konsum- und Wohnungsbaudarlehen. Ein speziell auf den Kundenkreis ausgerichtetes Produkt war zum Beispiel das Priminzdarlehen. Das Kreditvolumen verzeichnete im Betrachtungszeitraum beachtliche Zuwachsraten.

Auch die Kundeneinlagen sind mit Ausnahme der Jahre 2006 und 2010 gewachsen und betrugen im Jahr 2011 4,046 Mrd. €.[96] Dieser Wert markierte den höchsten Spareinlagenbestand der Geschichte der LIGA Bank. 1993 lagen die Einlagen mit 1,47 Mrd. Euro nur knapp unter der Bilanzsumme. Die Abbildung zeigt, dass das für sich betrachtete dynamische Einlagenwachstum in einem langsameren Tempo erfolgte als das Bilanzsummenwachstum. Dies war vor allem auf Umschichtungen innerhalb der verschiedenen Sparformen zurückzuführen. Angesichts des anhaltend niedrigen Zinsniveaus suchten zinsbewusste Anleger nach Alternativen. Sie wechselten einerseits zu höher verzinslichen Sondersparformen wie das Wachstumszertifikat, die hauseigenen Fonds und Schuldverschreibungen, und andererseits in den Bereich festverzinslicher Wertpapiere. Das Fondsgeschäft fand großen Anklang bei den Anlegern. Aus Sicherheitsüberlegungen wurden Rentenfonds und Aktienfonds mit Standardwerten bevorzugt, was die hauseigenen Fonds begünstigte.

Begebene Schuldverschreibungen (in Mio. €)

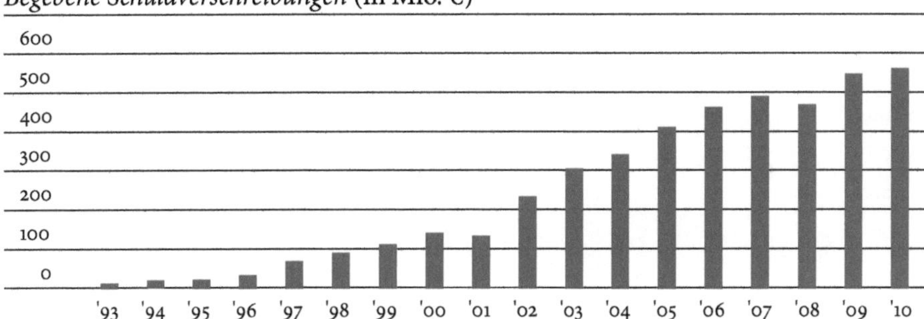

Quelle: Geschäftsberichte der LIGA Spar- und Kreditgenossenschaft der Jahre 1993–1999 und Geschäftsberichte der LIGA Bank der Jahre 2000–2010.

Immer stärker wurden die hauseigenen Inhaberschuldverschreibungen nachgefragt.

Seit 1997 wählten die Kunden diese für sie sehr attraktive Anlagemöglichkeit mit steigender Tendenz. Besonders deutlich war der sprunghafte Anstieg in den Jahren 2002 und 2003. Neben dem Kundennutzen eröffnet sich hierdurch für die LIGA Bank eine willkommene Refinanzierungsquelle.

Die veränderten Kundenpräferenzen hatten natürlich Auswirkungen auf die Angebotsstruktur der Produkte. Die nachgefragten Produkte wurden entsprechend zur Verfügung gestellt und Produktinnovationen entwickelt. Die im Vergleich zu früher breiter gefächerten Anlagewünsche und die damit verbundenen Informationsbedürfnisse der Kunden stellten natürlich gesteigerte Anforderungen an die Beratungsqualität und die bereitzuhaltende Beratungskapazität. Stichworte wie Mitarbeiterweiterbildung sowie Erschließung und Aufbereitung von Marktdaten als Basis für die Kundeninformationskapazitäten waren und sind eine zentrale Aufgabe. Zu dieser Qualitätsleistung kam auch eine Volumenleistung, denn das veränderte Kundenverhalten schlug sich in den Volumina des Wertpapierbestandes der Kunden nieder.

Wertpapiere im Eigenbestand / Depot A (in Mio. €)

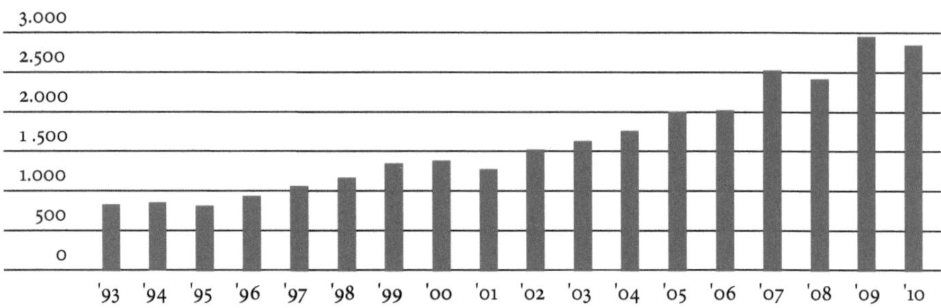

Quelle: Geschäftsberichte der LIGA Spar- und Kreditgenossenschaft der Jahre
1993–1999 und Geschäftsberichte der LIGA Bank der Jahre 2000–2010.

Wie die Abbildung zeigt, wurde der Eigenbestand der LIGA Bank an
Wertpapieren (Bilanzpositionen 3b, 5, 6) während des Betrachtungszeit-
raumes deutlich ausgebaut, so dass dem Wertpapiereigenhandel eine
immer größer werdende Bedeutung zukam. Dieser Tatsache Rechnung
tragend wurde mit dem Geschäftsbericht 1999 erstmals der Wertpapiereigenhandel im Rahmen der Mitglieder- und Kundeninformation
thematisiert und das so genannte Eigenhandel/Treasury-Management
instrumentalisiert.[97] Um die in diesem Bereich unweigerlich angesie-
delten Risiken zu minimieren und die Ertragspotentiale zu sichern und
auszubauen, wurde permanent an der Verfeinerung der Steuerungsin-
strumente und an der Optimierung des Eigengeschäfts-Portfolios gearbeitet. Dabei gaben die seit 1996 gestrafften gesetzlichen Vorschriften den möglichen Aktionsradius vor.[98] Der Anteil des Eigengeschäfts
(Forderungen an Kreditinstitute, Schuldverschreibungen und Aktien/
Fonds) lag im Jahr 2006 bei etwa 60 % der Bilanzsumme.[99] Dieser Anteil blieb auch in den folgenden Jahren stabil und stieg im Jahr 2009 auf
70 %;[100] angesichts der Finanzmarktkrise verwies die LIGA Bank darauf, dass sich »im Depot-A keinerlei Verbriefungsprodukte mit Bezug
zum US-Subprime-Markt« befinden.[101]

Natürlich stand der Erfolg des Wertpapiereigenhandels in engem
Zusammenhang mit der konjunkturellen Entwicklung und mit den

Entwicklungen an den Finanzmärkten. Deshalb wurde große Sorgfalt auf die Marktbeobachtung und die Marktanalyse gelegt und eine vorsichtige und vorausschauende Anlagestrategie, verbunden mit einer ausgeglichenen Restlaufzeitenstruktur, praktiziert. Unter den konkreten Maßnahmen auf diesem Gebiet ist insbesondere die Entwicklung und der Aufbau eines Systems einer barwerten Zinsbuchsteuerung seit November 2001 ebenso hervorzuheben wie die im März 2003 begonnene Einführung der Projektorganisation VR-Control des Bundesverbandes der Deutschen Volksbanken und Raiffeisenbanken (BVR) zur Steuerung der Produktivität, des Adressrisikos, des Marktpreisrisikos, des Kundengeschäfts und des Rating im Rahmen der Gesamtbanksteuerung. Ziel ist es, alle Risiken und Chancen nach einem einheitlichen Messverfahren (value-at-risk) aufzubereiten und bewusst zu steuern. Durch diese Maßnahmen ist und bleibt die LIGA Bank Regensburg ein Stabilitätsfaktor und ein zuverlässiger Partner für ihre Mitglieder und Kunden.[102]

3.2.2.4. Neue Anlageprodukte

»Geld ist nicht neutral. Es kommt darauf an, was man damit macht«.[103] Mit diesem Slogan betont die LIGA Bank als Standesbank den Ansatz der Nachhaltigkeit ihrer Produkte. *»Nachhaltigkeit ist für uns mit einem Dreiklang verbunden: Sozialer Verantwortung, wirtschaftlicher Kompetenz und der Bewahrung der Schöpfung. Alle drei Aspekte sind wichtig für eine menschenwürdige Ausgestaltung unserer Zukunft.«*[104]

Vor diesem Hintergrund und den Wünschen der Mitglieder und Kunden Rechnung tragend, schärfte die LIGA Bank ihr Profil auf dem Gebiet der Anlageprodukte und konzipierte im Jahr 2001 im Rahmen des Strategiekonzeptes das Geschäftsfeld ›Innovative Bankprodukte‹.[105] Das Ziel war, den wichtigsten Kundengruppen maßgeschneiderte Produkte anzubieten. Als bedeutender Schritt in diese Richtung ist die Auflage einer Anleihe zu nennen, die mit einer attraktiven Partizipationsrate zum Europa-Blue-Chip-Index ›EuroStoxx50‹ ausgestattet war.[106] Die diesem Geschäftsfeld zuzuordnenden Produkte boten neben einer 100 %-igen

Kapitalgarantie und einer interessanten Mindestverzinsung die Chance auf eine höhere Verzinsung der Anlage. Mit der Betonung dieses Geschäftsfeldes partizipierte die LIGA Bank an den modernsten und aktuellsten Entwicklungen auf dem Bankensektor.

Aus gutem Grund bevorzugten viele Kunden der LIGA Bank die Investmentanlage. Zum einen erschlossen sie sich damit den Zugang zu Portfolios, die im Rahmen eines strategischen Managements von Spezialisten betreut wurden, und zum anderen konnten sie so bequem und in professionellem Stil an den Entwicklungen der internationalen Finanzmärkte teilnehmen. Als die ersten Fonds, die zusammen mit der Pax-Bank über den mit 40-jähriger Erfahrung ausgestatteten Partner Union-Investment-Gesellschaft mbH aufgelegt wurden, sind der LIGA-PAX-Rent-Union (internationale langfristige festverzinsliche Wertpapiere) im Jahr 1989, der LIGA-PAX-K-Union (internationale kurzfristige schwerpunktmäßig festverzinsliche Wertpapiere) im Jahr 1994, der LIGA-PAX-AKTIEN-Union (europäische Aktien) im Jahr 1997 und der LIGA-PAX-Balance-Union (weltweit angelegter Mischfonds) im Jahr 2000 zu nennen.[107] Dieses seit Beginn der 1990er Jahre mit großem Erfolg platzierte Produktangebot wurde um zusätzliche Fondsvarianten erweitert, um den Kunden den Ausbau ihres Investmentgeschäfts zu erleichtern und um im Rahmen der privaten Altersvorsorge vorteilhafte Optionen anbieten zu können.

So kam im Jahr 1998 der KCD-Union-AS Fonds hinzu, der im Bereich der Alterssicherung positioniert ist. Hierbei handelt es sich um ein erstmals von den genossenschaftlichen Banken für Kirche Caritas und Diakonie getragenes Anlageprodukt. Die Union-Investment-Gesellschaft legte dieses Altersvorsorge-Sondervermögen auf, an dem durch regelmäßige Einzahlungen Anteile erworben werden können, die dem Anleger dann nach der Ansparphase entweder in einer Summe oder als Rente wieder zufließen.[108]

Zwei ebenfalls von den genossenschaftlichen Banken für Kirche Caritas und Diakonie getragene Produkte legte die Union-Investment-Gesellschaft im Jahr 2001 auf, die Publikums-Sondervermögen KCD-Union-AKTIEN Nachhaltig DJSG-Index und KCD-Union-RENTEN

Plus Nachhaltig DJSG-Index. Hier wurden die zentralen Begriffe des gemeinsamen Wortes des Rates der Evangelischen Kirche in Deutschland und der Deutschen Bischofskonferenz zur wirtschaftlichen und sozialen Lage in Deutschland ›Zukunftsfähigkeit‹ und ›Nachhaltigkeit‹ auf die Geldanlage übertragen.[109] Da der Wunsch der Anleger immer mehr stieg, bei Kapitalmarktinvestitionen solle sich die Geschäftspolitik der ausgewählten Unternehmen an den Werten der Anleger orientieren, wurden diese beiden Fonds speziell für den Kundenkreis der LIGA Bank aufgelegt. Auf Unternehmensebene bedeutete die Idee der Nachhaltigkeit die Orientierung an zukunftsorientierten Kriterien, um Verantwortung zu tragen und den langfristigen Erfolg zu sichern. Die Messlatte für Nachhaltigkeit stellte der so genannte Dow Jones Sustainability Index dar, der die drei Dimensionen ökonomisch, ökologisch und sozial umschließt.

Nicht nur um die Palette der hauseigenen Anlageprodukte zu erweitern, sondern um der Geschäftsphilosophie auch in den Produkten weiterhin und verstärkt konkrete Gestalt zu verleihen, legte die LIGA Bank im Jahr 2002 exklusiv für ihre Kunden mit dem LIGA-Pax-Cattolico-Union den ersten Ethikfonds mit kirchlicher Prägung auf und platzierte ihn erfolgreich am Markt.[110] Mit diesem von der Union Investment Luxemburg S.A. gemanagten Fonds wurde eine völlig neue Form der Geldanlage nach ethischen Grundsätzen geschaffen. Der LIGA-Pax-Cattolico-Union basierte auf dem Ethical Index Global, dem weltweit ersten Aktienindex, der nach der Vorgabe eines Strategiekomitees, bestehend aus mehreren hohen kirchlichen Entscheidungsträgern, ermittelt wurde. Es wurden nur Aktien von Unternehmen in den Index aufgenommen, die ein hohes Maß an christlichen, ethischen, sozialen, ökologischen und ökonomischen Werten aufweisen. Das Prinzip der Nachhaltigkeit der Unternehmenspolitik stand auch hier im Mittelpunkt. Diesen hohen Qualitätsstandard sicherten die dem Fonds auferlegten strengen Auswahlkriterien, die einem permanenten Optimierungsprozess unterlagen.

Das gesteigerte christliche und soziale Engagement der LIGA Bank kam auch in einem weiteren Produkt, dem Pro Mundo Fonds besonders deutlich zum Ausdruck. Dieser spezielle Fonds bot in zweierlei Hinsicht eine hervorragende Anlagemöglichkeit: erstens durch die Anlage in einen weltweit agierenden Rentenfonds mit professionellem Fondsmanagement und zweitens durch die jährlich stattfindende Ausschüttung, die Hilfsorganisationen zu Gute kam. Welcher renommierten kirchlichen Hilfsorganisation, sei es Kinder-missionswerk, Malteser, Misereor oder Missio, die Ausschüttung im Einzelnen zukommen sollte, entschied jeder Kunde individuell. Die LIGA Bank sorgte dafür, dass der Anleger diese Unterstützungsleistung einfach, bequem und ohne großen Aufwand leisten konnte.[111]

Dem Prinzip der Anlage nach ethischen Grundsätzen entsprach auch der ›LIGA Bank Ethik VarioZins Garant‹. Das Zertifikat verband hervorragende Renditechancen mit einer Mindestverzinsung und mit absoluter Wertsicherung. Der Anleger partizipierte an den Gewinnen derjenigen Unternehmen, die im zugrunde gelegten Aktienkorb enthalten waren; es wurden nur solche Aktien in den Korb aufgenommen, die den oben dargestellten nach ethischen Grundsätzen aufgestellten Kriterien genügten. Seit Juni 2004 wurde dieser Produkttyp in einer neuen Variante unter der Bezeichnung ›LIGA Bank Ethik MultiZins Garant‹ angeboten.

Es wurden also neben den allgemein im Bankenbereich üblichen Anlageformen auch spezielle hauseigene Anlageprodukte entwickelt, welche die Geschäftsphilosophie und die in der LIGA Bank vertretenen Wertvorstellungen besonders deutlich unterstreichen und somit für den speziellen Kundenkreis adäquate und interessante Anlageformen darstellten. Auch in dieser Hinsicht betont die LIGA Bank erneut, wie schon seit nunmehr 99 Jahren, ihre Rolle als Standesbank.

Seit 2006 bot die LIGA Bank in Zusammenarbeit mit den diözesanen Caritasverbänden ihre ›Caritas Credit Card‹ an. Diese verfügte über die

Zahlungsfunktionen einer Mastercard und hat zum Ziel, die Vorteile des bargeldlosen Zahlungsverkehrs mit sozialer Verantwortung zu verknüpfen: Die LIGA Bank stellte die Überschüsse aus dieser Karte in voller Höhe Kinderprojekten des Deutschen Caritasverbandes und der Caritasverbände vor Ort zur Verfügung. Finanziert wurden neben vielen Einzelprojekten in den Diözesen zum Beispiel Flugkosten für Vollwaisen aus dem Irak und Kindertagesstätten in Grosny/Tschetschenien.[112]

Im Rahmen des Geschäftsfeldes ›Versicherungen‹ wurde die LIGA Bank ab Januar 2000 Generalagentur der Versicherungskammer Bayern und hat damit die dem Allfinanzkonzept entsprechende, im Hause von je her praktizierte Kombination aus Bank- und Versicherungsprodukten auf eine moderne Art institutionell fest verankert.[113] Es wurden folgende Sammelverträge eingerichtet: im Januar 2000 die private Haftpflichtversicherung (PHV) für Priester, im Januar 2002 die Unfallversicherung (UE) für Priester und im Januar 2003 die private Haftpflichtversicherung und die Unfallversicherung für Mitarbeiter im kirchlichen Dienst. Auch hier wurde der nach wie vor stark betonte berufsständische Charakter deutlich.

Völlig neue Wege ging die LIGA Bank seit 2002 mit ihrer Stiftungsinitiative, eine besondere Form, christliche Werte in der Gesellschaft zu stärken und ihnen in der Praxis konkrete Gestalt zu geben. Dabei deckte sie im Wesentlichen zwei Felder ab: Erstens konnte sie durch die Gründung der LIGA Bank-Stiftung aus eigenen Stiftungsmitteln in vielfacher Weise in karitativem und christlichem Sinne in Notlagen Hilfe gewähren. Zweitens bot die LIGA Bank zusammen mit der LIGA Bank-Stiftung ihre Dienstleistung auf dem Gebiet der Konzeption und der Gründung von Stiftungen an. Die rechtsfähige und gemeinnützige LIGA Bank-Stiftung verwirklichte mit ihren Stiftungsmitteln kirchliche, mildtätige und religiöse Zwecke und verfolgt darüber hinaus als besonders förderungswürdig anerkannte Zwecke wie zum Beispiel öffentliche Gesundheitspflege, Jugend- und Altenhilfe, Erziehung, Volks- und Berufsausbildung, freie Wohlfahrtspflege oder Entwicklungshilfe.

Außerdem half die LIGA Bank-Stiftung bei der Vermögensverwaltung im Zusammenhang mit der treuhänderischen Verwaltung rechtsfähiger und nicht rechtsfähiger Stiftungen und übernahm die Trägerschaft von Treuhandstiftungen oder errichtete aus speziellen Zuwendungen Förderfonds, die den Namen des Stifters tragen können. Sie beriet in Fragen des Stiftungsmanagements, verwaltete Stiftungsvermögen und bot geeignete Finanzanlagen an. So entstand unter Einbeziehung bereits bestehender rechtsfähiger Stiftungen ein Stiftungsnetzwerk mit der LIGA Bank im Zentrum, das gleichzeitig als Netzwerk christlicher Werte bezeichnet werden konnte, in dem die vielfältigen Facetten der christlichen Nächstenliebe und Verantwortung in unserer Gesellschaft zum Tragen kamen. So brachte die LIGA Bank mit ihrer Stiftungsinitiative ihre Verbundenheit mit den Zielen der katholischen Kirche und deren Institutionen deutlich zum Ausdruck.[114]

3.2.3. Tradition und Moderne: Eine Symbiose

Die LIGA Bank kann sich im Jahr 2012 mit Superlativen schmücken:
> Sie ist die älteste Kirchenbank Deutschlands.
> Sie ist die größte katholische Kirchenbank
> in der Rechtsform einer Genossenschaft.
> Sie ist die größte der dem Bayerischen Genossenschaftsverband
> angeschlossenen Genossenschaftsbanken.

Diese Erfolgsbilanz ist das Ergebnis eines langfristigen Konzepts einer bewährten Unternehmenspolitik. Jahrzehnte lang auf Erfolgskurs bleiben kann nur, wer immer wieder die Zeichen der Zeit erkennt und angemessen reagiert, das heißt die richtigen unternehmerischen Entscheidungen trifft. Dass dieses Prinzip im historischen Überblick betrachtet im Falle der LIGA Bank erfolgreich umgesetzt wurde, belegen unter anderem diese Superlative. Immer wieder kreierte das wirtschaftliche Umfeld Szenarien, deren Bewältigung besondere Strategien erforderte. Besonders in den letzten 20 Jahren, als sich die schwierige Lage auf dem Bankenmarkt immer mehr zuspitzte und der Wettbewerbsdruck enorm zunahm, stellte sich die Frage nach der geeigneten Strategie. Es galt, den

›goldenen Weg‹ zwischen den Polen Internationalisierung und global playing auf der einen Seite und Bodenständigkeit und Traditionsbewusstsein auf der anderen Seite zu finden. Jedes der beiden Extreme als jeweils alleinige Geschäftsorientierung wäre kaum der richtige Weg zu nachhaltigem Erfolg gewesen. So hat sich die LIGA Bank einerseits für technische und produktbezogene Innovationen geöffnet und diese Linie konsequent verfolgt, sozusagen die positiven Seiten der Internationalisierung und Technisierung für sich und ihre Ziele genutzt. Andererseits blieben das Mitglied und der Kunde im Zentrum der strategischen und operativen Überlegungen. Hier blieb die LIGA Bank ihren traditionellen Grundsätzen und vor allem den von ihr vertretenen Werten treu. So wie im ökonomischen Umfeld die Problemstellungen immer zahlreicher und schwieriger wurden, so hat die LIGA Bank ihren historischen Auftrag ›Dienstleister für die Kirche‹ zu sein, nicht nur nicht aus den Augen verloren, sondern ihre spezielle Ausrichtung als Standesbank betont und ihr Profil im Hinblick darauf gestärkt. Die strategische Neuausrichtung[115] der vergangenen 20 Jahre führte zu einer optimalen Positionierung der LIGA Bank auf dem Markt, die als solide und tragfähige Basis dient und in allen Geschäftsbereichen ein zukunftweisendes und anhaltend innovatives Handeln ermöglicht.

4. Zusammenfassung

Die berufsständische Prägung und eine dezidierte Geschäftsorientierung an Werten wie soziale Verantwortung, Ökologie, Ethik und christliche Nächstenliebe machten und machen auch heute noch den besonderen Charakter von genossenschaftlichen Spezialbanken aus. Die Gründungen der zweiten Hälfte des 19. Jahrhunderts und der ersten Hälfte des 20. Jahrhunderts betonten besonders ihren berufsständischen Charakter, der sich vor allem in der Ausgestaltung der Bankprodukte widerspiegelte, die speziell auf die Bedürfnisse der jeweiligen Berufsgruppe zugeschnitten wurden. In den 1960er Jahren entstand ein neuer Typ genossenschaftlicher Spezialbanken, die weniger auf einen bestimmten Berufsstand abstellten, sondern vielmehr eine besondere, dem im Gründungszeitpunkt vorherrschenden Zeitgeist entsprechende Wertorientierung in den Mittelpunkt stellten. Die Gründungen des späten 20. Jahrhunderts schließlich betonten immer stärker Aspekte wie Nachhaltigkeit, Ethik und christliche Wertorientierung. Die LIGA Bank verband traditionell beide Strömungen: als Standesbank behielt sie ihren berufsständischen Charakter und stellte sich in den Dienst der Katholischen Kirche und ihr angehöriger Personen und Einrichtungen und vertrat zudem von Anfang an dem christlichen Weltbild entsprechende Werte dezidiert in ihrer Geschäftsphilosophie. Insofern kann die LIGA Bank als das beste Beispiel einer sowohl traditionsreichen als auch modernen genossenschaftlichen Spezialbank bezeichnet werden.

1   Die deutsche Bankenstruktur basiert auf dem 3-Säulen-Prinzip: Neben den Privatbanken mit ihren wesentlichen Elementen Privatbankier und Aktienbanken und neben den öffentlich-rechtlichen Sparkassen bilden die Kreditgenossenschaften die dritte Säule unseres Bankensystems.

2   Vgl. Gerhard Schorr, Der genetische Code der Genossenschaft – Erfolgsgarant auch in krisenhaften Zeiten, in: R. Doluschitz und W. Grosskopf, Genossenschaften zwischen Innovation und Tradition, Stuttgart-Hohenheim 2009, S. 1-10.

3   Vgl. Rainer Behle, Besonderheiten in der genossenschaftlichen Bankensäule aus der Sicht der Aufsicht, in: Kreditwesen 23/2008, S. 44-45, hier: S. 44, Werner Böhnke, zeitgemäß, bewährt, erfolgreich: Das genossenschaftliche Geschäftsmodell, in: Kreditwesen 9/2012, S. 27–28, hier: S. 27. Das Geschäftsmodell der Kreditgenossenschaften hat sich auch in Krisenzeiten, wie zum Beispiel der Finanzmarktkrise bewährt. Der Geldkreislauf zwischen Bank und Kunden war jederzeit funktionstüchtig, so dass von einer Kreditklemme nicht die Rede sein konnte, ganz im Gegenteil: Die Kreditvergabe an Nichtbanken ist bei den Kreditgenossenschaften nach der Finanzmarktkrise nicht zurückgegangen, sondern hat sich gegenüber dem Vergleichszeitraum 2007/2008 mehr als verdoppelt. Vgl. Willi Köhler, Mittendrin oder nur dabei? Notwendigkeit differenzierter Eigenkapitalanforderungen, in: Kreditwesen 1/2010, S. 34-35, hier: S. 35.

4   Vgl. Gerhard Schorr, Der genetische Code der Genossenschaft – Erfolgsgarant auch in krisenhaften Zeiten, in: R. Doluschitz und W. Grosskopf, Genossenschaften zwischen Innovation und Tradition, Stuttgart-Hohenheim 2009, S. 1–10, hier S. 3f.

5 Selbstverständlich ist die Palette der Fördermöglichkeiten im einzelnen groß; zur Rolle des genossenschaftlichen Verbundes im Zusammenhang mit der Förderleistung Vgl. Walter Weinkauf, Mitgliederförderung versus Kapitalmarktorientierung im Finanzverbund, in: Kreditwesen 22/2007, S. 16–19, hier: S. 17.

6   Margarete Wagner-Braun, Grundlagen der Mittelstandsfinanzierung 1870–1945, in: Bankhistorisches Archiv, Zeitschrift zur Banken und Finanzgeschichte, 2/2003, S. 18–37.

7   Vgl. Ludwig Hüttl, Volksbanken und Raiffeisenbanken, in: http://www.historisches-lexikon-bayerns.de/artikel/artikel_45458? pdf=true, Abrufdatum 30.08.2012, S. 3.

8   Vgl. Margarete Wagner-Braun, Das genossenschaftliche Bank- und Versicherungswesen im 19. Jahrhundert und zu Beginn des 20. Jahrhunderts – Das Beispiel des Wirtschaftlichen Verbandes, in: Historischer Verein Bayerischer Genossenschaften (Hrsg.), Die Anfänge der modernen Genossenschaftsbewegung in Bayern, Österreich und Südtirol, München 1998, S. 100–140, hier S. 120.

9   Vgl. Hans Jürgen Flender, Die Deutsche Apotheker- und Ärztebank eG als Prototyp von Genossenschaften wirtschaftlich und sozial Bessergestellter, Köln 1995, S. 146 und 154.

10   Der Begriff der Spezialbank ist hier auf den genossenschaftlichen Bereich bezogen und erhält damit eine spezielle Ausprägung. Im Allgemeinen aber ist er weiter gefasst und bezeichnet Kreditinstitute, die sich im Gegensatz zu Universalbanken auf ein Teilgebiet des Kredit- oder Depositengeschäfts spezialisieren. Eine derartige Spezialisierung liegt zum Beispiel bei Bausparkassen, Teilzahlungsbanken, Hypothekenbanken,

Investmentbanken und Kreditinstituten mit Sonderaufgaben vor. Sie sind in der Regel privatrechtlich oder öffentlich-rechtlich organisiert. Vgl. den Artikel ›Spezialbanken‹, in: Wirtschaftslexikon, http://www.wirtschaftslexikon24.net/d/spezialbanken/spezial-banken.htm, Abrufdatum: 14.10.2012.

11   Der berufsständische Charakter zeigt sich nicht nur in dem überwiegend dem Mittelstand zuzurechnenden Kundenkreis und der speziellen Ausrichtung der Produktpalette, sondern auch in der Zusammensetzung der Aufsichtsräte. Vgl. Gunther Aschhoff und Eckart Henningsen, Das deutsche Genossenschaftswesen. Entwicklung, Struktur, wirtschaftliches Potential, Frankfurt am Main 1985, S. 48.

12   Siehe Punkt 3.2.

13   Bei den Kreditgenossenschaften war und ist der regionale Charakter zwar wesentliches Merkmal, allerdings können sie sich – trotz ihrer regional ausgerichteten Geschäftspolitik – in Zeiten fortschreitender Globalisierung diesem Einfluss nicht entziehen. Vgl. Gerhard Roßwog, Genossenschaftliche Regionalverbände auf dem Weg in die Zukunft – von der Pflichtmitgliedschaft zur Kundenloyalität, in: Kreditwesen 22/2007, S. 20–22, hier: S. 20.

14   Zu möglichen Wettbewerbsvorteilen regional tätiger Banken (Kreditgenossenschaften und Sparkassen) wie Kundennähe, Förderung des Mittelstandes und der Region vgl. Isabel Schnabel und Hendrik Hakenes, Regionale Banken in einer globalisierten Welt, in: Kredit und Kapital 3/2007, S. 351-380, hier S. 353-357. Zu den möglichen Nachteilen vgl. ebd. S. 357-362.

15   Margarete Wagner-Braun, Bayerische Beamtenbank, in: http://www.historisches-lexikon-bayerns.de/artikel/artikel_44837, Abrufdatum 23.6.2012.

16   Es handelt sich um die Sparda-Banken Augsburg, Baden-Württemberg, Berlin, Hamburg, Hannover, Essen, München, Münster, Nürnberg, Ostbayern, Südwest und West. Stand Ende 2012.

17   Das Kreditgeschäft umfasst vor allem Kleinkredite und Anschaffungsdarlehen sowie Finanzierungen von Eigenheimen. Vgl. Gunther Aschhoff und Eckhart Henningsen, Das deutsche Genossenschaftswesen. Entwicklung, Struktur, wirtschaftliches Potential, Frankfurt am Main 1985, S. 48.

18   Vgl. Die Geschäftsentwicklung der Sparda-Banken, in: Kreditwesen 15/2008, S. 726/40.

19 Vgl. Joseph Michel, Sparda Banken, in: Eduard Mändle und Hans-Werner Winter (Hrsg.), Handwörterbuch des Genossenschaftswesens, Stuttgart 1980, Sp. 1521–1525, hier Sp. 1521.

20   http://www.sparda-job.de/gruppe_unternehmen_unserewurzeln.php, Abrufdatum 22.07.2012.

21   Ohne Verfasser, 75 Jahre Sparda-Bank, Regensburg 2006, S. 4–5; ohne Verfasser, 50 Jahre Sparda-Bank Regensburg 1931 bis 1981, Regensburg 1981.

22   https://www.sparda-a.de/geschichte.php, Abrufdatum 24.7.2012.

23   http://www.apobank.de/70partner/00portrait/20profil/index.html,
Abrufdatum 23.7.2012.

24   Vgl. Deutsche Apotheker- und Ärztebank, in: Kreditwesen 5/2008, S. 39.

25   Vgl. Hans Jürgen Flender, Die Deutsche Apotheker- und Ärztebank eG als Prototyp
von Genossenschaften wirtschaftlich und sozial Bessergestellter, Köln 1995, S. 157–161.

26   Vgl. ebd., S. 165.

27   Margarete Wagner-Braun, Bayerische Beamtenbank, in: Historisches Lexikon
Bayerns, URL: <http://www.historisches-lexikonbayerns.de/artikel/artikel_44837>,
Abrufdatum 07.05.2008.

28   Vgl. Geschäftsbericht der BBBank eG für das Jahr 2011, S. 11. In diesem Jubiläums-
bericht (90-jähriges Bestehen) ist auch ein Überblick über die Geschichte der Bank
abgedruckt. http://www.bbbank.de/content/dam/f0125-0/pdf_s/bbbank_geschaeftsbe-
richte/BBBank_GB_2011_Internet.pdf, Abrufdatum 15.08.2012.

29   Berlin-Brandenburg, Braunschweig, Hannover, Hessen-Thüringen, Karlsruhe-
Neustadt, Kiel, Koblenz, Köln, München, Niederbayern-Oberpfalz, Nord, Nürnberg,
RheinNeckarSaar, Rhein-Ruhr, Westfalen-Lippe.

30   http://www.psd-niederbayern-oberpfalz.de/Ihre-PSD-Bank/Wir-ueber-uns/Zahlen-
Daten-Fakten/c387.html, Abrufdatum 24.7.2012. Sitz in Regensburg.

31   http://www.psd-muenchen.de/Ihre-PSD-Bank/Wir-ueber-uns/Zahlen-Daten-Fak-
ten/c387.html, Abrufdatum 24.7.2012. Sitz in Augsburg.

32   http://www.psd-nuernberg.de/Ihre-PSD-Bank/Wir-ueber-uns/Zahlen-Daten-
Fakten/c387.html, Abrufdatum 24.7.2012-. Sitz in Nürnberg mit Filiale in Bamberg.

33   Das Aktivgeschäft besteht vor allem aus Ratenkrediten, Baudarlehen und Bauzwi-
schenfinanzierungen. Vgl. Gunther Aschhoff und Eckhart Henningsen, Das deutsche
Genossenschaftswesen. Entwicklung, Struktur, wirtschaftliches Potential, Frankfurt am
Main 1985, S. 49.

34   Das Bürgerliche Gesetzbuch trat in seiner ersten Fassung am 1. Januar 1900 in Kraft.

35   Vgl. Otto Probst, 50 Jahre Post- Spar- und Darlehensvereine in Bayern (1936–1986),
Sonderheft des Archivs für Postgeschichte in Bayern, herausgegeben von der Gesell-
schaft zur Erforschung der Postgeschichte in Bayern in Verbindung mit der Deutschen
Bundespost, 1984, S. 5.

36   Walter Bertram und Winfried Lamsfuß, Post- Spar- und Darlehensvereine
(PSpDV), in: Eduard Mändle und Hans-Werner Winter (Hrsg.), Handwörterbuch des
Genossenschaftswesens, Stuttgart 1980, Sp. 1340–1344, hier Sp. 1340.

37   Ebd., Sp. 1341.

38   Vgl. Thomas Hausfeld, Die Genossenschaftsidee stimmt eins zu eins mit der PSD
Bank überein, in: Bank und Markt 5/2012, S. 16–20, hier: S. 16.

39   Bayern hatte sich beim Eintritt ins Reichsgebiet verschiedene Hoheitsrechte vorbehalten, unter anderem auch das Recht auf eine eigene Postverwaltung, so dass die Reichspost auf die inneren Angelegenheiten der bayerischen Post keinen Einfluss nehmen konnte.

40   Vgl. Otto Probst, 50 Jahre Post- Spar- und Darlehensvereine in Bayern (1936–1986), Sonderheft des Archivs für Postgeschichte in Bayern, herausgegeben von der Gesellschaft zur Erforschung der Postgeschichte in Bayern in Verbindung mit der Deutschen Bundespost, 1984, S. 5.

41   Diese ablehnende Haltung kann so interpretiert werden, dass das genossenschaftliche Prinzip nicht vollständig umgesetzt werden sollte, trotz der möglicherweise weitgehenden Ausrichtung des operativen Geschäfts an den zentralen Genossenschaftsprinzipien.

42   Daraufhin kam es im August 1938 zur Gründung des ›Prüfverbands der Post- Spar- und Darlehensvereine e.V.‹ und zur Ausarbeitung einer Mustersatzung im Jahr 1940.

43   Vgl. Otto Probst, 50 Jahre Post- Spar- und Darlehensvereine in Bayern (1936–1986), Sonderheft des Archivs für Postgeschichte in Bayern, herausgegeben von der Gesellschaft zur Erforschung der Postgeschichte in Bayern in Verbindung mit der Deutschen Bundespost, 1984, S. 7 und 9.

44   Vgl. Propst, ebd., S. 9.

45   Vgl. Probst, ebd., S. 7.

46   Zur Geschichte der Münchener Hypothekenbank vgl. Ludwig Hüttl, Von der Bayerischen Landwirthschaftsbank GmbH zur Münchener Hypothekenbank eG 1896–1996, München 1996.

47   Ausgangspunkte waren zum Beispiel der 1899 gegründete Darlehenskassenverein Göggingen, der 1911 gegründete Spar- und Darlehenskassenverein Unterbernbach, der 1912 gegründete Spar- und Darlehenskassenverein Kühbach, sowie der 1913 gegründete Spar- und Darlehenskassenverein Haslangkreit eGmuH.

48   http://www.augusta-bank.de/content/dam/f0552-0/pdf-dateien/stammbaum.pdf, Abrufdatum 16.08.2012.

49   Zur Geschichte der Bank vgl. Ludwig Hüttl, 150 Jahre Zukunft. Ihre Bank. Münchner Bank, München 2012.

50   http://www.muenchner-bank.de/unser_profil/ueber_uns/Was_uns_antreibt.html, Abrufdatum 16.08.2012.

51   http://www.muenchner-bank.de/unser_profil/ueber_uns/zahlen__daten__fakten.html, Abrufdatum 16.08.2012.

52   Vgl. Gunther Aschhoff und Eckhart Henningsen, Das deutsche Genossenschaftswesen. Entwicklung, Struktur, wirtschaftliches Potential, Frankfurt am Main 1985, S. 49.

53   Neben den Genossenschaftsbanken dieser Ausrichtung existieren auch Aktiengenossenschaften wie zum Beispiel die im Jahr 1980 gegründete Triodos Bank (AG nach niederländischem Recht) in Frankfurt am Main und die 1994 gegründete Umweltbank (Direktbank).

54   Vgl. zum Beispiel den Geschäftsbericht für das Jahr 2011 der vr bank Untertaunus eG, S. 15.

55   http://www.nachhaltiges-investment.com/oekobanken.php, Abrufdatum 18.08.2012.

56   Offensichtlich fand das Konzept der GLS Bank sozial, ökologisch und transparent zu arbeiten, in einer breiteren Öffentlichkeit Anerkennung.

57   http://www.gls.de/die-gls-bank/ueber-uns/gls-bank/zahlen/, Abrufdatum 17.08.2012.

58   Weitere Niederlassungen befinden sich in München, Hamburg, Frankfurt am Main, Stuttgart, Freiburg und Berlin.

59   Die Ökobank eG entstand in der Folge der Nachrüstungsdebatte der 1980er Jahre und der aufkeimenden Umweltbewegung; sie warb mit Leitsätzen wie »Alternativen sind möglich« und »kein Geld in die Rüstung«. Ursprüngliche Aufgabe war die Bereitstellung von Finanzmitteln für die damals aufkommenden alternativen Betriebe, die zu jener Zeit noch nicht von traditionellen Banken unterstützt wurden.

60   Die genossenschaftlich organisierte IntegraBank war 1972 im Umfeld der 1968 entstandenen Katholisch-Integrierten Gemeinde gegründet worden.

61   http://www.gls.de/die-gls-bank/ueber-uns/geschichte/#c11364, Abrufdatum 17.08.2012.

62   Informationen zum im Jahre 1868 gegründeten »Credit- und Spar-Verein zu Eisenberg S.-A.« finden sich unter http://www.myvolksbank.de/meine-volksbank/ge-schichte/bankgeschichte.html, Abrufdatum 18.08.2012.

63   http://www.ethikbank.de/die-ethikbank/rundgang/geschichte.html, Abrufdatum 18.08.2012.

64   http://www.my-volksbank.de/fileadmin/my-volksbank/dokumente/Die_Volksbank/ Bilanz_PK_2012.pdf, Abrufdatum 18.8.2012.

65   http://www.kd-bank.de/wir_fuer_sie/ueber_kd_bank/geschichte.html, Abrufdatum 21.08.2012.

66   Vgl. Geschäftsbericht der KD Bank 2011, http://www.kd-bank.de/content/dam/ g8190-1/05_Aktuelle_Meldungen/pressecenter/GB_2011_Bank-fuer-Kirche-und-Diako-nie_web.pdf, Abrufdatum 21.08.2012.

67   Zur Geschichte der Bank vgl. den Jubiläumsband zum 50-jähreigen Bestehen: http://www.dkm.de/ueber_die_dkmo/wir_ueber_uns/profil.html, Abrufdatum 06.10.2012.

68   http://www.dkm.de/ueber_die_dkmo/wir_ueber_uns/profil.html, Abrufdatum 06.10.2012.

69   http://www.dkm.de/ueber_die_dkmo/wir_ueber_uns/profil.html, Abrufdatum 06.10.2012.

70   http://www.bibessen.de/homepage/unsere_bank/unser_profil/unsere_bank.html, Abrufdatum 29.08.2012.

71 http://www.bibessen.de/homepage/unsere_bank/in_zahlen.html,
Abrufdatum 29.08.2012.

72 http://www.bkc-paderborn.de/ueber_unso/philosophie.html,
Abrufdatum 06.10.2012.

73 http://www.bkc-paderborn.de/content/dam/g4307-0/pdf/berichte/kurzbericht_2011.
pdf, Abrufdatum 06.10.2012.

74 Der LIGA Bank ist mit Punkt 3.2. eigenes Kapitel gewidmet.

75 Zur Geschichte der Pax Bank vgl. Klara van Eyll, Pax-Bank 1917-1992.
75 Jahre im Dienst von Kirche und Caritas, Köln 1992.

76 Vgl. Margarete Wagner-Braun und Alfons Hierhammer, Vom ›Verband
katholischer Ökonomiepfarrer‹ zur größten Genossenschaftsbank Bayerns,
München 1992, S. 18.

77 Dies geschieht zum Beispiel bei der Auflage bestimmter Anlageprodukte,
vgl. Kapitel 3.2.2.4.

78 http://www.paxbank.de/die-bank/unsere-bank/ethik-beirat.html,
Abrufdatum 29.08.2011.

79 http://www.ordensbank.de/index.php?option=com_content&view=article&id=46&
Itemid=220, Abrufdatum 21.08.2012.

80 http://www.ekk.de/Ihre_EKK/berichte/ekk.html, Abrufdatum 21.08.2012.

81 http://www.ekk.de/Ihre_EKK/identitaet-und-leitbild/christliche_werte.html,
Abrufdatum 21.08.2012.

82 Wagner-Braun M., LIGA Bank eG Dienstleister für die Kirche, in: http://
www.historisches-lexikonbayerns.de/artikel/artikel_44972, Abrufdatum 23.6.2012.

83 Vgl. Ohne Verfasser, Mit weniger Sorge durch die Krise, in: Glaube und Heimat,
7.10.2011. http://www.glaube-undheimat.de/2011/10/07/mit-weniger-sorgen-durch-
die-krise/, Abrufdatum 09.06.2012.

84 Die Ausführungen dieses Kapitels basieren auf folgender Literatur: Margarete
Wagner-Braun und Alfons Hierhammer, Vom ›Verband katholischer Ökonomiepfarrer‹
zur größten Genossenschaftsbank Bayerns, München 1992; Margarete Wagner-Braun,
Geistliche als Bankiers – Zur Entstehung und Entwicklung der LIGA Spar- und Kreditgenossenschaft eG. Regensburg, in: Franziska Schinzinger (Hrsg.), Christliche Unterneh-
mer, Boppard am Rhein, 1994, S. 293–316; Dies., LIGA Bank eG. Dienstleister für
die Kirche, in: http://www.historisches-lexikon-bayerns.de/artikel/artikel_44972;
Dies., Das genossenschaftliche Bank- und Versicherungswesen im 19. und zu Beginn
des 20. Jahrhunderts – das Beispiel des ›Wirtschaftlichen Verbandes‹, in: Historischer
Verein bayerischer Genossenschaften e.V., München (Hrsg.), Schriftenreihe zur
Genossenschaftsgeschichte, Band 1, Die Anfänge der modernen Genossenschaftsbewegung in Bayern, Österreich und Südtirol, München 1998, S. 100–140;
Dies., ›Die Katholische Widdumsadministration der Liga, Wirtschaftlicher Verband der
katholischen Geistlichen Bayerns‹, in: Lindner, Konstantin u. a., Erinnern und Erzählen,
Bamberger Theologisches Forum, Band 14, Berlin 2013, S. 285–299.

85 Zur Geschichte der LIGA Krankenversicherung katholischer Priester VVaG
Regensburg vgl. Margarete Wagner-Braun, 125 Jahre Priesterkrankenversicherung in
der Diözese Regensburg, Regensburg 2000; Dies., Zur Bedeutung berufsständischer
Krankenkassen innerhalb der privaten Krankenversicherung in Deutschland bis zum
zweiten Weltkrieg: Die Selbsthilfeeinrichtungen der katholischen Geistlichen, Stuttgart
2002; Dies., Die Krankenversicherung der katholischen Geistlichen als Element des
genossenschaftlichen Versicherungswesens, in: Historischer Verein bayerischer Genossenschaften e.V., München (Hrsg.), Schriftenreihe zur Genossenschaftsgeschichte, Band
5, Beiträge zur Geschichte der Waren- und Dienstleistungsgenossenschaften und des
genossenschaftlichen Verbundsystems, München 2001, S. 292–231; Dies., Der Kranken-
unterstützungsverein der Diözese Regensburg zu Straubing – die erste Krankenkasse
für katholische Geistliche in Deutschland, in: Jahresbericht des Historischen Vereins für
Straubing und Umgebung, Straubing 1996, S. 319–353; Dies., LIGA Krankenversicherung
katholischer Priester VVaG Regensburg, in: Historisches Lexikon Bayerns, URL: <http://
www.historisches-lexikon-bayerns.de/artikel/artikel_44977; Dies., Private Kranken-
unterstützungsvereine für katholische Geistliche in Deutschland – ein Überblick, in:
Klerusblatt, Zeitschrift der katholischen Geistlichen in Bayern und der Pfalz, Nr. 9, 1996,
S. 205–207.

86 Zur Geschichte der LIGA Lebensversicherung vgl. Margarete Wagner-Braun,
Die Lebensversicherung für den katholischen Klerus Deutschlands, Liga-Lebensversicherung der katholischen Geistlichen V.V.a.G., Weiden 1996.

87 Es handelt sich vor allem um eine Intensivierung des Kosten- und Konditionen-
wettbewerbs. Vgl. Stephan Götzl und Jürgen Gros, Regionalbanken seit 160 Jahren.
Die Volksbanken und Raiffeisenbanken. Merkmale, Strukturen, Leistungen, Wiesbaden
2009, S. 1718.

88 Zum Zusammenhang der Baseler Vorschriften mit der Finanzkrise vgl. Stefan
Gärtner, Lehren aus der Finanzkrise. Räumliche Nähe als stabilisierender Faktor,
in: Institut Arbeit und Technik, 08/2009, S. 2–16, hier: S. 3.

89 Vgl. Sachverständigenrat zur Begutachtung der gesamtwirtschaftlichen Entwicklung, Jahresgutachten 2008/09, Die Finanzkrise meistern – Wachstumskräfte stärken,
S. 4, 5, 22 u. 26.

90 Margarete Wagner-Braun, Schalter online. Auswirkungen der Informations-
und Kommunikationstechnologie im Bankbetrieb, in: uni.vers. Das Magazin der
Otto-Friedrich-Universität Bamberg, 7/ 2004, S. 22–25.

91 Vgl. zum Beispiel Geschäftsbericht der LIGA Bank, 2008, S. 3.

92 Vgl. Kapitel 3.2.2.4.

93 http://www.ligabank.de/wir_fuer_sie/philosophie/leitbild.html,
Abrufdatum 29.7.2012.

94 Da die Unternehmensgeschichte der LIGA Bank bis 1992 im Band »Vom ›Verband
katholischer Ökonomiepfarrer‹ zur größten Genossenschaftsbank Bayerns« bereits umfassend dokumentiert ist, bezieht sich diese Kapitel auf den Zeitraum von 1993 bis 2010.
Grundlage der Ausführungen sind die Geschäftsberichte der LIGA Bank.

95 Vgl. zum Beispiel Geschäftsbericht der LIGA Bank, 2007, S. 3.

96 http://www.ligabank.de/wir_fuer_sie/philosophie/in_zahlen.html,
Abrufdatum 25.7.2012.

97 Vgl. Geschäftsbericht der LIGA Spar- und Kreditgenossenschaft, 1999, S. 11.

98 Vgl. zum Beispiel Geschäftsbericht der LIGA Bank, 2003, S. 20; 2004, S. 22–23.

99 Vgl. Geschäftsbericht der LIGA Bank, 2006, S. 20.

100 Vgl. Geschäftsbericht der LIGA Bank, 2009, S. 24.

101 Vgl. Geschäftsbericht der LIGA Bank, 2007, S. 24.

102 Vgl. zum Beispiel Geschäftsbericht der LIGA Bank, 2003, S. 20.

103 http://www.ligabank.de/privatkundeno/boerse_wertpapiere/nachhaltig_anlegen.
html, Abrufdatum 29.7.2012.

104 Ebd., Abrufdatum 29.7.2012.

105 In diesem Beitrag kann nur ein Überblick wichtiger Produkte gegeben werden,
Vollständigkeit kann keinesfalls angestrebt werden.

106 Vgl. Geschäftsbericht der LIGA Bank, 2001, S. 12.

107 Vgl. zum Beispiel Geschäftsbericht der LIGA Bank, 1999, S. 10.

108 Vgl. Geschäftsbericht der LIGA Bank, 1998, S. 6.

109 Vgl. Geschäftsbericht der LIGA Bank, 2001, S. 12.

110 Vgl. Geschäftsbericht der LIGA Bank, 2002, S. 20

111 Vgl. Geschäftsbericht der LIGA Bank, 2002, S. 19.

112 Vgl. Geschäftsbericht der LIGA Bank, 2008, S. 20.

113 Vgl. Geschäftsbericht der LIGA Bank, 2000, S. 10.

114 Vgl. Geschäftsbericht der LIGA Bank, 2002, S. 22.

115 Vgl. Geschäftsbericht der LIGA Bank, 2000, S. 10.

205

Die Münchner Bank von 1862 und der Weg zum bayerischen Genossenschaftsgesetz von 1869

Reinhard Heydenreuter

IN DEN JAHREN zwischen 1848 und 1871, zwischen bürgerlicher Revolution und Reichgründung, wurden im Königreich Bayern in Recht und Verwaltung die Grundlagen für das moderne Bayern gelegt. Beispielsweise konnte der Landtag 1861 die längst überfällige Trennung von Gericht und Verwaltung, die Einrichtung des Notariats und ein modernes Strafrecht beschließen. Die Jahre nach 1859 sind für Bayern deswegen wichtig, weil sie das Ende eines ›Reformstaus‹ bedeuteten: Der damalige bayerische König Max II. (1848–1864), der die Reformen und Zusagen von 1848 zunächst wieder rückgängig machen wollte, leitete seit 1859 eine liberale Politik ein, die von seinem Nachfolger Ludwig II. (1864–1886) konsequent fortgesetzt wurde. Ludwig II. war nämlich nicht nur ein exzentrischer Schlösserbauer und Förderer Richard Wagners, sondern er vollendete auch die Sozialgesetzgebung seines Vaters. Unter ihm erhielt Bayern eine neue Gewerbeordnung und damit Gewerbefreiheit, eine Gemeindeordnung und eben auch im Jahre 1869 ein Genossenschaftsgesetz.

Mit diesem Genossenschaftsgesetz reagierte der König und sein Ministerium auf eine Entwicklung, die schon seit 1848 König Max II. beschäftigt hatte: Mehr und mehr war damals die Lösung der so genannten sozialen Frage, oder um es zeitgenössisch auszudrücken: ›die Not der arbeitenden Klasse‹, zur vordringlichen Aufgabe der Politik geworden. König Max II. schrieb der (ungelösten) sozialen Frage eine Hauptschuld an der Revolution von 1848 zu. Tatsächlich hatte sich die Unzufriedenheit des Bürgertums und der Landbevölkerung mit dem herrschenden

"

System 1848 nicht nur wegen der Polizei- und Beamtenwillkür, der drückenden Zensur oder der noch ganz mittelalterlichen Abhängigkeit der Bauern entladen, sondern vor allem auch wegen der Hungersnot von 1847, die vielen das Leben kostete oder in die Armut trieb, ohne dass die Obrigkeit in der Lage gewesen wäre, auch nur einigermaßen zu helfen. Dazu kam ein stetig wachsendes ›Proletariat‹ in den Städten, das in den rasant wachsenden Industrieunternehmen zu Hungerlöhnen arbeitete.

Für Max II., der als König seinem am 20. März 1848 zurückgetretenen Vater Ludwig I. nachfolgte, war es unbegreiflich, wie es dazu kommen konnte, dass sich in diesem Jahr 1848 und zu Beginn des Jahres 1849 besonders in der Pfalz Teile des Bürgertums gegen die seit 1180 in Bayern regierende Dynastie stellten. König Ludwig I., sein Sohn und die Minister wurden von den Ereignissen so überrascht, dass sie die schnell entworfenen Rahmengesetze und Verfassungsänderungen des neu gewählten Landtags weitgehend billigten. Erst als die Lage ruhiger geworden war und sein Thron nicht mehr unmittelbar gefährdet schien, bemühte sich der neue Herrscher Max II. zunächst darum, die liberalen Zugeständnisse wieder rückgängig zu machen. Er plante sogar, die 1848 reformierte Verfassung wie in Preußen durch eine neue oktroyierte Verfassung zu ersetzen. Dies konnten ihm seine Minister ausreden, aber die Umsetzung der in der Verfassung geforderten Reformen ließ auf sich warten. Viel Zeit verwandte der König jetzt darauf, sich mit Hilfe zahlreicher Gutachten Gewissheit darüber zu verschaffen, wie man die soziale Frage lösen, insbesondere wie man das drohende Gespenst der allgemeinen Verarmung und Proletarisierung verhindern könnte. Sogar ein Preisausschreiben wurde veranstaltet. Eine der in diesem Zusammenhang am häufigsten vorgeschlagenen Maßnahmen zur Lösung des Problems war die Gründung von Selbsthilfevereinen, oder wie man damals sagte: ›Assoziationen‹.

Das war freilich einfacher gesagt als getan, denn Vereine zu gründen war zunächst eine polizeilich höchst unerwünschte Sache. Jeder Verein stand im Verdacht der politischen Konspiration, ob er nun als Turnverein, als Gesangsverein oder als geselliger Verein auftrat. Daher war jede Vereinsgründung an eine landesherrliche Erlaubnis gebunden und diese wurde höchst selten gewährt. Daher gehörte zu den Forderungen der 48er Revolution auch ein liberales Vereinsgesetz. Ein solches kam in Bayern nach erfreulichen ersten Ansätzen von 1848 dann unter Modifikationen erst 1850 zustande.

Das Gesetz beschränkte zwar den polizeilichen Einfluss bei unpolitischen Vereinen, aber die rechtliche Konstruktion des Vereins machte diesen nur beschränkt für den Zweck der sozialen Selbsthilfe tauglich. Trotzdem begann man auch in Bayern nach dem Vorbild von Schulze-Delitzsch langsam die Bedeutung von Darlehensvereine zu erkennen. Dies umso mehr, als sich im Jahre 1859 eine bedeutsame Wendung in der Politik des Königs und der Regierung vollzog. Der König gab seinen Widerstand gegen alle liberale Reformgesetze, die der Landtag schon seit 1848 verabschieden wollte, auf, er ›machte Frieden mit seinem Volke‹, wie er sagte.

Es ist nun kein Zufall, dass just in diesem Moment aus dem Kreis eines Münchner Traditionsvereins, der Bürger-Sänger-Zunft[1], die Initiative zur Gründung eines Darlehensvereins ausging. Denn diese Bürger-Sänger-Zunft war keineswegs nur ein Gesangverein, er war quasi die ›getarnte‹ politische Vertretung des Münchner Bürgertums. Es war die Bürger-Sänger-Zunft, die schon früh Verfassungsfeiern veranstaltete, um auf die garantierten Rechte der Verfassung von 1818 hinwies, es war die Bürger-Sänger-Zunft, in deren Schoß die Bayernhymne (›Lied für Bayern‹) 1860 entstand.[2] Aufgeführt wurde die Bayernhymne erstmals am 15. Dezember 1860 in den Räumen der Bürger-Sänger-Zunft (im Orlando di Lasso Haus am Platzl). Und diese Mitglieder der Bürger-Sänger-Zunft, die damals mitgesungen hatten, waren es schließlich auch, die im Wesentlichen am 12. Juli 1862 an der Gründung des so genannten Münchner Darlehen-Vereins (›mit Solidarhaft‹) mitwirkten, aus der sich dann später die Münchner Bank entwickelte. Ein Blick auf die Gründer und Förderer des Vereins zeigt, dass wir es hier mit

politischen Gesinnungsgenossen von Schulze-Delitzsch aus dem sogenannten nationalliberalen Lager zu tun haben. Organisiert hat sich
diese nationalliberale Bewegung im 1859 gegründeten Deutsche Na-
tionalverein, der seinen Sitz in Coburg nahm, wo der liberale Herzog
Ernst regierte. Schulze-Delitzsch war einer der heftigsten Verfechter
dieser nationalliberalen Bewegung, die auf eine Wiederherstellung des
Deutschen Reichs hinarbeitete. Auch das Münchner Bürgertum dach-
te im Grunde nationalliberal und bei der Gründungmannschaft des
Münchner Darlehen-Vereins überwogen die auch politisch engagierten
Nationalliberalen. Zu nennen ist hier vor allem das Beiratsmitglied und
der Fabrikant Julius Knorr, der seit 1860 Mitglied des Deutschen Natio-
nalvereins war und 1863 Mitbegründer der Fortschrittspartei in Bayern
wurde. Das bedeutendste Mitglied dieser Fortschrittspartei und Freund
von Knorr war der ›Vater des bayerischen Genossenschaftsgesetzes‹ des
Abgeordneten Dr. Joseph Völk.

Wenn wir uns die Gründer des Münchner Darlehen-Vereins von 1862
ansehen, dann fällt nicht nur die Verbindung zu den Männern der bayerischen Fortschrittspartei auf, sondern auch zu den ehemaligen Revo-
lutionären von 1848. Sie standen alle auf einer Liste, die König Max II.
nach 1848 hatte anlegen lassen, nämlich auf der berüchtigten Liste der
Gegner der Monarchie, die der König während seiner Regierung immer
(geheim) zu Rate zog, wenn es um Beförderungen und Auszeichnungen
ging. Auf dieser Liste stand nicht nur Julius Knorr und Dr. Joseph Völk,
sondern vor allem auch ein anderes prominentes Gründungsmitglied
des Münchner Darlehenvereins, der Münchner Universitätsprofessor
Karl Friedrich Neumann[3]. Neumann hielt schon 1848 im Bauhofclub
Vorträge über die Gewebeordnung und über ›Kapital und Arbeit‹. Damals rühmte er schon die Bedeutung der Sozietäten. In diesem Münchner Bauhofclub, der Urzelle der bayerischen liberalen Parteien, waren
mit Neumann schon die Personen tätig, die uns dann 1862 bei der
Gründung des Darlehensvereins begegnen, etwa der schon genannte Julius Knorr und der Fabrikant Karl Billing (genannt als Billing aus

Schweinfurt). Die Gründung der Münchner Bank ist also, so gesehen, nicht zuletzt auch eine Spätfolge der Revolution von 1848.

Neumann übernimmt 1862 bis 1863, bis zu seinem Weggang nach Berlin, auch das Amt des 2. Vorstandes im Münchner Darlehensverein. Seine Bindungen zu Schulze-Delitzsch sind so eng, dass sie vielleicht mitbestimmend waren für seinen Weggang nach Berlin. Er erhoffte sich wohl in Berlin die Erfüllung seiner nationalliberalen Träume. In München darf er als derjenige gelten, der die Anregungen von Schulze-Delitzsch am schnellsten umsetzte. Vor allem die Verwertung der Ergebnisse der neuen Wissenschaft der Nationalökonomie, von der man sich Wunder erhoffte, lag ihm am Herzen. Seit 1858 wurde unter wesentlicher Beteiligung von Schulze-Delitzsch (erstmals in Gotha) ein volkswirtschaftlicher Nationalkongress veranstaltet, der auch lokale Gründungen von volkswirtschaftlichen Vereinen zur Folge hatte. Hier war in München vor allem Neumann tätig.

1863 brachte Schulze-Delitzsch im preußischen Landtag seinen Entwurf eines Genossenschaftsgesetzes ein.

In Bayern reagierte der fortschrittlich-liberale Abgeordnete Dr. Joseph Völk[4], der ja über seinen Freund Julius Knorr die Verhältnisse beim Münchner Darlehen Verein gut kannte, prompt darauf und legt im Landtag diesen preußischen Entwurf mit der Bitte an die Regierung vor, ein ähnliches Gesetz auch in Bayern einzubringen. Dabei verwies er darauf, dass sich wegen der Neugründungen von Genossenschaften – ausdrücklich verwies er auf den Münchner Darlehen-Verein und die Augsburger Bäckergenossenschaft – die Notwendigkeit einer gesetzlichen Regelung ergeben habe, da weder das Vereinsrecht noch das Handelsrecht eine geeignete Grundlage für die rechtliche Regelung des Genossenschaftswesens boten. Da der Landtag keine Gesetzesinitiative besaß, war also die Regierung gefragt, nachdem beide Kammern des Landtags der Initiative Völkls zugestimmt hatten. Hier ruhte freilich die Angelegenheit gut.

Der Krieg von 1866 verzögerte – wie übrigens auch in Preußen – die Arbeiten an einem bayerischen Genossenschaftsgesetz. Am 10. März 1867 wiederholte Völk seinen Antrag und diesmal mit Erfolg, denn das Justizministerium hatte bereits einen Mann mit der Abfassung eines Entwurfs beauftragt, der selbst als gewählter Abgeordneter im Landtag saß und ein sehr merkwürdiges Schicksal hatte, da er vom schärfsten Gegner des Königs Max II. zum braven Beamten mutierte. Es handelte sich um den ehemaligen Würzburger Staatsrechtsprofessor Ludwig Ritter von Weis[5].

Der Entwurf von Weis stieß im Landtag nicht auf Zustimmung. Besonders der Berichterstatter Völk meinte, es wäre viel praktischer und für die jeweiligen Genossenschaften viel nützlicher, den Entwurf des Norddeutschen Bundes mit entsprechenden Modifikationen zu übernehmen. Dem stimmte auch der Reichsrat zu. Nur in einem Punkt musste Völk nachgeben, das Gesetz, das schließlich am 29. April 1869 erlassen wurde, sah auch eine Genossenschaft mit beschränkter Haftung vor.

Wie viele der segensreichen Gesetze, die in den letzten Regierungsjahren Max II. und in den ersten Regierungsjahren Ludwig II. erlassen wurden, hat auch dieses Genossenschaftsgesetz vom 29. April 1869 (in Kraft seit 28. Mai 1869) nur eine kurze Lebensdauer gehabt, da Bayern seit 1871 mehr oder weniger freiwillig, ein Teil des Zweiten Deutschen Kaiserreiches geworden war. Der Reichstag beschloss bald eine Flut von neuen Gesetzen, die in der Regel auf preußische Vorbilder aufbauten, die nur zum geringen Teil besser waren als das in Bayern existierende Recht. So wurde auch das Genossenschaftsgesetz schon nach vier Jahren mit Reichsgesetz vom 23. Juni 1873 aufgehoben. An seine Stelle trat mit Wirkung vom 1. August 1873 das Gesetz des Norddeutschen Bundes vom 4. Juli 1868 über ›die privatrechtliche Stellung der Erwerbs- und Wirtschafts-Genossenschaften‹, das am 19. Mai 1871 zum Reichsgesetz erklärt worden war.

Das bayerische Genossenschaftsgesetz und das Genossenschaftsgesetz des Norddeutschen Bundes waren bis auf geringen Unterschiede vor allem sprachlicher Art identisch (etwa bei Art. bzw. § 52 heißt es in Bayern: Gant, in Norddeutschland: Konkursverfahren (Falliment). Der einzige gravierende Unterschied bestand, wie ausgeführt, darin, dass im bayerischen Gesetz auch (in einem zweiten Teil Art. 70 bis 80) eine Gesellschaft mit beschränkter Haftung vorgesehen war, die als ›registrierte Gesellschaft mit beschränkter Haftung‹ bezeichnet werden mußte. Diese bayerische Besonderheit sollte sich auf lange Sicht als besser erweisen als das, was im preußischen Gesetz (und damit auch seit 1873 für Bayern) vorgesehen war, nämlich die ausnahmslose unbeschränkte Haftung der Genossenschaften. 1889 korrigierte man das Versäumnis und übernahm die (bayerische) Genossenschaft mit beschränkter Haftung bei der Neufassung des Reichsgesetzes.

Abschließend sei noch einmal darauf hingewiesen, dass die Gründung der Münchner Bank 1862 und die seit 1863 betriebene Schaffung eines bayerischen Genossenschaftsgesetzes eng miteinander zusammenhängen. Die Gründerväter der Münchner Bank und ihre politischen Freunde waren sich einig in den Bestrebungen, den Genossenschaften nach dem Vorbild von Schulze-Delitzsch in Preußen eine vernünftige rechtliche Basis zu geben.

Wie wir auch sahen, war die Gründung der Münchner Bank aus der Mitte des Bürgertums ein ausgesprochen politischer Akt, der bis heute unseren Respekt verdient: Es handelt sich nicht nur um die erste Genossenschaft Bayerns, sondern um eine bis heute bestehende, aus dem Bürgertum erwachsene Einrichtung, ein kostbares Produkt der bürgerlichen Selbstbestimmung, ein demokratisches Gegenmodell zu der bis heute nach den Vorgaben Montgelas hierarchisch gegliederte Verwaltung, und wie die wenig vorher entstandene Bayernhymne von 1860/61 eine Mahnung des Bürgertums an die Obrigkeit und an ihren König, die Rechte des Bürgertums zu wahren.

Zeittafel

1848   Februar-Revolution in Paris;
3. – 6. März revolutionäre Unruhen in München

1848, 6. März   Märzproklamation Ludwigs I. mit liberalen
Versprechungen

1848, 20. März   König Ludwig I. dankt zugunsten seines Sohnes
Maximilian ab

1848 – 1864   König Max II.

1848, 22. März   Eröffnung des Reformlandtags. Wahl eines ›linken‹
Landtags und Vertagung durch den König; die provisorische pfälzische
Landesregierung sagt sich am 17. Mai von Bayern los und verbündet
sich mit den badischen Aufständischen.

1848, 4. Juli   Grundlagengesetz (über die Grundlagen er Gesetzgebung, die Gerichtsordnung, das Verfahren in Zivil- und Strafsachen
und über das Strafrecht); Gesetz über die Aufhebung der standes- und
gutsherrlichen Gerichtsbarkeit, dann die Aufhebung, Fixierung und
Ablösung von Grundlasten

1848, 1. Dezember   Neues Ministerium für Handel und öffentliche
Arbeiten

1849, 18. April   Mit dem Rücktritt des Ministeriums Bray-Steinburg
und dem neuen Ministerpräsidenten und Außenminister
Ludwig Frh. von der Pfordten endet die Zeit der liberalen Reformen.
Ablehnung der Reichsverfassung durch die bayerische Regierung;
Mai: Aufstand in der Pfalz und Niederschlagung.

1850, 26. Februar   Vereins- und Versammlungsgesetz (GBl.) regelt
das Vereins- und Versammlungsrecht nach einer Zeit des Nichtein-
schreitens wieder im Sinne des vormärzlichen Überwachungsstaates.

1852   Auf Betreiben des reaktionären Beraters des Königs,
des ehemaligen Ministers Abel, nimmt von der Pfordten den
ultrakonservativen Innenminister Reigersberg ins Kabinett.

1854   Eine Umbildung des Wahlrechts und eine Rückkehr zum
Wahlsystem von 1818 scheitert am heftigen Widerstand des Landtags.
Die Regierung und der König wagen es nicht, wie in Preußen das
Gesetz durch einen Putsch zu oktroyieren. Der nun von Reigersberg
wie vor 1848 praktizierte Polizeistaat wird in den Kammern als
›oktroyierte Verwaltung‹ bezeichnet.

1859, Januar   Entlassung des Kabinetts von der Pfordten,
um den Stillstand bei der Gesetzgebung im Landtag zu beenden.
König Max II.: »Ich möchte Frieden mit meinem Volke und
den Kammern« An der Spitze des neuen Ministeriums steht
Karl Frh. von Schrenck-Notzing, das Innenministerium übernimmt
Max Ritter von Neumayr.

1861   Franz-Hermann Schulze-Delitzsch veröffentlicht sein Werk:
Vorschuß- und Kreditvereine als Volksbanken

1861, 10. November   Gesetz die Gerichtsverfassung betr. (Trennung
von Justiz und Verwaltung); Gesetz die Einführung des Strafgesetz-
buches und des Polizeigesetzbuches betr.; Notariatsgesetz; Gesetz
die Einführung des allgemeinen deutschen Handelsgesetzbuches betr.

1862, 12. Juli   Gründung des Münchner Darlehen-Vereins mit
Solidarhaftung

1863, 10. August   Antrag des Abgeordneten Dr. Joseph Völk in der
Kammer der Abgeordneten auf Erlass eines bayerischen Genossenschaftsgesetzes. Legt den von Schulze-Delitzsch verfassten Entwurf
eines preußischen Genossenschaftsgesetzes vom gleichen Jahr vor.

1864, 10. März   Tod von König Maximilian II.

1864–1886   König Ludwig II. (geb. am 25. August 1845)

1865, 27. Mai   Gesamtbeschluss des Landtags mit Antrag an den König, entsprechend dem Antrag des Abgeordneten Dr. Joseph Völk vom 10. August 1863 ein Genossenschaftsgesetz zu erlassen.

1866   Deutscher Bruderkrieg. Bayern kämpft an der Seite Österreichs gegen Preußen. Entscheidung des Kriegs in der Schlacht von Königgrätz (3. Juli). Bayern muss 30 Millionen Taler Kriegsentschädigung zahlen und schließt am 22. August mit Preußen ein (geheimes) Schutz- und Trutzbündnis

1867, 12. Februar   Wahl eines konstituierenden Norddeutschen Reichstages und Annahme der Verfassung des Norddeutschen Bundes (16. April)

1867, 27. März   Preußisches Genossenschaftsgesetz

1868, 24. Januar   Justizminister Lutz legt den im Justizministerium von Dr. Weis ausgearbeiteten Gesetzentwurf und die Motive dem Landtag (Kammer der Abgeordneten) vor

1868, 25. Januar   Der Abgeordnete Dr. Joseph Völk wird für den Gesetzentwurf vom 24. Januar 1868 als Referent im Gesetzgebungsausschuss (1. Ausschuss) bestimmt.

1868, 6. März   Vorstellung (Eingabe) des volkswirtschaftlichen Vereins in München zum Gesetzentwurf vom 24. Januar 1868, schlägt das preußische Gesetz als Vorlage vor.

1868, 4. Juli   Gesetz des Norddeutschen Bundes betreffend die privatrechtliche Stellung der Erwerbs- und Wirtschafts-Genossenschaften.

1869, 21. Februar   Der Abgeordnete Dr. Joseph Völk nimmt als
Referent des Gesetzgebungsausschusses Stellung zum Gesetzentwurf
vom 24. Januar 1868 und legt einen eigenen Gesetzentwurf vor, der an
das Gesetz des Norddeutschen Bundes angelehnt ist. Dieser Entwurf
wird nun vom Landtag an Stelle des Ministerialentwurfs beraten.

1869, 20. April   Gesamtbeschluss des Landtags über den von
Dr. Völk vorgelegten Entwurf.

1869, 29. April   Landtagsabschied. König Ludwig II: Darunter:
Gesetz, die privatrechtliche Stellung der Erwerb- und Wirtschafts-
Gesellschaften betr. (Beilage X zum Landtagsabschied) (GBl. für
das Königreich Bayern 1869, Sp. 1153–1154.) Das Gesetz sieht zwei
Arten von Genossenschaft vor: 1. Die eingetragenen (ausdrücklich
als Genossenschaft bezeichneten) mit unbeschränkter Haftpflicht
und 2. die registrierten Erwerb- und Wirtschaftsgesellschaften
mit beschränkter Haftpflicht (Haftung nur mit den Einlagen und
Beiträgen). Der erste Teil des Gesetzes (§§ 1–69) entspricht im
Wesentlichen dem Norddeutschen Gesetz vom 4. Juli 1868

1873, 23 Juni   Gesetz betr. die Einführung des Gesetzes des Nord-
deutschen Bundes über die privatrechtliche Stellung der Erwerbs- und
Wirtschafts-Genossenschaften vom 4. Juli 1868 im Königreich Bayern.
Das Gesetz kennt nur Genossenschaften mit unbeschränkter
Haftpflicht.

1889, 1. Mai   Reichsgesetz betr. die Erwerb- und Wirtschaftsgenossenschaften. Nach bayerischem Vorbild (Genossenschaftsgesetz von
1869) werden nun auch Genossenschaften mit beschränkter Haftung
zugelassen.

1   Die Bürger-Sänger-Zunft, die noch heute besteht, ging aus einer am 16. September 1840 gegründeten Liedertafel des Bürgervereins von 1819 hervor, die sich ab 1842 selbständig vom Bürgerverein machte und, wie der Name sagte, stark an der Nürnberger Meistersingertradition des Hans Sachs orientiert war. Die Gründung des Vereins um 1840 lässt im Übrigen einen politischen Hintergrund vermuten, da doch in diesem Jahr wegen der bedrohlichen Töne aus Frankreich mehrere nationale Lieder (Die Wacht am Rhein, das Deutschlandlied) entstanden. Zu nennen sind in diesem Zusammenhang auch die Verfassungsfeiern der Bürger-Sänger-Zunft in den Wäldern um München sowie deren Wohltätigkeitsveranstaltungen: Beim ersten Wohltätigkeitskonzert der Bürger-Sänger-Zunft 1846 sammelte man für die abgebrannten Bewohner des Klosterdorfs Schlehdorf. Auch viele Theaterstücke vor allem mit historischen Bezügen wurden von den ›Zünftlern‹ zur Aufführung gebracht. Auch die Faschingsfeste der Bürger-Sänger-Zunft galten bis ins 20. Jahrhundert hinein als mit die schönsten und größten in München.

2   Am 15. Dezember 1860 wurde beim Stiftungsfeste der Münchner Bürger-Sänger-Zunft das von Michael Öchsner 1860 gedichtete und im Herbst des Jahres von Konrad Max Kunz vertonte Lied ›Für Bayern‹ erstmals gesungen. Die Hymne gehört also zu den ganz wenigen Nationalhymnen der Welt, die unmittelbar aus der Mitte des Bürgertums stammen. Anlass für die Dichtung war keineswegs ein Preisausschreiben des damaligen Königs Maximilian II., wie man lange Zeit meinte.

Der in Schwandorf in der Oberpfalz geborene Komponist Max Kunz (1812–1875) war Professor am königlichen Musikkonservatorium, Chordirigent an der Königlichen Oper sowie musikalischer Leiter der Bürger-Sängerzunft. Der Dichter des ursprünglich aus drei Strophen bestehenden Lieds ›Für Bayern‹ Michael Öchsner (1816–1893) war Volksschullehrer und Herausgeber der ersten Zeitschrift des Bayerischen Lehrerverein. 1953 beschloss der Landtag, dass die Bayernhymne neben dem Deutschlandlied an den bayerischen Schulen gelehrt und gesungen werden sollte. Dieser Beschluss wurde durch die damalige Regierung Ehard vollzogen. 1964 wurde das Lied der Bayern durch eine Bekanntmachung des Ministerpräsidenten offiziell Landeshymne

Die bis 1918/19 gesungene dritte Strophe der Bayernhymne, die so genannte Königs-strophe, liefert auch die Erklärung, warum der Lehrer Michael Öchsner, der um 1860 wegen seiner kritischen Haltung Probleme mit dem Kultusministerium bekam, das ›Lied für Bayern‹ verfasst hat.

Die ersten beiden Zeilen der dritten Strophe lauteten:
Gott mit ihm, dem Bayern König, Segen über sein Geschlecht/
denn mit seinem Volk in Frieden, wahrt er dessen heilig Recht...
Öchsner spielt hier auf den berühmten Ausspruch des Königs von 1859 an *(Ich will Frieden haben mit meinem Volk)*, mit dem er eine neue Phase seiner Politik einleitete und von der bisherigen reaktionären Politik abließ, mit der er seit 1849 versuchte, die Errungenschaften der bürgerlichen Revolution von 1848 (neues Wahlrecht, Bauernbefreiung, Einführung von Schwurgerichten, Pressefreiheit, Vereinsfreiheit u. a.) wieder rückgängig zu machen.

1946 dichtete Josef Maria Lutz eine neue dritte Strophe. Auch im übrigen Text wurden zeitbedingte Veränderungen vorgenommen, insbesondere wurde in der ersten Strophe die ›deutsche‹ Erde durch ›Heimaterde‹ ersetzt, was den historischen Hintergrund des

Entstehungsjahres 1860 verfälscht, da man damals in Bayern auf eine Lösung der deutschen Frage, also auf das Wiedererstehen des Deutschen Reichs hoffte (allerdings mit Österreich). Die nach 1946 entstandenen Unklarheiten wurden durch eine Bekanntmachung von Ministerpräsident Franz Josef Strauß vom 18. Juli 1980 dahingehend bereinigt, dass in Zukunft nur die zwei ersten Strophen in der Urfassung zu singen seien.

3   Prof. Dr. Karl Friedrich Neumann (*28.2.1793 Reichmannsdorf bei Bamberg, †17.3.1870 Berlin) wurde als Sohn eines armen Handelsjuden unter den Namen Bamberger geboren und konvertierte im September 1818 zum Protestantismus. Seine Taufpaten sind die bayerische Königin Karoline und sein akademischer Lehrer, der Philologe Friedrich Thiersch, von denen er seine Vornamen übernimmt. Den Hauptname ›Neumann‹ nimmt er an, um den neuen Lebensabschnitt deutlich zu machen.

Nach seinem Studium bei Thiersch besteht er 1819 die Lehramtsprüfung und ist von 1821 bis 1825 als Gymnasiallehrer in Würzburg und Speyer tätig, wo er dann wegen ›rationalistischer Bibelauslegung‹ in den Ruhestand versetzt wird. In der Folgezeit lebt er von seinen historischen Publikationen. Zunächst begibt er sich zu den Armeniern nach S. Lazzaro in Venedig und vertieft sich in die armenische Literatur. 1831/32 fährt er nach China, lernt chinesisch und erwirbt chinesische Bücher, die er dann (12.000 Stück) der bayerischen Staatsbibliothek überlässt. 1832 wird er darauf außerordentlicher, 1833 ordentlicher Professor der armenischen und chinesischen Sprache und der Länder- und Volkskunde ernannt. Seine Vorlesung, die er bald auf allgemeine Geschichte ausdehnt, werden immer beliebter und Neumann ist auch bald ein wichtiger Teilnehmer an den Symposien des Kronprinzen Maximilian.

1848 wird er ins Frankfurter Vorparlament für den Münchner Bauhofclub gewählt (als ›Kandidat der Schusterbuben‹, wie die Augsburger Postzeitung boshaft schreibt). Im Bauhofclub hält er Vorträge über die Gewebeordnung und über ›Kapital und Arbeit‹. In diesem Vortrag fordert er ›eine billige Ausgleichung zwischen Kapital und Arbeit bei den großen Fabrikanstalten‹ und eine Beteiligung der Arbeiter »in irgend einer Weise bei dem Gewinne wie bei dem Verluste des Kapitals‹. Gleichzeitig wandte er sich entschieden gegen den Kommunismus. Er sei das »verruchteste‹, was sich jemals ein menschliches Gehirn ausgedacht habe, Anders sei es aber mit dem Sozialismus: »Jeder Mensch habe schon habe schon seit seiner Geburt Anspruch, dass die Gesellschaft für ihn sorgt. Gleichheit sei unzertrennlich von Freiheit.‹ Die Risikobeteiligung sollte freilich nur für Fabriken gelten, für die Handwerker wünschte er sich eine neue Gewerbeordnung. Vor allem rühmt Neumann die Wichtigkeit der Sozietäten. Neumann war demokratisch-republikanisch gesinnt, enger Freund von Görres (†29.1.1848).

Wegen seiner liberalen Haltungen, die er auch in den Vorlesungen zum besten gibt, wird er (zum zweiten Mal in seinem Leben) auf Drängen der bayerischen Bischofskonferenz in den Ruhestand versetzt. Er betätigt sich noch bis 1863 als Schriftsteller und Sozialreformer in München und geht dann nach Berlin. Seit einem Schlaganfall 1867 ist er arbeitsunfähig und stirbt 1870. Er war Mitglied des liberalen ›Gesellschaft der Zwanglosen‹ und mit J. Ph. Fallmerayer und J.A. Schmeller befreundet.

Von seinen Werke und Schriften sind besonders hervorzuheben: Versuch einer Geschichte der armenischen Literatur 1836; Die Völker des südlichen Russlands 1847; Geschichte der englischen Reiche in Asien, 2 Bde. 1857; Geschichte der vereinigten Staaten von Amerika, 3 Bde. 1863–1866; Lit.: ADB 23 (1886), S. 529 f. (Julius Jolly);

NDB 19 (1999), S. 147 f. (Harald Dickerhof); H. Dickerhof, Der Orientalist und
Historiker K. F. N., in: Historisches Jahrbuch 97/98 (1978), S. 289-335; Hans Rall, K. F. N.,
Sinologe und Universalhistoriker, in: Archivalische Zeitschrift 75 (1980), S. 194-210)

4   Dr. Joseph Völk (*9.5.1819 Mittelstetten bei Schwabmünchen, †22.1.1882 Augsburg),
besuchte das Gymnasium St. Stephan in Augsburg, Jurastudium 1838–1841 in München, Dr. jur. 1843. In der Revolutionszeit 1848/49 spielt Völk eine aktive Rolle gespielt
hatte, was dazu führte, dass er erst 1855 nach einer Verzichtserklärung hinsichtlich
seiner früheren Ansichten zum Anwaltsberuf zugelassen wurde. Von 1855 bis 1882 war
er Abgeordneter im bayerischen Landtag, 1868–1870 im Deutschen Zollparlament und
von 1871 bis 1881 Abgeordneter im Berliner Reichstag. Seit 1866 war Völk, der vorher der
großdeutschen Lösung der deutschen Einheit zuneigte, ein Freund der kleindeutschen
Lösung und besonders seit 1870 ein begeisterter Verfechter der Reichseinheit.

Wichtig wurde er als Mitbegründer der bayerischen Fortschrittspartei 1863, die
seit 1861 eine eigene Fraktion im Landtag bildete. Die Fortschrittspartei, die in den
Gründungsjahren vor allem von dem Juristen und Journalisten Dr. Karl Brater (›Blätter
für administrative Praxis‹) beeinflusst war (später Völk), verlangte Beschränkung des
Militäretats, Abschaffung der Todesstrafe, Einführung der Zivilehe und kämpfte für eine
bundesstaatliche Einigung Deutschlands. Völk, der katholisch war wechselte nach dem
Vatikanischen Konzil 1871 zu den Altkatholiken.

5   Sein Schicksal spiegelt sehr anschaulich die damalige Politik in Bayern wieder. Weis,
der seit 1. Oktober 1851 als ordentlicher Professor des französischen Rechts und des
bayerischen Staatsrechts an der Universität Würzburg und gleichzeitig als Landtagsab-
geordneter tätig war, profilierte sich im Landtag als einer der Führer der konservativen
Kammermehrheit und als Gegner des liberalen Ministeriums. Gegen den Widerstand
des Ministeriums v. d. Pfordten-Reigersberg betrieb er die Trennung von Justiz und
Verwaltung und im Landtag 1854/55, wo er als 2. Präsident amtierte, gehörte er mit Heg-
nenberg und Lerchenfeld zu der Mehrheit, die das Vertrauensvotum für das Ministerium
ablehnten und die Auflösung der Kammer herbeiführten. Bei der Neuwahl wurde von
der Regierung seine Wahl auf Betreiben des Ministeriums und mit Vorwissen des Königs
angefochten und kassiert, aber die Nachwahl brachte ihn auf sein Mandat zurück. Im
Folgenden verschärfte sich der Gegensatz zwischen Parlament und Regierung, was zur
rechtswidrigen Aufhebung des Gesetzgebungsausschusses ab 1. April 1858 durch die
Regierung führte.

Berichterstatter dieses Ausschusses war Weis. Darüber hinaus wurde Weis fünf Tage
später von seiner Stelle als Universitätsprofessor enthoben und an das Appellationsge-
richt für Mittelfranken in Eichstätt versetzt. Begründung: Er sei wegen seiner oppositio-
nellen Gesinnung als Professor für bayerisches Staatsrecht ungeeignet.

Obwohl seine Präsenz an der Universität wegen seiner Tätigkeit als Abgeordneter
nicht die beste war, versuchte die Fakultät durch ein Immediatgesuch die »betrübende«
und »schmerzliche« Maßregel rückgängig zu machen. Mehr Eindruck in München
machte der Beschluss des Gemeindekollegiums der Stadt Würzburg, Weis zum Ehren-
bürger zu machen, was der Magistrat der Stadt freilich nicht bestätigte. Bei Beginn der
neuen Landtagssession im September 1858 wurde er demonstrativ zum zweiten Präsidenten gewählt, was am nächsten Tag (30. September 1858) zur Auflösung des Landtags
führte. Bei den Neuwahlen im Januar 1859 unterlag Weis in seinem Wahlbezirk dem

Regierungskandidaten, aber in drei rechtsrheinischen Bezirken gewählt, trat der als Abgeordneter von Kaufbeuren in den Landtag ein. Dort kürte man ihn wieder zum zweiten Präsidenten, worauf nach zwei Monaten die Tagung durch das Ministerium und den König vorzeitig geschlossen wurde (26. März 1859).

Dies sollte der letzte Sieg des Ministeriums von der Pfordten sein, da man inzwischen auch in Hofkreisen erkannte, dass diese Politik zu einer Entzweiung zwischen Monarch und Landtag geführt hatte. Mutig versuchte nun die Stadt Würzburg Weis zum Bürgermeister zu wählen und fragte vorher deswegen in München an. Obwohl Innenminister Reigersberg widersprach, hatte sich nun die Meinung des Königs geändert. Er entließ sein Ministerium und soll bei dieser Gelegenheit die berühmten Worte »Ich will Frieden haben mit meinem Volke« geäußert haben. Am 5. Juni 1859 wurde dem Magistrat mitgeteilt, dass der König »nicht das geringste« gegen die geplante Wahl habe, die dann Ende Juni 1859 stattfand. Drei Jahre lang erwarb sich Weis große Verdienste um die Stadt. Dann erhielt er vom neuen Ministerium v. Schenk das überraschende Angebot, als Ministerialrat im Justizministerium bei den zukünftigen Gesetzesvorhaben mitzuarbeiten. Er nahm an und wurde am 1. Mai 1862 zum Ministerialrat ernannt. Die Stadt Würzburg verlieh ihm nun im zweiten Anlauf endgültig das Ehrenbürgerrecht (Mai 1862).

Im Ministerium widmete sich Weis vor allem der neuen Zivilprozessgesetzgebung (1869) und dem Genossenschaftsgesetz. In der Kammer der Abgeordneten trat er mit Rücksicht auf seine Stellung als Staatsbeamter nicht mehr stark hervor, bildete aber einen wichtigen Rückhalt der Patriotenpartei. Bei der von 11. bis 21. Januar 1871 während Diskussion um die Versailler Verträge setzte sich Weis gegen die Mehrheit seiner Partei um eine Zustimmung ein.

Zu den Autoren

Andreas Bergmann, Prof. Dr., wurde im Dezember 1973 in Saarbrücken geboren. Nach dem Abitur 1993 in Saarbrücken (Gymnasium am Rotenbühl) leistete er seinen Wehrdienst beim 4., später 1. ABCAbwBtl. 310 in Zweibrücken (Rheinland-Pfalz). Im Anschluss begann er zum WS 1994/1995 das Studium der Rechtswissenschaften an der Universität des Saarlandes, das er zum SS 1999 mit dem Ersten Juristischen Staatsexamen (›sehr gut‹) abschloss. Von August 2001 bis September 2003 folgten Vorbereitungsdienst und Zweites Juristisches Staatsexamen (›voll befriedigend‹) im Saarland. Bereits im Jahre 2002 promovierte er in Saarbrücken mit der von seinem Lehrer Prof. Michael Martinek betreuten wirtschaftsrechtlichen Arbeit ›Die fremdorganschaftlich verfasste offene Handelsgesellschaft, Kommanditgesellschaft und BGB-Gesellschaft als Problem des allgemeinen Verbandsrecht‹. An gleicher Stelle habilitierte er sich im Jahre 2009 auf Grundlage und Fortführung seiner weitreichenden Vorarbeiten im ›Staudinger‹ mit einer Schrift über die subordinationsrechtliche Deutung der *negotiorum gestio* (Die Geschäftsführung ohne Auftrag als Subordinationsverhältnis). Die *venia legendi* erhielt er für die Fächer Bürgerliches Recht, Wirtschaftsrecht, Internationales Privatrecht und Rechtsvergleichung sowie Neuere Privatrechtsgeschichte. 2010 wurde Andreas Bergmann als Professor an die Universität Bayreuth berufen. Seit April 2011 ist er Inhaber des Lehrstuhls für Bürgerliches Recht, Privatrechtsgeschichte sowie Handels- und Gesellschaftsrecht an der FernUniversität in Hagen.

Silvia Lolli Gallowsky, Dr., studierte Politikwissenschaft an der Universitá degli Studi di Bologna. Nach dem Studium promovierte sie in Europäischer Wirtschafts- und Finanzgeschichte an der Universitá degli Studi di Verona und leitete den Aufbau des Archivs der Banca Popolare di Milano. Seit 2001 arbeitet sie beim Genossenschaftsverband Bayern e.V. als Historikerin und Archivarin und seit 2010 ist sie als Geschäftsführerin des Historischen Vereins bayerischer Genossenschaften e.V. tätig.

Hermann-Josef ten Haaf, Jg. 1947, nach Banklehre und Studium der Wirtschaftswissenschaften (1976 Dipl.-Volkswirt) 30 Jahre lang praktische Tätigkeit in der Fort- und Weiterbildung von Bankführungskräften, zuletzt an der Akademie Deutscher Genossenschaften ADG Montabaur. 2011 Promotion zum Dr. oec. an der Universität Hohenheim (LS Prof. Dr. Streb).

Martin Otto, Dr. iur., geboren 1974 in Berlin, studierte Rechtswissenschaft in Frankfurt am Main, nach dem Referendariat am OLG Frankfurt ab 2003 tätig am Max-Planck-Institut für Europäische Rechtsgeschichte, 2007 Promotion zum Doktor der Rechtswissenschaften in Frankfurt am Main. Von 2007 bis 2012 war er wissenschaftlicher Mitarbeiter (Akademischer Rat) am Lehrstuhl für Bürgerliches Recht und Rechtsgeschichte an der Universität Bayreuth, seit 2012 ist er in gleicher Funktion an der FernUniversität in Hagen (Lehrstuhl für Bürgerliches Recht, Privatrechtsgeschichte sowie Handels- und Gesellschaftsrecht). Er ist Habilitand für Bürgerliches Recht und Rechtsgeschichte sowie Lehrbeauftragte an der Rechts- und Wirtschaftswissenschaftlichen Fakultät der Universität Bayreuth und Mitglied der Redaktion des ›Journals der Juristischen Zeitgeschichte‹ (Hagen). Seine Forschungsschwerpunkte bilden Bürgerliches Recht (Familienrecht), Rechtsgeschichte sowie Kirchenrecht. Zahlreiche Veröffentlichungen.

Andrea Groß, M. A., Magisterstudium an der Friedriche-Alexander-Universität Erlangen-Nürnberg, momentane Promotion am Lehrstuhl für Bayerische und Fränkische Landesgeschichte, seit 2016 Junior-Account-manager bei PR-COM in München tätig.

Hannes Ludyga, Prof. Dr., M. A. ist Inhaber des Lehrstuhl für Bürgerliches Recht, Immaterialgüterrecht, Deutsche und Europäische Rechtsgeschichte an der Universität des Saarlandes.

Hans-Joachim Hecker, Archivdirektor a. D., Studium der Rechtswissenschaft und Geschichte in Heidelberg und München; 1. und 2. Jur. Staatsexamen in München; Vorbereitungsdienst und Prüfung für den höheren Archivdienst in München; anschließend tätig am Stadtarchiv Augsburg; 1981 bis 2013 Stadtarchiv München, zuletzt als stellvertretender Leiter. Langjähriges Vorstandsmitglied des Südwestdeutschen Arbeitskreises für Stadtgeschichtsforschung, des Historischen Vereins von Oberbayern und der Gesellschaft für Bayerische Rechtsgeschichte.

Hans-Georg Hermann, Prof. Dr., Studium der Rechtswissenschaft, Germanistischen Mediävistik und Kunstgeschichte an der Ludwig-Maximilians-Universität München; 1. und 2. Juristisches Staatsexamen; 1993 – 2000 wissenschaftlicher Mitarbeiter am Leopold-Wenger-Institut für Rechtsgeschichte in München; 2000 Promotion; 2004 Habilitation; seit 2005 Professor für Bürgerliches Recht, Deutsche Rechtsgeschichte und Juristische Zeitgeschichte an der Ludwig-Maximilians-Universität München. Vorsitzender der Gesellschaft für bayerische Rechtsgeschichte.

Reinhard Heydenreuter, Prof. Dr., Studium der Rechtswissenschaft (1. und 2. Juristisches Staatsexamen) und Geschichte (Promotion). Nach der Staatsprüfung für den höheren Archivdienst bei den Staatlichen Archiven Bayerns tätig, zuletzt als Leiter des Referats Forschung beim Bayerischen Hauptstaatsarchiv und des Archivs der Bayerischen Akademie der Wissenschaften. 1996 Habilitation für das Fach Neuere Geschichte an der Katholischen Universität Eichstätt-Ingolstadt. Vorstandsmitglied der Gesellschaft für bayerische Rechtsgeschichte.

Margarete Wagner-Braun, Prof. Dr. studierte Wirtschaftswissenschaften an der Universität Regensburg. Von 1984 bis 1986 war sie Promotionsstipendiatin des Freistaates Bayern und der Franz-Marie-Christinen-Stiftung des Fürstlichen Hauses Thurn und Taxis und übte eine Tätigkeit im Bereich Aktienresearch bei einer Privatbank aus. 1986–2004 Assistentinnenzeit am Lehrstuhl für Wirtschaftsgeschichte an der Universität Regensburg, Wirtschaftswissenschaftliche Fakultät und 1991 Promotion zum Dr. rer. pol.. 2000 Habilitation an der Wirtschaftswissenschaftlichen Fakultät der Universität Regensburg Privatdozentin und *Venia legendi* für das Fach Wirtschafts- und Sozialgeschichte. 2002–2004 stellvertretende Frauenbeauftragte der Universität Regensburg. 1992–2004 Archivbeauftragte der LIGA Bank eG, Regensburg. Seit 2004 ist sie Inhaberin der Professur für Wirtschafts- und Innovationsgeschichte, Otto-Friedrich-Universität Bamberg, Institut für Geschichtswissenschaften und Europäische Ethnologie, Fakultät Geistes- und Kulturwissenschaften.

Impressum

Herausgeber:

Dr. Silvia Lolli-Gallowsky im Auftrag des Historischen Vereins
bayerischer Genossenschaften e.V.
Genossenschaftsverband Bayern e.V., München, Türkenstraße 22 – 24, 80333 München

Bildnachweis Umschlag, Innenteil: Historischer Verein bayerischer Genossenschaften e.V.
Reihenkonzept, Gestaltung, Satz: Michael Lang, Erding, www.grafikdesign-lang.de

Bibliografische Information der Deutschen Nationalbibliothek: Die Deutsche
Nationalbibliothek verzeichnet diese Publikation in der Deutschen Nationalbibliografie;
detaillierte bibliografische Daten sind im Internet über dnb.dnb.de abrufbar.

TWENTYSIX – Der Self-Publishing-Verlag Eine Kooperation zwischen der
Verlagsgruppe Random House und BoD – Books on Demand

© 2016   Hecker, Hans-Joachim (Hrsg.)/Hermann, Hans-Georg (Hrsg.)/
Lolli-Gallowksy, Silvia (Hrsg.)

Herstellung und Verlag: BoD – Books on Demand, Norderstedt.

ISBN: 978-3-7407-2559-4